Barbara

Barbara

샹송의 디바, 바르바라 평전

세상을 향한, "가장 아름다운 사랑 이야기"
Ma plus belle histoire d'amour

장승일

한국문화사

이 책을 읽으시는 분들께

1. 이 책 마지막에는 한불 고유명사 대조표가 실려있습니다. 본문을 읽으시다가 한국어로 표기된 고유명사의 프랑스어 원래 철자를 알고 싶으신 경우 참조할 수 있습니다.

2. 고유명사 대조표 바로 앞에는 인용된 샹송들의 목록표가 있습니다. 본문에서 인용되거나 언급된 샹송들을 〈 〉 안에 한국어 번역으로 표기해 놓았고, 바로 옆에 프랑스어 원제목을 달아놓았습니다. 예를 들어 〈검은 태양〉은 프랑스어 원제가 "le soleil noir" 이고 본문에서는 한국어로 번역된 제목으로 〈검은 태양〉으로 써놓았습니다.

3. 본문에서 언급된 샹송들은 거의 전부를 유튜브에서 들을 수 있습니다. 예를 들어 〈나의 가장 아름다운 사랑 이야기〉를 듣고 싶으면, 목록표에서 원제 "Ma plus belle histoire d'amour"를 찾은 다음, 이를 유튜브에서 검색하시면 됩니다. 만약 샹소니에의 이름을 통하여 검색하실 경우, "Barbara, french singer" 혹은 "Barbara, chanteuse francaise"를 검색창에 써넣기 바랍니다.

4. 본문에 인용된 바르바라의 샹송은 2012년 L'Archipel 출판사에서 간행한 바르바라 전집에 수록된 텍스트(Barbara, Ma plus belle histoire d'amour, l'oeuvre intégrale, L'Archipel, 2012)를 번역한 것입니다.

들/어/가/면/서

프랑스에서 "샹송"(chanson)이란 표현은 광범위한 영역을 포괄한다. 흔히 우리가 샹송이라고 할 때는 구전된 작자 미상의 가락에서부터 방송매체를 통해 방대하게 소비되는 "오늘날의 음악"에 이르는 전체를 아우른다. 그렇지만 이 책에서 말하는 샹송은 일반적으로 '바리에테'(variétés)로 불리는 것으로, 1851년 저작권협회가 프랑스에서 결성되고 나서 등장한 상업적 성격의 음악 생산물을 말한다. 누구나 알고 있듯이, 샹송은 가사, 음악, 해석이란 세 가지 요소에 기대어 있으며, 이 세 가지의 중요성은 동일하다. 이세 가지 요소가 특정한 시점에 특정한 계기로 서로 융합하면서 샹송이 탄생하는 것이다. 작품으로서 샹송은 음악과 가사로서 존재하지만, 대중과 접촉하는 과정을 통해서 진정한 의미의 샹송이 태어나는데, 이 과정의 매개자가 바로 해석자, 즉 가수에 해당한다.

샹송은 그 시대를 말한다. 단순히 샹송의 가사가 정치적 사건이나 사회적 환경을 비추어 주기 때문만은 아니다. 모든 대중문화와 마찬가지로 '바리에테' 샹송은 가능한 가장 널리 보급되기 위하여 전략에 맞춰 생산된 상품이다. 샹송은 대중에게 다가가고 그들의 기대에 부응하고, 그들을 즐겁게 해주려는 목표 의식 안에서 제작된 것이다. 따라서 샹송은 예술적 생산품인 동시에 사회적 생산물이기도 하다. 한 시대가 생산하고, 유행시키고,

사랑한 샹송 안에는 당대의 사회적 숨결이 오롯이 살아있다. 시대를 풍미한 샹송들을 깊이 읽는 작업을 통해 우리가 당대의 일상과 사회상, 동시대인의 감정 구조, 그들의 욕망과 좌절, 고통과 환희를 마주하게 된다는 것을 굳이 강조할 필요는 없을 것이다.

프랑스에서는, 1895년에서 1925년에 이르는 기간에, 소위 '사실적' 샹송(chansons réalistes)으로 불리는 많은 작품이 등장하면서, 마초적인 남성의 지배 아래에서 고통 받는 여성이 소재의 주된 대상이 되었다. 1930년대에 이르면 많은 샹송에서 익살스럽고 코믹하며 성차별적이면서 반유대주의적 성향이 농후한 가사들이 후렴구를 차지하기 시작한다. 사실 이런 류의 가사들은 프랑스의 오랜 사회적 전통을 반영한다고도 볼 수 있다.

1차 세계대전 기간에 샹송은 엄격한 검열을 받는다. 모든 것이 파리로부터 통제받던 이 시기는 전장의 실상을 거의 전달하지 못하였다. 오히려 비참한 참호 전쟁과는 동떨어진 애국적이면서 감상적인 가사만이 전파될 수 있었다. 이어서 1930년대 후반 스페인 내란 기간에 이르면 사회주의 인터내셔널에 대한 공포와 혐오감 때문에 가사는 더욱더 거짓 평화를 강요한다. 걱정 없는 평화로운 세상에 대한 강한 열망은 전쟁의 공포를 반영하고 있었다. 히틀러의 등장은 이러한 분위기를 강요하였고 이윽고 소위 "이상한 전쟁"(drôle de guerre)이라 불리는 2차 세계대전이 발발하고 프랑스가 굴욕적인 패배를 맛본 다음 검열은 타의로 더욱 심해진다. 전후에는 레지스탕스와 관련된 샹송이 자주 등장하고 이에 대한 검열과 통제가 없는 것은 일면 당연하다고 볼 수 있다. 그러나 그 후 벌어진 더러운 전쟁들, 즉 인도차이나 전쟁과 알제리 전쟁은 또 다시 국가의 공공연한 검열을 낮게 하였다.

프랑스에서 샹송의 검열과 통제가 극심하던 시절이 1950년대였지만 아이러니하게도 이 시기가 프랑스 샹송의 황금기이기도 하였다. 그 이유는 알 수 없지만 이 시기에 유달리 천재적인 음유시인이 많이 등장하였다. 실존주의의 산실이었던 파리의 리브 고슈, 생 제르맹 데 프레 지구는 크고 작은 카바레로 넘쳐났다. 텔레비전이 본격적으로 보급되기 전, 그리고 개인용 음향감상기기가 여전히 조악한 수준에 있던 이 시기에, 샹송의 생산과 소비는 카바레를 통해서 이루어진 것이다. 온갖 아티스트들이 모여들고 교육을 받고 장인이 되는 훌륭한 학교가 바로 카바레였다. 우리는 이 시기에 작사, 작곡, 연출을 다하는 진정한 의미에서 "샹소니에"(chansonnier)들을 만나게 된다. 소위 싱어송라이터로 부를 수 있는 이들은 순전히 프랑스의 산물이기도 하였다. 샹소니에의 전통은 이미 중세에 근원을 두고 있다. 이들은 모두 사실적이며 풍자적인 샹송을 추구하였으며 동시에 검열을 타파하려는 싸움을 마다하지 않았다. 이러한 샹소니에 가운데 대표적인 인물로 브라센스(Brassens), 브렐(Brel), 바르바라(Barbara) 이렇게 세 사람을 꼽는데, 모두 B로 시작하는 이름을 지니고 있어 "프랑스 샹송의 B 삼인"(les trois B de la chanson française)으로 불린다. 우리는 이들 세 사람 가운데 브라센스(여백미디어, 2010)와 브렐(서울대학교출판문화원, 2012)을 이미 다룬 바 있고, 이제 마지막 순서로 바르바라를 이야기하려고 한다. 바르바라 역시 브라센스나 브렐만큼 한국의 샹송 애호가들에게 소개된 바가 거의 없다. 프랑스어권에서 가장 유명한 대표적인 샹소니에들이 미지의 존재로 남아있는 것이다. 바르바라라는 이름조차 들어본 적이 없다는 것이 대부분의 샹송 애호가들이 보여주는 반응이다.

바르바라는 데뷔 시절, 1900년대를 전후로 한 사실주의적 샹송과 1930년대의 코믹한 샹송의 전통을 흡수하여 여성의 지극히 내면적인 감수성을 주로 노래하였다. 그러나 그녀는 점차 세계의 부조리에 눈뜨면서 투쟁하는 가수로 변모하였다. 눈부시고 맑은 발성을 바탕으로 한 그녀의 초기 샹송들은 많은 사랑을 받았다. 특히 여성의 시각에서 여성의 문제를 적극적으로 표현하는 새로운 경향을 선보인다. 또한 유대인으로서 2차 세계대전 기간 중 그녀가 겪어야했던 핍박에도 불구하고 그녀가 발표한 〈괴팅겐〉(Göttingen)은 독일과 프랑스의 화해를 상징하는 대표적인 노래가 되었다. 1980년대에 이르면서 그녀의 관심은 에이즈 말기 환자, 동성연애자, 마약중독자, 어린이 성매매, 매춘 등 사회적 약자와 비열한 범죄로 옮겨졌고 정치적으로는 사회당에 가까운 행보를 보인다.

바르바라를 통해 우리는 1950년대에서 1990년대에 이르는 음악 산업의 변화도 살펴볼 수 있다. 영어권으로부터 물밀듯이 쏟아져 들어오는 새로운 음악 탓에 의해 프랑스 바리에테 시장이 극심한 변모와 쇠퇴를 겪음에도 자신의 고유한 음악적 색채를 지키면서 극복해 나가는 그녀의 모습도 살펴볼 수 있다. 바르바라는 단순히 보호무역적인 방어벽을 치는 것은 지극히 어리석은 짓으로 생각한다. 오히려 외부에서 몰려오는 새로운 사조를 더욱 적극적으로 흡수하여 새로운 가능성을 열려고 하였다. 실제로 그녀의 후기 음악은 다양한 실험적 정신을 보여주고 있다.

단순한 어휘로 자신의 삶의 편린을 적어낸 텍스트는 그녀를 시인의 반열에 올려놓았다. 극심한 산고를 겪으면서 한 올 한 올 그려낸 그녀의 시구는 놀랍고 감동적이다. 그녀는 시인으로서 브라센스를 존경하였으나, 음악적 성향은 브렐에 가까웠다. 이 세 사람의 관계 역시 프랑스 샹송의 세계에 홍

카바레 에클뤼즈 (출처 : lehall.com)

미를 유발시킨다. 브라센스가 자신의 공연에 보조출연자로 바르바라를 받아들이면서 그녀가 성공하는 바탕을 마련해주었다면, 브렐은 그녀에게 롤모델이었다. 그녀는 브렐이 감독한 영화 〈프란츠〉에 출연하면서 연기에 눈을 뜨게 되고 이것은 그녀의 공연무대를 더욱 풍부하고 깊게 만들었다.

우리는 바르바라의 샹송을 통하여 그녀의 성장 과정을 되짚어보는 일종의 뮤지컬 전기를 써보기로 한다. 이 뮤지컬 전기는 단순한 연대기적 기술을 지양하고 그녀의 일생에 진정으로 유의미한 뮤직홀 무대를 중심으로 기술될 것이다. 그리하여 우리의 이야기는, 카바레 에클뤼즈에서 "한밤의 여가수"로 출발한 바르바라의 데뷔탕 시절을, 뮤직홀 보비노에서 성공의 가도를 달리는 "나의 가장 아름다운 사랑 이야기"의 감동을, 이어서 모두가 선망하는 무대 올랭피아에서 왕관을 쓰게 되는 "검은 독수리"의 날갯짓을, 전설로 회자되는 파리 겨울 서커스장의 "팡탱 81"공연을, 그리고 뮤지컬 드라마라는 새로운 장르를 보여준 "릴리 파시옹"의 르 제니트 무대를, 끝으로 샤틀레 극장에서 펼쳐진 마지막 축제를 차례로 찾아볼 것이다.

프/롤/로/그

　　1963년 가을, 에디트 피아프가 이 세상을 떠났을 때, 많은 프랑스 사람들은 절망에 빠져 탄식하였다. 이제 누구의 노래를 들을 것인가? 누가 피아프를 대신할 수 있을까? 그러나 그들은 몰랐다. 이미 몇 해 전부터 비교를 거부하는 디바가 비상을 준비하고 있는 것을. 센 강 남안, 리브 고슈에 자리한 카바레 에클뤼즈에서 바르바라는 이미 오래 전부터 시를 쓰고 곡을 붙이고 노래하고 있었다. 생 제르맹 데 프레의 크고 작은 카바레를 무대로 삼고 있는 모든 아티스트들에게, 바르바라가 곧 만개할 순간만을 기다리고 있을 뿐이라는 것은, 이제는 비밀이 아니었다. 재기 발랄하면서 육감적인 텍스트, 탁월한 음악적 감각 그리고 깊고 맑은 목소리는 그녀를 좁은 카바레 안에 묶어둘 수가 없었다. 그녀는 새장에 갇힌 검은 독수리와 같았다.

　　1964년 가을, 뮤직홀 보비노. 브라셍스의 공연에 보조출연자로 초빙되어 바르바라는 전반부의 무대에 올랐다. 검은 독수리가 폭발적인 날갯짓으로 하늘을 선회하는 데는 불과 삼십여 분이면 족했다. 몽파르나스의 유서 깊은 공연장은 그날 저녁 피아프를 잇는 디바를 만났다. 객석은 피아프의 환생을 보았다. 새로운 디바는 피아프를 능가하는 재능을 가지고 있었다. 바르바라는 해석하고 연기하는 가수로만 그치는 것이 아니었다. 그녀는 자신이 쓴 텍스트에 자신이 만든 음악을 붙이고 직접 노래하였다. 그녀는 진정한 의미의 샹소니에였다. 그것도 프랑스에서 보기 드문 여성 샹소니에였다. 피아프를 보내고 허전함을 달랠 길 없었던 사람들은 그날 밤 열광의 도가니에 빠졌다. 그녀의 가장 아름다운 사랑 이야기의 주인공은 바로 환호하는 이 사람들이었다.

차/례

1부

브뤼셀,
내 마음의
워털루

제1장
도피의 계절

1966년 초겨울, 바르바라 일행은 순회공연 때문에 그르노블 근처를 자동차로 이동 중이었다. 말없이 메르세데스를 운전하고 있던 피에르에게 바르바라가 갑자기 말했다.

"지금 우리가 생 마르슬랭을 지나는 거지? 내 어린 시절의 바로 그 생 마르슬랭이지? 피에르, 분명하지? 그리로 가요!"

피에르와 마리는 아무런 대답도 하지 않았다. 그녀가 이런 말을 한 것은 처음 있는 일이었다. 그녀가 어린 시절과 젊은 시절을 어디에서 어떻게 보냈는지 두 사람은 아무 것도 아는 게 없었다. 그녀는 여행 중 자신이 아는 도시를 지날 때에는 손으로 눈을 가리거나 못 본 척하는 것이 보통인데 오늘은 어떤 생각이 든 것일까? 생 마르슬랭으로 들어가는 동안 그녀는 화장을 했다. 검은 눈, 진홍빛 입술. 그녀는 팔찌를 찰랑거리며 머릿결을 손질했다. 그녀의 뺨은 장밋빛으로 물들었고 깊은 숨을 쉬고 있었다.

"저기 차를 세워요."

짤막하게 건조한 목소리로 그녀는 말했다. 그러나 어떤 감정이 진하게 배어나는 목소리임은 분명했다.

광장을 끼고 돌아서 가자 교회가 나왔고, 가로수가 늘어선 길을 따라 가
자 또 다른 길이 나왔고, 그곳에 그녀가 찾는 집이 있었다. 자그마한 정원
이 딸린 집이었는데, 아무도 없는 것처럼 보였다. 가을이라 장미꽃은 보이
지 않았다. 손수건을 쥐고서 그녀는 말이 없었다. 선글라스 아래로 두 눈
은 젖어 있었다. 그들은 차로 천천히 돌아왔다. 그녀는 여전히 침묵을 지
켰다. 자동차가 서서히 속력을 높여가자 그녀는 잠이 들었다. 손에는 둘둘
말린 손수건이 흡사 마른 눈덩이처럼 쥐여있었다. 예기치 않았던 이 우연
한 방문은 〈나의 어린 시절〉이란 노래가 되어 1968년 여름에 발표된다.

> 내 잘못이야, 돌아온 건
> 이 도시에, 멀리, 잊혔던 곳
> 내 어린 시절을 보냈던 곳
> 내 잘못이야, 돌아오려 한 건
> 이 언덕 저녁이 미끄러져 오던 곳
> 푸른 잿빛, 침묵의 그림자
> 그때처럼 난 다시 보았지,
> 긴 세월이 지난 다음,
> 그 언덕을, 서 있는 그 나무를
> 그 옛날처럼,
> 난 걸었어, 잉걸 같은 관자놀이,
> 내 발걸음에 눌려 질식했다고 여겼지
> 우릴 사로잡던 옛날의 그 목소리들이
> 그들은 조종을 울리러 돌아오네
> 난 그 나무 아래 누웠지
> 그 옛날과 같은 향기
> 하염없이 흘렸네 눈물을,
> 눈물을

나뭇등걸에 내 등을 붙였어
그 나무는 내게 다시 힘을 주었어
내 어린 시절의 그때처럼
오랫동안, 난 눈을 감았어
어쩌면 잠깐 기도를 했는지
나의 순진무구함을 다시 찾았네
저녁이 깊어지기 전에
난 보고 싶었어
그 정원을 어린 우리가 내던 소리는
맑은 샘처럼 솟아나고 있었지
장, 클로드 그리고 레진, 다시 장
모두가 어제처럼 다시 돌아갔어
진한 향기의 붉은색 샐비어도,
골목에는 갈색 달리아도,
우물도, 전부, 난 전부 다시 보았어
그러지 말 걸

전쟁이 우릴 그곳에 던져놓았지
분명히, 다른 애들은 덜 행복했어,
그들의 어린 시절 예쁜 그때에
전쟁이 우릴 그곳에 던져놓았지
우린 무법자처럼 살았어
난 그게 좋았어, 생각해 보면
오, 나의 봄, 오 나의 태양,
오, 내가 잃어버린 그 미친 나날,
오, 나의 열다섯 살, 오 나의 놀라움,
고통스럽게 왜 돌아왔을까
오, 9월의 신선한 호두
오, 밟힌 오디의 향기
미친 짓이야, 전부, 난 전부 다시 보았어

그러지 말 걸

다시는 돌아와서는 안 돼
추억 속에 숨겨진 시절로
어린 시절의 축복받은 때로
모든 추억 가운데
어린 시절의 추억은 훨씬 괴롭고
어린 시절의 추억은 우리를 찢기 때문에
당신은, 나의 사랑, 나의 어머니,
도대체 당신은 어디에 있나요, 오늘
당신은 땅 속에서 따뜻하게 자고 있네요
나는, 나는 여기에 왔습니다
여기 다시 찾으려고 당신의 웃음을,
당신의 분노를 그리고 당신의 젊음을
그러나 나는 절망 속에 혼자 있습니다
후회가 됩니다
도대체 내가 왜 다시 돌아왔을까요
그것도 혼자, 이 길 저 길을 돌아서,
춥고, 두렵고, 저녁이 깊어갑니다
도대체 내가 왜 여기에 왔을까요
나의 과거가 나를 십자가에 매단 이곳에
영원히 잠들어 있네요 나의 어린 시절은……

어린 시절은 때로는 한 권의 책이 될 수도 있고, 때로는 한 편의 교향곡
이 될 수도 있다. 자크 브렐은 '인생이란 어린 시절의 못 이룬 꿈을 이루어
가는 과정'이라고 말하지 않았던가. 이 한 편의 노래 속에 바르바라는 자신
의 삶을 축약해서 그리고 있다.

　정말로 우연히 그녀는 생 마르슬랭을 지나가다가 독일군 점령 시대, 그

위험했던 시절에 그녀의 가족이 숨어 살던 집을 찾게 된다. 그녀의 노래는 사라지고 없는 옛 시절의 노스탤지어를 그리고 있다. 장미꽃, 달리아꽃, 아이들 웃음소리로 가득한 정원, 함께 뛰어놀던 오빠 장, 동생 클로드와 레진을. 그들은 "무법자처럼" 살았고 그것을 즐겼다고 했다. 어린아이는 천성적으로 신비와 모험을 살아가는 존재이기 때문이다. 더구나 유대인 어린이들은 언제나 도망가고 숨어야했기에 삶을 즐거운 모험으로 받아들여야 했다.

전쟁은 그들을 위험한 도피의 길로 내몰았지만, 그래도 이곳에서 비슷한 운명의 다른 유대인들보다는 행복했다. 그들은 "9월의 신선한 호두도 땅에 떨어진 잘 익은 오디"도 맛볼 수 있었다. 그리고 바르바라는 그리운 어머니를 노래한다. 어머니의 젊음을, 어머니의 분노를, 어머니의 웃음소리를 찾으며 홀로 절망에 빠진다.

노래는 "내 잘못이야"로 시작하여 곳곳에 "도대체 내가 왜 여기에 왔을까?", "그러지 말 걸"과 같은 후회의 표현을 담고 있다. 옛 이야기는 그녀를 괴롭힌다. 따라서 다시 옛날을 환기하는 것은 괴롭기 짝이 없는 일이라고 노래한다. 왜냐하면, "모든 추억 가운데 어린 시절의 추억은 훨씬 괴롭고 어린 시절의 추억은 우리를 찢기 때문"이다. 추억은 괴로운 것으로만 그치는 것이 아니다. 노스탤지어를 넘어서서 폭력적

생 마르슬랭의 집 게슈타포와 비시 정권의 경찰을 피해 숨어 살았던 곳으로, 바르바라와 가족은 이곳 주민의 보호를 받았다. (출처 : lesamisdebarbara)

이다. "나의 과거가 나를 십자가에 매단"다고 고백하지 않는가.

그녀의 노랫말은 은유적이면서 대단히 정확하여 그녀의 삶의 편린을 응축하여 담아내고 있다. 그녀가 그 속에 심어 놓은 인생의 파편은 생의 궤적을 연대기적으로 잘 배열하고 있다. "오 나의 봄, 오 나의 태양, 오 내가 잃어버린 그 미친 나날, 오 나의 열다섯 살, 오 나의 놀라움"은 그녀가 겪었던 고통과 그 고통과의 화해를 위한 기록의 표제어들이다. 이 표제어 아래 저 깊은 곳에 바르바라가 감추어 놓은 "잃어버린 그 미친 나날"을 찾으려면 우리는 펜을 좀 더 옛날로 향해야 할 것 같다.

바르바라는 1930년 9월, 파리 17구, 브로샹 길 6번에 있는 수수한 아파트에서 태어났다. 오후 4시에, 자크 세르프, 에스테르 세르프 부부는 둘째 아이이자 첫째 딸을 얻었다. 부부는 이 딸에게 모니크라는 이름을 주었다. 모니크의 오빠 장은 1928년생으로 아직 만 두 살이 채 되지 않았다. 1905년생인 그녀의 어머니 에스테르는, 모이즈 브로드스키와 하바 브로드스키의 딸로서, 중부 유럽 출신의 유대계 혈통이었다. 그녀의 외할아버지 모이즈는 그녀가 세 살 때 사망해서 그녀에게 외할아버지의 기억은 없었다. 반대로 외할머니 하바는 생생한 기억 속의 존재였다. 그녀는 외할머니를 "그라니(Granny)"라고 불렀는데 사랑과 희생의 화신이었다. 밤이 되면 하바는 자신이 살았던 중부 유럽의 전설과 신화로 어린 손녀의 상상을 자극하였고 맛있는 케이크로 어린 손녀를 행복하게 했다. 바르바라는 자서전에서 그리운 할머니를 이렇게 묘사하고 있다. "할머니를 얼마나 사랑했던지! 그녀는 몸집이 자그마했고, 높은 광대뼈에, 크고 검은 눈 그리고 아주 예쁜 손을 가지고 계셨다. 그녀는 몰다비아 지방의 티라스폴에서 태어나셨는

데, 나의 어머니도 그곳에서 태어나셨다. 그녀한테는 꿀 냄새가 났고 코린트 지방의 금빛 포도를 얹은 케이크나, 사과와 껍질 깐 호두를 얹은 스트루델을 만들어 주시곤 하였다." 1904년생인 모니크의 아버지 자크 세르프는, 막심 세르프와 루이즈 세르프의 아들로서, 아버지의 집안

바르바라가 종전 후 파리로 귀환하여 데뷔 시절에 이르기까지 머문 곳
(1946~1959) 파리 20구 비트뤼브길 50호. 출입문과 창문 사이에 이 사실을 기록한 안내판이 붙어있다. (출처 : Wikipedia)

도 오래 전부터 알자스 지방에서 거주해온 유대계 출신이었다.

 1930년대에 에스테르는 파리 시청에서 공무원으로 일했는데, 몸집이 작고 귀여운 느낌을 주어 주위에서 에디트 피아프를 닮았다고 했다. 자크는 상업 대리점 업에 종사했다고 하는데, 직장 자체가 불분명하면서 지방 출장이 잦았다. (혹은 모피 의류 외판상을 했다고도 하는데 분명하지 않다.) 부부가 맞벌이를 했지만 살림은 언제나 적자를 걱정해야 했다. 모니크가 아직 아기였을 때 그녀의 부모는 브로샹 길을 떠나 가까운 곳인 놀레 길로 이사했다. 친구들과 뛰어놀면서 바티뇰 광장이 친숙해지기 시작할 무렵, 어느 날 갑자기 자크는 파리를 떠나기로 결정한다. 1937년이었다. 자동차로 그들은 파리에서 800킬로미터 남쪽에 있는 마르세이유로 향했고, 한 해가 지난 다음, 다시 북쪽으로 400킬로미터 떨어진 중부 지방 로안느로 떠났다. 이곳에서 1938년 8월 24일, 셋째 아이 레진이 태어난다. 왜 갑작스럽

게 마르세이유에서 로안느로 오게 되었는지 알 수 없었지만 모니크의 뇌리에는 새벽에 득달같이 찾아와서 공포분위기를 조성하는 집달리의 이미지가 강하게 박혀있었다. 바르바라는 자서전에서 이렇게 말한다.

"로안느에서는 가난 그 자체였다. 어른들의 해진 옷을 뜯어고쳐 내 옷을 만들어 입었는데, 이게 못마땅했지만 할 수 없었다. 로안느에서는 집달리가 있었는데, 이 사람들은 새벽에만 나타났다! 내 눈 앞에서 가구란 가구는 죄다 없어지는 걸 보았다. 부모님의 침대만 빼놓고." 재산이라고 할 만한 것이 집에 들어오는 것을 그녀는 본 적이 없었다. 오히려 그녀는 이런 말만 들었다.

"애들아, 문 열어주지 마! 누가 아빠 찾으면 안 계신다고 해!"

1939년, 다시 도피의 길에 올라야 했다. 그러나 이번에는 이유가 달랐다. 이해 여름 세르프네 가족은 파리에서 멀지 않은 르 베지네에서 휴가를 보내고 있었다. 그런데 예견된 전쟁이 드디어 터진다. 9월 1일 독일은 폴란드를 침공했다. 폴란드의 영토 주권을 상호보장하고 있던 프랑스와 영국은 자동적으로 독일과 분쟁 상태에 들어갔고, 9월 3일 "이상한 전쟁"이라 불리는 프랑스와 독일 사이의 총성 없는 대치 국면이 시작되고 이것은 1940년 5월 10일까지 지속된다. 아버지에게는 동원령이 내렸다. 어머니는 레진을 맡고, 큰 애 둘은 잔 스피르 고모에게 맡겨졌다. 파리에서 남서쪽으로 300킬로미터 떨어진 푸아티에 있는 고모의 친구 집에서 기거하면서 장과 모니크는 학교에 등록하였다.

어느 겨울 날, 푸아티에에서, 각각 열 살, 여덟 살 난 두 남매에게 놀라운 일이 일어났다. 수업을 마치고 나오는 교문 앞에서 군복 차림의 아버지가 기다리고 있었다. 두 남매는 달려가 웃고 있는 아버지 품에 안겼다. 하지만 행복은 오래 가지 않았다. 아버지는 두 시간의 휴가를 얻어 아이들을 찾아온 것이었다. 아이들은 떠나려는 아버지를 붙잡고 울었다. 이 아이들이 두 시간짜리 휴가를 어떻게 이해할 수 있을까? 아버지는 두 아이 손에 동전 몇 닢을 쥐어주고 떠났다. 이별은 눈물범벅이었고 잔인했다. 모니크는 아버지가 준 용돈으로 '잔(Zan)'이라고 불리는 감초(甘草) 롤케이크를 샀다. 이 '잔'은 바르바라를 평생 따라다니게 된다.

1940년 봄, 푸아티에를 떠난 두 아이는 100여 킬로미터 북쪽에 있는 블루아에서 어머니 에스테르와 짧게나마 합류한다. 그녀는 도청에서 일하고 있었다. 남쪽으로 넘어가려는 프랑스군의 퇴로를 막으려고 루아르 강의 다리를 곧 폭파한다는 소식을 도청에서 접한 그녀는 기차가 끊어지기 전에 고모와 아이들을 빨리 남쪽으로 떠나도록 한다. 두 아이는 차창을 내리고, 장갑 낀 고운 손을 흔드는 어머니를 보았다. 그들은 울고 있었다. 잔 고모와 두 아이를 태운 기차는 가까운 남쪽의 도시 샤토루로 가는 도중 독일 공군기의 공습을 받았지만, 그들은 기적적으로 살아남는다.

애타는 연락과 기다림 끝에 모든 가족이 드디어 스페인 접경지역 피레네 산맥 근처의 타르브에서 재결합하게 된다. 프랑스가 이미 패퇴하였으므로 아버지 자크는 동원령이 해제되어 귀향하게 된 것이다. 1941년이었다. 다음 해 3월 막내 동생 클로드가 태어났다. 타르브에서 모니크는 공립 초등학교에 등록한다. 그녀의 수업 기록부는 대개 다음과 같은 부정적인 코멘트를 담고 있었다. "예의 바르지 못함." "주의력이 산만함." "반항적이고 규칙을 따르지 않음." "사람들을 웃기고 노래하기를 좋아함." "무대를 만들어 연출하기를 좋아함." 사실 그녀가 바라는 모든 것이 바로 이 평가에 들어

있었다. 1942년 어느 날 아침, 이웃 사람이 황급히 문을 두드렸다.

"빨리 피신해요. 누군가가 당신들을 밀고했어. 잡으러 오기 전에 빨리 서둘러요!"

유대인에 대한 위협이 점점 구체적인 모습을 드러내었다. 에스테르는 황급히 짐을 꾸렸고 세르프네 가족은 타르브를 떠났다. 갓 태어난 막내 클로드는 그곳에서 가까운 몽토방에 살고 있는 에스테르의 언니에게 맡겨졌다. 일단 안전한 거주지를 찾으면 데리러 오기로 하였다. 그들은 안전한 곳을 찾아 피신을 계속하였다.

1943년 여름, 세르프네 가족은 그르노블에서 가까운 소도시 생 마르슬랭에 도착하였다. 이 지역은 자유 프랑스 레지스탕스의 본거지가 있는 베르코르를 끼고 있는 곳이라 독일군이 쉽게 들어오지 못하였다. 더구나 이 도시민 전체가 오십여 명의 유대인을 보호하고 있었다. 이곳은 유대인이 안전하게 거주할 수 있는 지역이어서 유대인 그 누구도 노란별을 붙이지 않았다. 아버지 자크는 이 근처에 있는 인쇄소에 영업사원으로 취직하였고, 시내에서 조금 떨어진 몰라르길 9호에 있는 집을 빌려 가족 모두가 입주하였다.

생 마르슬랭에서 모니크는 공립 중학교에 진학하였다. 그녀는 이제 눈부신 사춘기 소녀가 되었다. 당시의 중학교 친구들은 그녀가 대단히 쾌활하고 프랑스어와 음악 수업 시간에 매우 적극적으로 참여한 것으로 기억하고 있다. 특히 그녀가 연극적인 제스처와 더불어 텍스트를 읽을 때면, 정확한 발성과 풍부한 감정의 표현에 모든 학생이 매료되었다고 한다. "그녀는 예쁘기도 했지만 우리와는 분명히 달랐어요. 옷을 입는 것도 달랐고 말을 하는 것도 달랐어요. 그녀는 파리지엥이고 우린 시골 사람이잖아요."

이것이 그녀를 기억하는 많은 사람의 공통된 생각이었다.

모니크는 집에서 가까운 곳에 있는 호텔의 레스토랑에서 노래하기를 좋아했다. 삼십여 명 정도의 손님을 수용하는 레스토랑의 홀은 그녀를 위한 무대가 되었다. 그녀는 손님들의 요청에 따라 당시 유행하던 노래를 불렀다. 피아노가 있는 이웃집 부인은 그녀를 저녁마다 집으로 불렀다. 피아노 앞에서 그녀는 행복했다. 음악교육을 특별히 받지 않았지만 자신만의 고유한 방법으로 점점 열정적으로 피아노를 연주하기 시작하였다. 머릿속에 들어있는 음정을 동원하여 그녀는 자신의 세계와 음악을 만들고 있었다. 피아노는 그녀에게 에덴동산의 문을 열어주는 도구가 되었다. 그녀는 피아노와 거의 한 몸이 되다시피 하였다. 피아노 주위에는 언제나 특별한 향취가 있다고 그녀는 생각하였다. 그녀는 피아니스트가 되리라 믿고 있었다.

스스로 깨우쳐 가는 피아노 연주는 계속되었다. 그러나 그와 동시에 그녀의 오른손 바닥에는 양성 종양이 커져가고 있었다. 전시 상황에서 더구나 지방의 소도시에서 전문 의료진을 만나기는 대단히 어려웠다. 믿음이 덜 갔지만 어쩔 수 없이 찾아간 의사의 집도로, 일곱 차례에 걸친 수술을 받은 끝에 문제의 종양은 사라졌지만, 반복된 수술로 손바닥의 인대가 치명적인 손상을 입었다. 오른손의 운동성 장애로 피아니스트의 꿈을 접어야 했지만, 그녀는 이를 극복하려고 더욱 열정적으로 연주 연습에 매진하였다. 결과적으로 그녀는 남들이 흉내 낼 수 없는 자신만의 독특한 피아노 음색을 만들었다. 훗날 그녀는 공연 무대에서 오른손이 관중의 시선을 끌지 않게 하려고 항상 유의하였다. 일반적으로 피아노 연주자는 고음부가 관중에게 가깝도록 하여 연주하는 반면에, 그녀는 피아노를 저음부가 관중 쪽을 향하도록 무대 위에 놓고 연주하게 된다.

안전지대에 있다고 생각은 하였지만, 세르프네 가족은 그래도 늘 경계심을 늦추지 않았고 언제나 떠날 준비를 하고 있었다. 침대 없이 매트리스를 깔고 있었고 머리맡에는 짐을 싼 트렁크가 있었다. 바르바라는 이렇게 노래하지 않았던가.

"전쟁이 우리를 그곳에 던져놓았지. 우리는 무법자처럼 살았어."

그들이 유대인이란 사실을 알고 있는 사람들은 극소수였지만, 그래도 그들은 늘 두려움을 품고 있었다. 에스테르는 아침마다 아이들이 제대로 있는지 확인했고, 학교에 가는 아이들에게는 이렇게 당부하였다.

"잘 들어. 학교에서는 절대 유대인이라는 걸 밝히지 마라. 사람들이 알면 도망가야 할지도 몰라……."

모니크는 유대인이라는 사실이 무엇을 뜻하는지 이해할 수는 없었지만 어머니의 말을 따랐다. 대부분의 유대인들처럼, 세르프네 가족 역시 점령군을 피해 도망 다니던 이 시절의 기억과 독일과 협력한 비시 정권의 탄압 때문에

생 마르슬랭 시내에 있는 바르바라 광장의 표지판 바르바라가 1943년에서 1945년까지 가족들과 함께 피신하였다는 사실을 적어놓았다. (출처 : Wikipedia)

훗날에도 트라우마에 시달렸다. 바르바라는 성인이 된 다음에도 문을 두드리는 소리만 나면 우선 반사적으로 숨을 곳을 찾았다. 1992년 바르바라의 앨범이 전집으로 처음 간행되었을 때, 그녀는 전집 머리말에서 쫓겨 다니던 어린 시절을 이렇게 묘사하고 있다. "가방에서 가방으로, 호텔에서 호텔로, 도시에서 도시로." 어찌 보면 평생을 순회공연과 더불어 살게 되는 그녀 인생의 전주곡이라 할 수 있다. 그녀는 1996년 공영 라디오 방송 프랑스 앵테르의 마이크 앞에서 이렇게 말하기도 하였다.

"호텔에서 호텔로 도망가는 것, 그건 이미 모험이에요. 물론 겁도 났지만. 매일 그러는 것이 아니니까, 가끔 흥분과 전율을 느끼지요. 이런 특권을 누린 사람은 많지 않아요. 도망가는 것 말이에요. 아마도 도망다닌 시절조차 없었을 걸요."

바르바라는 인격이 형성되는 중요한 인생의 한 단계인 사춘기에 반유대주의의 핍박을 받은 셈이다. 그녀는 이 고통스러운 체험을 어린 아이들의 놀이로 치환하여 유머러스하게 표현하였다. 그녀의 동료이자 지기인 세르주 겐즈부르 역시 그러했는데, 그 역시 이러한 상처를 조롱으로 되받았다. "전쟁 기간에 난 보안관별을 달고 다녔어."라고 그는 말하곤 했다. 유대인이 부착하는 노란별을 서부 개척 시대의 보안관이 다는 별로 비꼰 것이다.

1945년 5월 8일 전쟁은 끝났다. 해방이 되던 해, 세르프네 가족은 파리의 노트르담 드 로레트 길에 있는 한 아파트에서 잠시 머물다가 파리의 서쪽 교외에 위치한 소도시인 르 베지네에 정착한다. 아버지는 여전히 출장을 다니는 정체불명의 직장인이었는데, 집에 들어오는 날이 점점 드물어졌다. 모니크는 이제 만발한 꽃처럼 성숙한 처녀가 되었다. 길게 늘어뜨린

머리에 큰 키 그리고 매혹적인 외모는 주변 사람의 눈길을 끌기에 충분했다. 그녀가 어린 시절부터 간직한 꿈인 "노래하는 피아니스트"가 되려는 것을 어른들은 한심하게 여겼지만, 할머니 '그라니'와 어린 동생 클로드는 진정으로 그 꿈이 이루어지길 기대하고 믿었다. 언젠가는 에디트 피아프가 간 길을 자신도 걸어가게 될 것이라고 그녀도 굳게 믿고 있었다.

르 베지네에서, 전통적인 일반 학교의 교과 과정에 전혀 흥미를 느끼지 못했던 모니크는 성악 과정에 들어간다. "마들렌 토마 뒤세케, 성악 지도"라고 새겨진 동판 표지가 붙어있는 정문을 집 근처에서 보았던 것이다. 거리낌이나 망설임도 없이 그녀는 문을 두드렸다.

"마담, 저는 노래를 부르고 싶어요." 그녀는 다짜고짜 말하였다.

그러나 토마 뒤세케 선생은 그녀가 아직 법적으로 십팔 세가 아니라는 이유로 자신의 문하생으로 받아들일 수 없다고 하였다. 그러나 노래를 하겠다는 모니크의 강렬한 열의에 감복한 토마 뒤세케 선생은 그녀를 결국 학생으로 받아들였다. 애제자가 되어 열정적으로 성악에 매진한다.

1946년 가족은 르 베지네를 떠나 파리의 20구 비트뤼브길 50호로 이사한다. 나중에 알게 되지만, 비트뤼브의 집은 가족이 해체되기 전 마지막 주거지가 된다. 여름이 되면서 모니크는 슬픈 소식을 듣는다. 사랑하는 할머니 "그라니"가 마지막 여행길을 떠난 것이다. 바르바라의 자서전에는 그때의 슬픔이 이렇게 그려진다.

"마르카데 길, 슬픔이 나와 어머니를 더욱 가깝게 만들었다. 우리는 그라니를 바뉴의 묘지까지 데리고 갔다가, 비트뤼브의 우리 집으로 돌아왔다. 나의 그라니, 나는 그녀를 너무나 사랑한 나머지, 오늘까지도 그녀의 이야기를 하려면 마음이 저며 온다. 그것은 흡사 심장 한 복판의 생채기 같은 것이다. 그녀가 사라졌을 때 그 충격은 너무나 심하여 두 해가 지나도록, 죽음을 거부하면서, 그녀가 여전히 살아 있다고 여겼다."

  파리로 돌아온 그녀는 국립고등음악원에 진학할 결심을 한다. 1947년 10월에 치러진 최종 시험에서 그녀는 불행히도 낙방한다. 그러나 유명한 성악 교수 가스통 폴레의 배려로 일단 청강 학생의 신분으로 음악원을 다닐 수 있게 되었다. 청강 과정을 끝내고 심사를 통과하면 정규 과정 학생이 되는 조건이었다. 그녀를 지도한 토마 뒤세케 선생이 가스통 폴레를 도우는 연습지도 선생으로 있었기에 이러한 조건부 입학이 가능했던 것이다. 그러나 음악원의 교장 루이 베드는 모니크를 예의 주시했다. 그가 보기에 그녀는 학교보다 학교 근처의 한 카페에서 지나치게 많은 시간을 보내고 있었다. 줄담배를 피워대며 오락 게임에 열중하는 그녀의 모습이 고울리 없었다. 철저한 감시가 드디어 한 건을 물어왔다. 그녀가 매일 저녁 당시 인기몰이를 하던 오페레타, 〈제비꽃 부케〉에 단역으로, 그것도 캉캉 스타일 춤을 추면서 유행가를 부르는 마네킹으로 출연한다는 것이었다. 교장은 격노하였다. 파리의 국립고등음악원 재학생이 저속한 오페레타에 단역으로 그것도 눈요깃감 마네킹으로 출연한다니! 드높은 음악원의 예술적 명성을 더럽히는 도저히 용서할 수 없는 행동이었다.

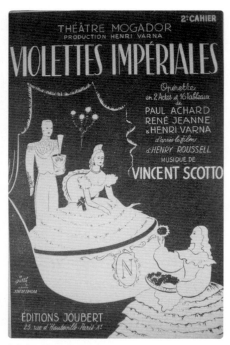

"제비꽃 부케"의 모가도르 극장 공연을 알리는 포스터
음악을 뱅상 스코토가 담당하였다. 그는 프랑스 대중음악의 전설적인 인물로서 1940년대 이전을 스코토 세대라고 부를 정도로 수많은 멜로디를 만들었다. 전 세계적으로 유명한 샹송 "파리의 다리 아래"(Sous les ponts de Paris)를 작곡하였다. (출처 : flickr.com)

엘리트를 위한 고전음악과 일반 대중을 위한 오페레타의 유행가를 어떻게 같은 차원에서 볼 수 있는가! 모니크는 더는 이 음악원을 다닐 수 없었다. 학교로부터 자퇴를 권유 받았다. 모니크 세르프란 이름으로 등록한 이곳에서 바르바라는 한 학기를 채 다니지 못했다. 자서전에서 그녀는 이렇게 당시를 회상하고 있다.

"내 머리 속에는 밴드의 연주 소리, 탭댄스, 멋진 깃털 장식, 인조보석 치장, 무희의 각선미 같은 것밖에 없었어요. 그게 바로 날 끄는 것이었어요. 어느 날, 피아프를 들으러 갔습니다. 그녀는 당시 ABC 극장에서, 때로는 야외무대에서 노래했지요. 마치 접착제로 나를 좌석에 붙여놓은 것처럼 꼼짝도 하지 않고 있었던 게 기억납니다. 그녀의 목소리는 나를 그리고 내 눈을 그리고 내 마음을 울렸습니다."

그녀에게 고전적 성악은 큰 의미가 없었다. 따라서 퇴학 처분은 그녀에게 새로운 길을 열어준 셈이다. 왜냐하면, 이미 마음 속으로 그녀는 클래식 음악과 대중적 샹송 사이의 경계를 허물어 버렸고, 자신은 점점 더 뮤직홀의 자장 안으로 끌려들어 갔다. 뮤직홀의 바이러스는 그녀가 토마 뒤세케 선생과 함께 뮤직홀 ABC에서 피아프의 공연을 보고난 다음 더욱 그 위세를 떨쳤던 것이다. 피아프의 무대가 꾸며지는 뮤직홀로 토마 뒤세케 선생이 모니크를 데리고 간 것은 아마도 제자의 마음을 읽은 선생의 배려였을 것이다. 음악에서 대중적인 것과 엘리트를 위한 것의 구분은 있을 수 없는 것이니 네 갈 길을 주저하지 말고 헤쳐가라는 메시지를 암시적으로 전한 건 아니었을까? 결국, 1948년 그해, 모니크는 〈제비꽃 부케〉의 포스터에 등장하였고, 모가도르 극장의 무대에 오른 이 경험은 그녀의 커리어에 일대 전환점이 된다. 이것은 그녀가 처음 추구했던 클래식 성악의 길과 결별하고 직업적인 예술가로서 처음 무대에 선다는 점에서 더욱 중요한 의미를 지닌다.

그러나 〈제비꽃 부케〉의 모험은 너무나 빨리 끝나고 만다. 모니크는 이때 이미 심한 근시여서, 안경을 벗으면 거의 볼 수 없을 지경이었다. 어느 날 무대 위에서 그녀는 발에 무엇인가가 걸려 앞으로 넘어졌고, 무대 장치로 놓여있던 목조 성당을 전복시킬 뻔하였다. 다행히 그녀는 이마에 타박

모가도르 극장 (출처 : Wikipedia)

카바레 에클뤼즈 지금은 사라지고 와인 바가 되었지만 옛 모습은 그대로 남아있다. (출처 : media.routard.cm)

상만 입었다. 공연 중에 일어난 이 황당한 일은 그녀가 안경을 벗고 출연하기에 언제나 일어날 수 있었다. 안경을 쓰고 춤추며 노래하는 마네킹은 이상하지 않은가! 그녀는 캉캉을 추며 노래하는 배역이 갑자기 싫어졌다. 아프다는 핑계를 대고 극장을 떠난다. 그렇다고 특별한 계획이 있는 것도 아니었다. 막연히 시를 쓰고 곡을 붙여 노래를 해야겠다는 생각만 하고 있었다.

가족 모두에게 사랑을 베풀고 마음의 안식처가 되어주었던 할머니 '그라니'가 세상을 떠난 후, 비트뤼브 길의 아파트에서는 분위기가 날이 갈수록 점점 스산하고 어두워지고 있었다. 자크와 에스테르 부부의 관계는 멀어지기만 하였고 거의 파경에 이르렀다. 자크는 그나마 자신이 내세우던 의문투성이 직장에서 해고된다. 직장을 잃게 된 그는 낙담한 나머지 깊은 절망에 빠져 침대에서 꼼짝 않고 누워서 지냈다. 아이들이 침대로 음식을 갖다 주곤 하였다. 그러다 1949년 어느 날 아침, 그는 연락처도 남기지 않고 아무런 설명도 없이 사라져버린다. 에스테르는 남편의 갑작스러운 잠적으로 깊은 충격에 빠진다. 네 아이 가운데, 맏아들 장만 학업을 계속한다. 고모 잔이 제공하는 금전적 후원 덕택으로 장은 의과대학에 진학하고 후일 정신과 의사가 된다.

한편 모니크는 카바레의 세계로 뚫고 들어가려고 끈질기게 도전한다. 그녀는 카바레 몇 곳을 돌면서 오디션을 보았지만 결과는 모두 낙방이었다. 라 아르프 길에 있는 유명한 카바레 라 로즈 루주에서 오디션을 보면서 그녀는 에디트 피아프의 노래를 불렀다. 오디션에서는 떨어졌지만 여기에서 시인이자 방송인으로 활동하는 장 타르디외를 만나게 된다. 타르디외는 자신의 친구인 브리지트 사부로에게 편지를 한 번 써보라고 그녀에게 권유한다. 브리지트 사부로는 당시 큰 반향을 일으키고 있던 리브 고슈의 카바레 에클뤼즈의 운영진의 멤버이자 그녀 자신이 출연자이기도 하였다. 모니크는 지체 없이 편지를 보낸다.

"저는 모니크 세르프라고 합니다. 저는 가수이지만 자야 할 곳도 마땅찮고, 연습할 피아노도 없습니다. 당신이 저를 도와줄 수 있을 거라고 장 타르디외 씨가 말했습니다."

생뚱맞은 편지에 놀라긴 했지만, 브리지트 사부로는 이 호소에 응답한다.

"숙소 문제는 내가 어떻게 해야 할지는 잘 모르겠습니다만 피아노를 찾는다면, 제 부모님 댁에 훌륭한 것이 하나 있습니다. 에클뤼즈로 나를 찾아오세요, 서로 아는 계기가 되지 않을까요?"

답신을 받자마자 그녀는 그랑 조귀스탱 부두길 15호에 있는 에클뤼즈로 달려갔다. 카바레를 운영하는 네 사람, 마르크 슈발리에, 앙드레 쉴레세, 레오 노엘 그리고 브리지트 사부로 앞에서 그녀는 오디션을 보았다. 그러나 에클뤼즈는 모니크를 붙잡지 않았다. 브리지트 사부로는 모니크를 받아들이고 싶어 했다. 반면 레오 노엘과 마르크 슈발리에는 다른 의견이었다. 전체적으로 보아 그녀의 목소리, 레퍼토리 그리고 제스처가 진부할 정도로 클래식한데다 목소리가 지나치게 성악 쪽으로 다듬어져 카바레와 어울리지 않는다는 평이었다. 운영진 네 사람은 결국 그녀를 합격시키지 않았다. 그럼에도 그녀는 정기적으로 에클뤼즈에 나와 출연하는 아티스트들의 노래를 들었다. 카바레에서 원하는 것이 무엇인지 깨달으려는 이유였다. 그녀는 노래 연습을 열심히 하였다. 그러나 마음은 불안, 불만 그리고 절망으로 가득찼다. 파리에서는 기회를 잡을 수 없을지도 모른다는 불길한 예감이 그녀를 휘감기 시작하였다. 집을 떠나자! 그녀의 자서전은 이렇게 쓰고 있다.

"길 끝자락, 생 블래즈 광장에, 내 친구 가운데 하나가 담배 가게를 하고 있었다. 그녀는 내가 노래하고 싶어하는 것과 나의 절망적인 처지를 알고 있었다. 조그만 머리에 언제나 컬을 한 귀여운 그녀는 내 아픔을 나누었고 귀를 기울일 줄 알았다. 나는 그녀에게 모든 걸 털어놓을 수 있었다. 그녀에게 말했다.

'그래, 난 이제 집을 나갈 거야, 그런데 한 푼도 없어.'

그녀는 계산대 서랍을 열고 삼백 프랑을 꺼낸 다음 나에게 주었다. 나에게는 거금이었다. 우리는 함께 울었다. 한량없이 너그러웠던 이 조그만 여인은 오래 전에 떠났다. 나는 그녀에게 많은 빚을 졌다. 어쨌건 나는 그녀에게 삼백 프랑을 빚졌고 그것을 절대 갚을 길이 없었다."

그녀는 벨기에의 수도로 가기로 결심한다. 그곳은 신인들에게 문호가 활짝 열려있다는 소문이 자자했다. 어린 시절을 지우고 싶었을까? 그녀는 바르바라 브로디라는 새로운 이름의 여인으로 다시 태어난다. 1950년 2월 어느 날 아침. 살을 에는 칼바람이 얼굴을 때렸다. 가르 뒤 노르 역에서 바르바라 브로디는 브뤼셀 행 열차에 몸을 실었다. 채 스무 살이 되지 않은 그녀는 아무도 기다리지 않는 낯선 곳으로 발을 내디뎠다. 집에는 연락처도 남기지 않았다. 사실은 남길 연락처도 없었다.

제2장
북으로 가는 길

밤이 되면서 안스파쉬 대로 주변에는 럭키 스트라이크를 입에 문 젊은 여인들이 하나둘씩 모여들었다. 짙은 화장을 한 얼굴은 누구 할 것 없이 유니폼 같은 외투 속에 감추고 담배 연기를 뿜고 있는 모습이었다. 여인들은 서로 대화를 나누다가 남자가 지나가면 손짓을 하거나 휘파람을 불었다. 안개 같은 비가 희끗희끗 내리는 밤, 가로등 아래마다 흥정이 벌어졌다. 이러한 풍경에서 서너 걸음 떨어진 곳에서 길을 잃어 헤매는 듯 근처를 맴도는 여자가 있었다. 다른 여자들보다는 적어도 머리 하나는 더 컸고 안경을 쓰고 있었는데 렌즈 하나가 깨어져 그로테스크한 인상을 풍기고 있었다. 바르바라 브로디는 굶주리고 있었다. 그러나 호객할 용기가 없었다. 그녀는 화장한 여자들이 모여 있는 곳으로 가지도 못하고 그렇다고 되돌아 갈 곳도 없어 그냥 서 있었다. 그때 어둠 속에서 한 남자가 나타나 그녀를 쳐다보았다.

"저기 호텔로 갑시다."

그녀는 갑자기 두 다리가 굳어오는 것을 느꼈다. 기어들어 가는 목소리로 말했다.

"배고파 죽겠어요."

쓰러지려는 그녀를 감싸 안고 남자는 레스토랑으로 들어갔다. 그는 착한 사람이었다. 그녀에게 아무것도 요구하지 않았고 아무것도 묻지 않았다. 허겁지겁 게걸스럽게 식사를 마친 그녀에게 지폐 몇 장을 내밀었다.

"이 정도면 브뤼셀에서 며칠은 버틸 거요. 집으로 돌아가세요."

한 달 전 브뤼셀의 미디 역에서 내린 바르바라 브로디는 역 앞 싸구려 호텔에 일단 거처를 정했다. 그리고 그랑 플라스 주변의 카바레를 돌아다니며 노래할 기회를 찾았다. 그러나 기회는 나타나지 않았다. 한 달 가까이 노래 부를 곳을 찾아다녔지만 허탕이었다. 숙박료를 낼 수 없게 되어 그녀는 그냥 호텔에서 도망치다시피 나와 버렸다. 신분증을 호텔에 맡겼기 때문에 불법 체류자가 되었다. 때로는 신분증을 분실했다는 핑계를 대면서 호텔에서 잠시 묵은 다음 새벽에 아무도 몰래 빠져나오기도 하였다. 굶주림을 더는 참을 수 없어 결국 그녀는 안스파쉬 대로까지 오게 됐다. 자서전에는 이렇게 적고 있다.

"어느 날 저녁, 나는 몸을 팔러 거리로 나섰다. 그것은 커다란 불행이 아니라, 커다란 슬픔이었다. 돈이 필요해서, 먹기 위해서 혹은 애를 키우려고, 아니면 먹여 살릴 남자 때문이거나 마약이 떨어져서 이렇게 시작하는 것이지, 나쁜 짓 때문인 경우는 거의 없다."

브뤼셀에서 그녀의 삶은 유랑 그 자체였다. 그녀는 이곳에서 아는 사람이라고는 아무도 없었고, 하찮은 일거리라도 찾으려고 하루 종일 걸어 다녔다. 떠돌이는 떠돌이를 만나는 것일까? 우연히 그녀는 페기라는 이름의 비슷한 방랑자를 만난다. 페기는 샤를르루아 출신의 배우이면서 벨기에왕

립음악원을 1등으로 졸업한 피아니스트였는데 무슨 연유인지 모르지만 집을 나와 떠돌이 생활을 하고 있었다. 그녀는 파리에서 온 떠돌이 친구에게 자신의 고향인 샤를르루아로 가서 자신과 교분이 두터운 일군의 예술인들을 한번 만나보라고 권하였다. 이 친구들은 저녁이면 자칭 라 망사르드라고 부르는 카바레에 모여서 재미있는 활동을 벌인다는 것이었다. 이들은 무도장 에투알 뒤 쉬드의 제법 널찍한 다락을 개조하여 만든 공간에 모여 세상을 다시 만들고, 앞날을 이야기하고 지나가는 재즈 연주자를 초청해 소박한 무대도 꾸미면서 지낸다고 하였다.

걸어서, 오토스톱을 하면서, 그녀는 브뤼셀에서 육십 킬로미터 정도 떨어진 샤를르루아에 도착하였다. 당시 라 망사르드에 있던 예술가 그룹에는 이방 델포르트가 있었다. 그는 후일 유명한 만화 스머프의 대본을 쓰게 되고 막강한 영향력을 지닌 만화 잡지 스피루의 편집장을 지내게 된다. 라 망사르드 그룹의 정신적 지주이자 대부라고 할 수 있었다. 어느 날 밤 11시쯤, 문 두드리는 소리에 그가 나가보니, 키가 큰 여자가 검은 안경, 검은 스웨터, 검은 치마, 검은 신발 차림으로 서 있었다. 그녀는 "여기가 라 망사르드인가요? 안녕하세요, 나는 바르바라라고 합니다."라고 말하고는 쓰러져 버렸다. 바르바라에게 라 망사르드는 유쾌하고 명징한 혼들이 모여 꽃으로 피어나는 아름다운 계절이자 놀이터라고 할 수 있었다. 이 혼들은 그녀를 식구로 받아들였고, 잘 곳이 없는 그녀에게 소파를 제공하였고, 연주 연습을 하도록 피아노까지 구해 주었다. 그녀는 다시 살아나게 되고, 굶지 않게 되고, 고립무원의 상태를 벗어나게 되었다. 그리고 그녀는 노래를 시작하게 되었다. 비록 청중은 손꼽을 수 있는 정도이고 노래의 흡인력은 아직

이방 델포르트 (출처 : lesamisdegeorges.free.fr)

미흡하였다. 벌써 그녀는 자신을 "바르바라"(Barbara)로 소개하였다.

　라 망사르드의 시절은 오래가지 않았다. 그러나 그들은 바로 가까운 곳에 새로운 장소를 구해 '르 방 베르'로 명명하였다. 드디어 바르바라는 이곳에서 레퍼토리를 조금 확장하여 노래를 시작한다. 1930년대 프랑스 최고의 작곡자이자 가수 가운데 한 사람인 미레이의 노래를 주축으로 삼아 피아프의 〈사랑의 찬가〉와 레오 페레의 〈윌리암 씨〉를 불렀다. 그러나 그녀는 야유만 받았다. 굴하지 않고 노래를 했지만, 때로는 몇 사람 되지도 않는 손님들과 험악한 분위기를 연출하기도 하였다. 바르바라는 브뤼셀에서도 일주일에 두 차례 200석 규모의 카바레 아르슈 드 노에에서 노래했지만 여전히 야유만 받았다. 문제의 카바레가 문학적인 텍스트를 중요시하는 곳이라 레퍼토리도 여기에 어울리게 주로 레오 페레와 쥘리에트 그레코의 노래로 준비하였지만, 손님들의 호응을 끌어내지 못하였다. 초년병 가수의 지나치게 과장된 제스처와 클래식한 창법이 어울리지 않았던 것이다.

성공의 기약도 없이 야유만 받는 생활에 지치고, 라 망사르드 동료들에게 너무 짐이 된다는 생각에 바르바라는 파리의 집으로 돌아갈 결심을 한다. 1951년 이제 겨우 스무 살의 나이, 파리를 떠날 때처럼 아무 말도 없이 그녀는 파리를 향해 남쪽으로 발걸음을 옮겼다. 샤를르루아에서 프랑스 국경까지 팔십 킬로미터. 일단 걸어서 가기로 하였다. 그러나 그녀는 이미 브뤼셀의 호텔을 전전하면서 신분증을 몽땅 분실하였다. 그녀는 어떻게든 국경 검문소를 통과할 수 있을 거라는 막연한 생각으로 샤를르루아를 떠난 것이다. 그녀는 이미 반나절을 넘도록 걷고 있었다. 주위를 쳐다보지도 않고 땅만 쳐다보면서 남쪽으로 나아갔고 지나가는 차들에게 눈길조차 주지 않았다. 무겁고 커다란 신발 안에서 그녀의 발은 점점 고통을 호소하였다. 날은 포근했으나 잔뜩 흐린 것 같았다.

그녀는 빅토르의 검정색 크라이슬러가 다가오는 소리를 듣지 못했다. 자동차가 그녀 옆으로 미끄러져 와 멈추었다.

"어디로 갑니까?"

"파리로요."

"나도 그래요. 타요, 데려다 줄 테니!"

그러면 좋겠지만 국경을 통과하려면 신분증이 필요한데 없다고 그녀가 말했다. 그렇지만 빅토르는 이런 신분증 문제로 곤란을 겪을 사람이 아니었다.

"타요, 내가 통과시켜 줄 테니. 국경을 말이요!"

그녀는 올라탔다. 그는 아무런 말이 없었다. 묻는 말도 없었다. 가끔 그녀를 곁눈으로 쳐다볼 뿐이었다. 크라이슬러 쿠페는 미끄러지듯 수십 킬로미터를 달린 것 같았다. 벨기에와 프랑스의 세관이 눈에 들어왔다. 빅토르는, 그녀가 창백해진 것을 보았다.

"걱정 말아요." 그녀에게 그는 말했다.

그는 자동차에서 내렸다. 세관원 한 사람이 그에게 다가왔다. 두 사람은 이야기를 나누기 시작하였는데, 차 안에 있는 그녀는 그들이 무슨 말을 하는지

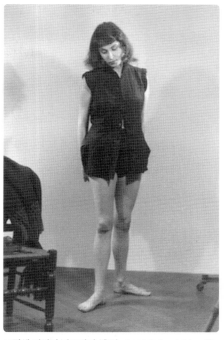

브뤼셀 시절의 바르바라 (출처 : francois.faurant.free.fr)

알 수 없었다. 한 이 분쯤 지나자 그는 다시 차에 돌아왔다. 그러고는 시동을 걸고 다시 출발하였다. 웃으면서 그는 설명하였다.

"이 길을 종종 왔다 갔다 해요. 말하자면 난 자동차 밀수꾼인 셈이지. 어때 무섭지 않아요?"

"무섭죠."

그는 다시 곁눈으로 그녀를 쳐다보았다. 그녀는 처음으로 빅토르를 찬찬히 뜯어보았다. 단추를 두 개쯤 풀어헤친 셔츠 사이로 보이는 가슴은 문신으로 가득하였다. 문신은 목덜미에도 팔뚝에도 새겨져 있었다. 그는 정말 멋진 사내였다. 그녀는 전혀 무섭지 않았다. 그러고는 잠이 들었다.

깨워서 눈을 떠보니 멋진 레스토랑 앞에 도착하였다. 빨간 격자무늬가 그려진 식탁보가 깔린 테이블 위에는 삼겹살 튀김, 쇠고기 도가니를 넣은 오믈렛과 백포도주가 차려져 있었다. 마지막으로 레몬 타르트와 에스프레소 한 잔.

식사를 마치고 레스토랑에서 나와서 차에 다시 오른 그들은 한 동안 말이 없었다. 그러나 빅토르는 변함없이 격조 있는 태도를 유지하였다. 이야기를 먼저 꺼낸 건 빅토르였다. 사실 그는 파리의 라 빌레트에서 고급 콜걸들도 관리하고 있었다. 자신과 동거하던 여자와 헤어진 그는 바르바라에게 자신이 모든 걸 책임지겠다는 제안을 하였다. 영화 같은 상황이 벌어진 것이다. 그녀는 자신이 하고 싶어 하는 일이 무엇인지 그에게 말해주었다.

"가수, 그건 진정한 직업일 수 없어요! 내가 보증하지, 내가, 원하기만 하면……."

"나는 노래가 하고 싶어요, 그게 나의 인생이에요!"

자동차가 콩피에뉴 숲 근처에 이르자 은방울꽃 부케를 파는 아이들이 보였다. 그는 차를 도로변에 세우고 내렸다. 잠시 후 그는 어마어마하게 큰 부케를 하나 들고 와서 바르바라에게 주었다. 두 눈에 눈물을 담고 중세의 기사처럼 무릎을 꿇고서. 차는 다시 출발하였다. 크라이슬러는 고양이처럼 살금살금 파리로 들어왔다. 자동차의 검은 가죽 시트는 편안했다. 열린 선루프를 통해 보이는 눈부신 파리의 하늘. 반쯤 열린 창으로 들어오는 파리의 오월, 그 싱그러운 향기. 그들은 파리에 도착하였다. 저녁이 되었다. 주체할 수 없는 이상한 감정이 그녀를 휘감았다. 그는 차를 멈추었다. 그녀는 그의 뺨에 가볍게 키스하였다. 그는 바르바라를 한참 동안 쳐다보았다. 그는 종이 한 장을 꺼냈다. 재빨리 그 위에 이름과 주소, 전화번호를 적은 다음 그것을 바르바라에게 내밀었다.

"빅토르를 찾기만 하면 돼요."

그는 지폐 몇 장을 그녀의 손에 쥐어 주었다. 그리고 차문을 열었다. 그는 잠시 기다렸다. 그녀는 움직이지 않았다. 크라이슬러가 미끄러져 가는 모습을 그녀는 쳐다보았다. 그녀는 울고 있었다.

후일 바르바라의 샹송이 어느 정도 성공을 거둘 무렵, 그녀는 빅토르에게 고마움을 표시하려고 그를 수소문한 적이 있었다. 유감스럽게도 빅토르는 이미 이 세상 사람이 아니었다. 그녀와 라 빌레트 나들목에서 헤어진 지 불과 석 달 후 사망하였다고 한다.

바르바라가 샤를르루아에서 돌아온 무렵, 파리의 그르넬 길 61호에는 라 퐁텐느 드 카트르 새종이란 카바레가 문을 열었다. 삼백 개의 객석이 있는 이 카바레는 이미 일반적인 카바레의 규모를 넘어서서 거의 뮤직홀에 가까운 미래 지향적인 시설을 확보하고 있었다. 출연자들에게는 크고 아름다운 대기실을 제공하였고 무대도 대단히 넓었다. 특히 이곳이 유명해지게 된 것은, 그 운영자가 유명한 시인이자 시나리오 작가인 자크 프레베르와 그의 동생 피에르 프레베르라는 사실 때문이었다. 자크

자크 프레베르와 피에르 프레베르 프레베르 형제의 유명세 덕분에 파리의 엘리트들을 모으는 데 성공하였지만 카바레는 오래 가지 못하고 6년 만에 문을 닫는다. (출처 : worldscinema.org)

프레베르는 출연할 아티스트를 섭외하거나 선발하고 자신이 직접 프로그램을 구성하여 전 파리를 환호하게 만들었는데, 이 카바레는 당시 최고의 아티스트들을 총망라하고 있었다.

에디트 피아프의 피아니스트로 활동한 적이 있는 장 비에네르는 노래할 카바레를 찾아다니던 바르바라에게 라 퐁텐느 드 카트르 새종으로 가서 피에르 프레베르를 만나보라고 권하였다. 그러나 너무 늦었다. 이미 오디션은 종료되었고 무대 위에도 더는 빈자리가 없었다. 주방에서 접시를 닦는 보조원 자리는 하나 정도 더 만들어 볼 수 있다는 자크 프레베르의 말에 딱히 마땅한 카바레를 찾지 못한 그녀로서는 일단 수락하기로 하였다. 마르셀 물루지가 자크 프레베르와 보리스 비앙의 작품을 노래하는 동안 바르바라는 개수대 위에 허리를 바짝 구부리고 무대 쪽 창문을 향해 귀를 기울였다. 그녀는 매일 저녁 데뷔탕으로 출연하던 모리스 베자르를 눈앞에서 지켜보았다. 그는 후일 20세기 최고의 안무가가 되었고 그녀의 절친한 친구가 되었다. 비록 무대 위에서 노래는 못하지만 주방 창문을 통해 아티스트들이 벌이는 무대를 볼 수 있었던 것이다. 지금은 접시를 닦고 있는 신분이지만 그녀는 훌륭한 카바레로 진출하는 준비 학교에서 엄청난 교육을 받는 셈으로 여겼다. 언젠가는 그녀에게도 찾아오고야 말 기회를 꿈꾸기도 하였다.

주방에서 접시를 닦기 시작한 지 여섯 달이 되어가던 1952년 가을, 바르바라는 자신이 시간을 허송하고 있음을 깨달았다. 그리고 연말이 가까워오면서 과로 때문에 병원에 입원까지 하게 되었다. 사람의 운명이란 때로는 묘한 것이어서, 샤를루아에서 한 젊은이가 바르바라를 찾으러 파리에 왔다. 그의 이름은 제프, 화가로 활동하고 있었다. 그는 바르바라에 대한 많은 이야기를 듣고서 그녀를 꼭 만나봐야겠다는 결심을 하고 이렇게 찾아왔다고 하였다. 사흘 후, 그녀는 제프의 커다란 오토바이의 뒷자리에 올랐다. 그 해 12월 말, 한겨울 찬바람을 뚫고서 그녀는 제프와 함께 파리를 떠나 다시 브뤼셀로 향했다. 이렇게 빨리 브뤼셀로 돌아갈 줄을 그녀 역시 예상치 못했으리라. 파리에서 그녀를 원치 않는 상황에서 달리 방도가 없었다.

브뤼셀 남쪽의 익셀 지구에 있는 예술가들의 작업실 르 비유 티이월. 그림을 그리고 조각을 하고 도자기를 굽는 제프의 친구들은 바르바라를 환영하였다. 그녀를 위해 그들은 커다란 아틀리에 안에 그녀가 머물 공간을 준비해 두었다. 더욱 놀라운 것은 피아노까지 놓여있었다. 그녀가 노래하

익셀에 있던 예술가들의 아틀리에 르 비유 티이월 지금은 테니스 클럽으로 바뀌었다. 그러나 바르바라는 익셀을 빛낸 저명한 시민의 한 사람으로 시청 기록부에 남아있다. (출처 : francois.faurant.free.fr)

길 원한다면 이 아틀리에에서 무대를 꾸밀 수 있지 않은가! 이 주변에는 대학생도 많아서 주스 한 잔씩만 테이블에 놓으면 많은 관객도 모을 수 있다. 아틀리에의 보헤미안들은 열정적으로 움직였다. 바르바라는 아직 빈약하지만 나름대로 자신의 레퍼토리를 가지고 있었다. 피아노 반주자를 구해야 했다. 그녀의 피아노 반주 능력은 아직 미흡하기 짝이 없었던 것이다. 그녀는 무대의 파트너를 구하려고 익셀 지구에 있는 피아노 바를 찾아다니기 시작하였다.

클로드 슬뤼스는 오전 이른 시간부터 라 장브 드 부아에 앉아있었다. 수습 변호사로서 브뤼셀 지방 법원에서 근무하던 그는 특별한 스케줄이 없는 날에는 같이 근무하는 친구들과 이른 아침부터 이 피아노 바에서 시간을 보내곤 하였다. 그는 익셀 지역의 문학 카페나 카바레를 다니면서 마술쇼를 벌이기도 하고 초현실주의 시인들의 모임에도 참가하는 다재다능한 예술인이기도 하였다. 갑자기 그의 눈에 홀을 가로질러 걸어오는 키가 몹시 큰 여자가 들어왔다. 갈색 머리를 길게 늘어뜨리고 커다란 귀걸이를 걸치고 있었다. 그녀는 검정색 원피스를 입고 있었고 맨발로 걷고 있었다. 순간 클로드는 이 여자가 집시거나 아니면 당시 돈 많은 티를 내며 돌아다니는 여자일 거라고 생각하였다. 그는 이 여자로부터 눈을 떼지 않았다. 그녀는 곧장 피아노 연주자에게 가서 꽤나 오랫동안 이야기를 나누더니 종이쪽지 한 장을 남기고 다시 나가버렸다. 재빨리 클로드는 연주자에게 갔다.

"그 여자 누구예요? 뭘 찾고 있는 거예요?"

"토요일에 노래를 하는데, 나한테 반주 좀 맡아달라고 하더군요. 난 여기와 계약이 되어 있어서 곤란하다고 답했어요."

"연락처 하고 이름 좀 알려주세요!"

라 장브 드 부아에서 아침에 엿본 실루엣의 마력에 홀린 나머지 여전히 몽롱한 채로 클로드는 지체하지 않고 에테리를 만나러 가서 종이쪽지를 내밀었다. 그녀는 러시아의 그루지야 출신으로 벨기에 왕립 음악원에서 피아노를 전공하였다.

"이 여자와 꼭 연락이 닿아야 해. 그 여자는 네가 필요해. 스타일이 보통이 아냐, 돈도 상당히 있어 보이던데."

이틀 후, 에테리 루샤드제와 바르바라는 처음으로 만났다. 둘은 서로 보자마자 의기투합하였고, 즉시 피아노 반주와 노래 연습에 들어갔다. 그리고 둘은 에테리의 다락방에서 같이 지내기로 한다. 조그만 방이었지만 그곳에는 피아노가 놓여있었다. 어린 시절부터 바르바라가 갖고 싶었던 바로 그 피아노가 있었던 것이다. 에테리는 자그마하고 약간 여위었지만 그녀로부터 신비로운 힘이 솟아 나왔다. 그녀의 손은 크면서도 우아하였다. 그녀가 연주할 때면, 음악은 하늘에서 어깨 위로 내려와 그녀의 손끝으로 향하는 것 같았다. 그녀는 바르바라의 반주를 맡겠다고 하였다. 바르바라는 기뻤다. 드디어 노래할 수 있게 된 것이다. 토요일, 르 비유 티이월에서 두 사람은 각각 마이크와 피아노 앞에 자리 잡았다. 에테리의 멋진 반주에 맞추어 바르바라는 두 곡을 불렀다. 시작할 때 조용히 박수치던 관객들은 두 번째 노래가 끝날 무렵 야유를 퍼붓는 야수들이 되었다. 에테리가 쇼팽을 눈부시게 연주하면서 겨우 소란이 진정되었다. 이미 야유를 받아본 경험이 있는 바르바라는 별다른 느낌이 없는지 덤덤하였다. 하지만 실패였다. 그로부터 보름 후, 벨기에에서 제법 이름이 알려진 가수 자크 칼론과 함께 콘서트를 열게 되었다. 칼론의 사춘기적 유치한 가사는 많은 사람을 웃겼고 그 여파는 바르바라에게도 미쳤다. 그녀의 심각한 노래가 오히려 더 우습게 비치게 되었다. 두 번째 시도도 실패였다. 그들의 세 번째 도전은 익셀 지구의 유명 레스토랑에서 이루어졌다. 매일 저녁 두 여자는 무대에 섰지만 손님들은 전혀 반응을 보이지 않았다. 야유보다 더 참기 힘든 것이 무관심이었다. 고통스러운 강박이 그들의 마음 속을 좀먹어 들어갔다. 에테리는 클로드에게 달려갔다.

"바르바라는 정말 대단한 여자야. 무조건 도와주어야해!"

비록 지금은 계속해서 실패의 쓴맛을 보고 있지만 분명히 성공할 거라는 확신을 에테리는 가지고 있었던 것이다.

라 장브 드 부아에서 보았던 매력적인 갈색 머리의 신비로운 여성의 이미지가 여전히 그의 머릿속에 생생히 남아있는 상태에서, 클로드는 기쁜 마음으로 바르바라를 다시 만나게 되었다. 에테리와 바르바라를 만나 공연 결과의 이야기를 나누면서 그는 문제의 상황에 해결책을 제시해야 하는 일종의 조언자 역할을 자임하게 되었고, 동시에 브뤼셀에서 성공하고자 하는 무대 지망생에게 꼭 필요한 에이전트 역할도 자신이 맡아야 한다는 걸 인식하였다. 문제를 해결하기에 앞서 그는 바르바라가 무대 위에서 할 수 있는 것이 무엇인지 알고 싶었다.

"우선 다 함께 르 비유 티이윌로 돌아갑시다. 그곳에서 당신이 할 수 있는 걸 보여주세요." 바르바라에게 그가 제안하였다. 그 다음 날, 이미 합의한 대로, 에테리의 피아노 반주에 맞추어서 바르바라는 〈사랑의 찬가〉를 부르기 시작하였다. 그러나 홀 뒤쪽에 앉아있던 클로드가 곧바로 중단

시켰다.

"미안해요. 바르바라, 당신의 목소리는 정말 훌륭해요. 문제는 레퍼토리가 전혀 어울리지 않아요." 클로드가 조심스럽게 말했다.

더구나 그가 보기에 무대 위의 제스처에도 변화를 주어야 할 것 같았다. 바르바라는 서서 노래를 불렀는데, 다리를 벌리고 팔을 늘어뜨리고 머리를 뒤로 제쳤다. 에디트 피아프와 같이 작고 마른 여성에게 이러한 제스처는 다소 도발적이지만 애처로움을 유발하는 인상을 줄 수 있으나, 키가 크고 당시

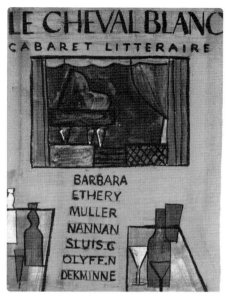

르 슈발 블랑의 공연 안내 포스터 문학 카바레라고 적혀있다. 슬뤼스, 에테리, 덱민 등의 이름들이 보인다. (출처 : lesamisdebarbara.free.fr)

다소 살집이 있던 바르바라에게 이러한 자세는 위압적이고 때로는 우스꽝스러워 보였다. 클로드가 보기에 그녀는 이러한 문제점이 있었지만, 뛰어난 두뇌와 매력적인 인간미를 가진데다가 촌철살인의 대단한 유머 감각을 타고난 보기 드문 여성이었다. 에테리의 말을 따르면, 그녀는 이미 피나는 노력으로 수준급의 피아노 반주 실력을 갖추었다고 했다. 클로드는 이미 바르바라에게 넋을 빼앗긴 것 같았다. 그는 그녀 곁에서 에이전트로 매니저로 때로는 보디가드로 일인 삼역을 맡게 되었다. 그는 그녀의 연인이 되었다.

클로드는 본업인 수습 변호사 일을 잠시 제쳐두고 바르바라를 샹송의 세계에 신성으로 떠오르게 만들겠다는 결심을 굳힌다. 우선 자신이 직접 카

바레를 열기로 하고 장소를 물색하기 시작하였다. 왜 다른 사람이 만든 카바레에 가서 꼭 구걸하듯이 아니면 은혜를 받듯이 노래할 이유는 없지 않은가? 그에게 르 슈발 블랑의 존재가 전해졌다. 익셀대로 140호에 있는 튀김 요리 식당 건물의 뒤에 제법 큰 홀이 있고, 다행인 것은, 이미 그곳에는 연극 공연을 위한 무대장치도 설치되어 있었다. 나중에 알게 된 사실이지만, 후일 벨기에의 유명극단 테아트르 140의 대표로 활약하게 되는 조 텍민의 유랑 극단이 이 홀을 사용하고 있었다. 클로드가 판단하기에 이 홀은 약 백여 명을 수용할 수 있었다. 식당 주인과 협상에 들어갔다. 주인은 손님들에게 음료와 음식을 팔고 르 슈발 블랑의 운영진은 입장료만 받는 조건이었다.

몇 주가 지난 다음, 친구들과 가족들이 보는 앞에서, 르 슈발 블랑의 창립 무대가 올려졌다. 프로그램을 보면, 클로드 슬뤼스의 마술쇼가 있었고, 에테리 루샤드제의 피아노 독주가 있었다. 이어서 바르바라가 피아프의 노래를 불렀다. 바르바라가 무대 위에서 서서 노래하는 것에 많은 부담을 느끼는 이유로 에테리는 그녀에게 피아노 반주 연습을 철저히 시켰다. 그리고 그녀 스스로 반주하면서 노래할 수 있는 준비가 충분하다고 판단한 에테리와 클로드는 그녀를 피아노 앞에 앉혔고 그대로 움직이지 말고 노래하라고 말했다.

출연을 거듭하면서 카바레의 영업도 순탄하게 돌아갔다. 클로드는 수습 변호사 시절보다 카바레 운영주로서 수입이 더 많을 정도였다. 바르바라도 자신의 부족한 레퍼토리를 보충하고 개선하였다. 그녀는 피아프의 히트곡들도 여전히 불렀지만 자신이 좋아하는 1900년대 초반의 노래들, 즉 잔로프, 브뤼앙, 마크 오를랑의 작품들도 자주 리바이벌하였다. 그레코와 레오 페레의 노래 역시 그녀의 레퍼토리에 포함되었다. 그녀는 여전히 연출의 서투름을 보였지만 처음으로 청중과 자신 사이에 미미하나마 교류가 생기는 것을 느꼈다.

바르바라가 르 슈발 블랑에서 노래하던 것과 비슷한 시기에 브뤼셀의 유명 카바레 라 로즈 누아르에서는 자크 브렐이란 이름의 트루바두르가 자신이 쓴 시를 기타에 실려 보내고 있었다. 바르바라의 레퍼토리 안에는 브렐의 노래 〈광장 위에서〉가 있었다. 브렐이 르 슈발 블랑을 찾아온 적은 없다. 두 사람이 친구가 된 것은 이로부터 한참 뒤 파리에서의 일이다. 르 슈발 블랑은 공연이 거듭되면서 거의 언제나 매진을 기록하였다. 수용 인원을 초과하는 경우도 많았다. 그러나 호황이 악재로 작용하였다. 튀김 요리 식당의 주인은 카바레의 손님이 늘어나자 식당의 음식 값을 인상하였다. 음식이 잘 팔리지 않자 이제는 카바레 입장료를 나누자고 하였다. 음식 값이 올라가면서 카바레 입장객이 줄어드는 악순환이 계속되었고 결국 르 슈발 블랑의 모험은 일 년을 버티지 못하였다. 르 슈발 블랑의 열쇠를 돌려주고 난 다음, 에테리와 바르바라는 셰 아드리엔이란 바에 자리 잡았다. 그러나 근무 조건은 너무 열악하였다. 노래를 부르는 것보다 손님들로 하여금 많은 위스키를 마시도록 하는 것이 중요했다. 이 바에는 정해진 개런티가 별도로 없고 위스키 판매 액수의 십 퍼센트를 개런티로 받는 곳이었다.

이 시기에 바르바라와 클로드는 테레지엔 길에 있는 셋방에서 함께 살고 있었다. 집주인 할머니는 자신을 프뤼당스로 불러 달라고 했다. 그녀는 젊은 시절 꽤나 잘 나가던 창녀였다. 프뤼당스가 살고 있는 큰 집에 세든 사람이라고는 바르바라와 클로드 둘밖에 없었다. 이 왕년의 창녀는 가벼운 알츠하이머병에 걸렸는데, 아침마다 클로드를 보면 이렇게 말했다.

"바르바라의 클로드! 이번 달 집세를 내야지?"

"프뤼당스, 벌써 일주일 전에 드렸잖아요." 그녀는 현관문 앞에 있는 깔개 아래에 놓아둔 집세를 잊어버리고 있는 것이다. 클로드는 그녀를 데리고 현관 앞에 가서는 깔개를 들고 돈이 분명히 있음을 확인시켜주었다. 이러한 광경은 매일 아침 반복되었다. 바르바라는 이 에피소드를 1986년에 무대에 올리게 되는 뮤지컬 〈릴리 파시옹〉의 한 장면으로 만든다. 바르바라의 상대역으로 나온 제라르 드파르디외가 읊는 다음 대사를 통해 프뤼당스는 신화적인 인물로 남게 된다.

프뤼당스로 불리던 한 여자가 운영하던 문 닫은 갈보 집에서 난 자랐지…….

그녀는 마룻바닥 깔개 아래에 돈을 숨겨 놓았어. 그녀는 압생트 술에 하도 취해있어서, 자기 돈을 어디에다 감추었는지 한 번도 기억하지 못했지!

프뤼당스, 오 나의 프뤼당스…….

바르바라와 클로드는 1953년 10월 31일에 결혼한다. 그녀는 이 결혼을 예상치 못한 일 때문에 벌어진 해프닝 정도로 생각하였다. 어느 날 경찰의 불심검문을 받게 되고, 검문 당시 신분증명서가 없는 불법 체류자로 벨기에에서 불법 취업 상태라는 이유로 그녀는 구금된다. 그래도 수습 변호사인지라 클로드가 경찰 당국에 개입하였다. 바르바라가 추방을 면하는 유일한 길은 클로드와 법적으로 결혼하고 벨기에 국적을 취득하는 것이었

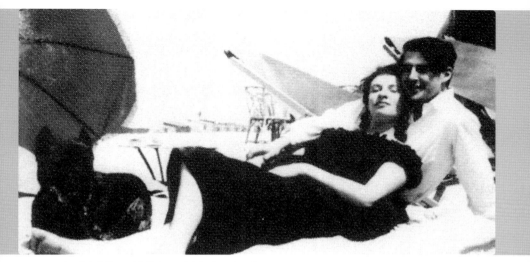
바르바라와 클로드 (출처 : lesamisdebarbara.free.fr)

다. 클로드 슬뤼스는 브뤼셀에서도 손꼽히는 대단한 부르주아 집안 출신
이었다. 신부가 광대에다가 유대인이라는 이유로 클로드의 부모는 이 급
작스러운 결혼을 반대하였다. 바르바라는 결혼식 직전까지도 확신이 없었
고 과연 이 결혼을 해야 하는지 망설였다. 후일 클로드와 바르바라가 파리
에서 거주할 때, 바르바라의 어머니는 유대인이 아니라는 이유로 한 동안
클로드가 그녀의 집으로 오는 것을 꺼려하게 된다.

결국 결혼식은 익셀 시청에서 거행되었는데, 신랑, 신부, 신랑 측 증인으
로 친구 클로드 벨레르 그리고 신부 측 증인으로 에테리 루샤드제 이렇게
네 사람만 참석하였다. 프뤼당스가 참석자 네 사람을 근처 이탈리아 식당
으로 초청하여 피로연을 대신하였다. 이 결혼식의 기억으로 바르바라에게
남아있는 것은 검은 옷을 입고 찍은 사진 한 장이 유일하였다. 그러나 그
사진 안에는 그녀가 새신랑 클로드와 함께 있지 않고 모르는 남자와 같이

서 있었다. 토요일 익셀 시청에는 결혼식 대기자들이 너무 많았고, 다음 차례 탓에 황급히 밀려나온 부부는 시청의 사진사가 쳐다보는 렌즈 앞을 밀려서 지나가야 했다. 그녀는 마찬가지로 황급히 밀려나온 모르는 남자와 부부처럼 필름 위에 남게 된 것이다. 마치 한 편의 가면무도회 같은 결혼식이었다.

바르바라 평전

제3장
에클뤼즈

1953년 말, 결혼식을 올린 지 채 두 달이 지나지 않아, 바르바라와 클로드는 브뤼셀을 떠나 파리로 온다. 다시 카바레마다 돌아다니며 오디션에 응하고 가끔씩 이곳저곳에서 출연 요청이 들어오면 노래하는 생활이 시작되었다. 바르바라를 따라 파리에 온 클로드는 브뤼셀에서 하던 수습 변호사 생활을 일단 접을 수밖에 없었다. 그는 새벽마다 당시 파리 한 복판에 있던 레 알 농산물 도매시장에서 화물 하역 작업을 하였다. 그로서는 바르바라와 결혼한 대가를 혹독히 치르는 셈이었다.

1954년 봄이 되면서, 두 해 전 바르바라가 오디션에 처음 도전하였을 때 합격시키지 않았던 에클뤼즈의 운영진 사인방은 그녀를 만장일치로 봄철 새 프로그램에 한번 포함시켜보기로 결정하였다. 마르크 슈발리에가 보기에 다시 오디션에 도전하는 바르바라는 샹송을 소화하고 해석함에 있어 지난 두 해 동안 대단한 발전을 보였을 뿐만 아니라 카바레 스타일을 놀랍도록 완벽하게 습득하였다.

"처음 오디션에 응했을 때, 그때가 벌써 2년 전이었네요, 나를 포함한 우

앙드레 쉴레세와 마르크 슈발리에
(출처 : lesamisdebarbara.free.fr)

브리지트 사부로 (출처 : lesamisdebarbara.free.fr)

리 운영진의 심사 결과는 썩 만족스럽지 못했어요. 그런데 그녀가 다시 오디션에 응하러 왔어요. 우리는 일단 일주일간 그녀를 무대에 올려보기로 하였지요. 아직 유명한 저 '한밤의 여가수'의 단계는 아니었어요. 왜냐하면, 그녀는 우리의 프로그램 처음에 등장하기로 했으니까요. 두 번째 오디션에서 내가 놀란 것은 그녀가 참으로 지혜로우면서 동시에 대단히 적극적이라는 사실을 깨달았기 때문입니다. 그녀는 우리가 성악적 기교를 버리고 리브 고슈 스타일로 가야 한다고 말했을 때 그것이 무엇인지 이해하였고, 벨기에로 떠나면서 우리가 던진 이 충고를 자신의 것으로 만들었고 그것을 실제로 적용한 것입니다."

우선 일주일 동안이지만 에클뢰즈의 무대 위에 바르바라가 등장할 무렵, 클로드는 벨기에로 돌아가 병역의무를 마쳐야 한다는 통지를 받는다. 그는 브뤼셀에서 병역면제를 받은 다음 곧 파리로 다시 올 계획이었지만 일이 매끄럽게 해결되지 못하였다. 병역은 면제되었으나 현역병으로 복무해야 하는 기간인 일 년 동안 거주지에 머물러야 하며 국외여행이 불가능하였다. 그는 불안했다. 사실 그와 바르바라의 관계는 처음부터 일방적이었다. 그가 보기에 자신에 대한 바르바라의 애정은 점점 식어간 나머지 그의 존재감마저 사라질 지경이었다. 파리에서는 게다가 바르바라에게 추파를 던지는 많은 남자가 있었고 그녀 역시 대단히 자유

레오 노엘 (출처 : lesamisdebarbara.free.fr)

분방한 여인이었다. 짧다면 짧고 길다면 긴, 이 일 년을 브뤼셀에서 보내는 것은 그로서는 괴롭고 불안한 일이었다.

　바르바라를 브뤼셀로 끌어들일 묘책이 없을까? 그는 브뤼셀에서는 무시할 수 없는 슬뤼스 가문의 영향력을 발휘하여 안젤 퀼레르와 만날 약속을 잡는다. 그녀는 당시 브뤼셀의 RTB 방송국에서 음악 프로 "샹송의 창"을 진행하고 있었는데, 이 프로의 청취율은 대단히 높았고 영향력 또한 막강하였다. 그녀의 남편은 필립스 레코드의 벨기에 지역 담당 국장이었다. 또한 그녀는 음반 잡지 "라 르뷔 뒤 디스크"의 공동편집인이기도 하였다. 클로드는 안젤 퀼레르를 만난 자리에서 은근히 제안을 하였다. 팔래 루아얄 근처에 있는 화가 마르셀 아스티르의 아틀리에에서 10월 1일 파리에서 오는 한

가수의 리사이틀이 열리는데 "샹송의 창"을 통해 후원해달라는 것이었다. 바르바라가 녹음한 노래를 듣고 나서 안젤 귈레르는 클로드의 제안을 수락하였다.

바르바라는 다시 브뤼셀로 돌아왔다. 그리고 한 달 동안 리사이틀 준비에 몰두하였다. 1954년 10월 1일, 그녀는 준비되었다. 넓은 아틀리에에는 손님들로 가득 찼다. 미리 약속한 대로 안젤 귈레르는 프로그램을 소개하는 글을 직접 썼다.

"아이러니하면서, 신랄하고, 필요할 때는 공격적이고, 총명함과 도전 정신을 갖추고서, 바르바라는 프랑스 샹송이라는 이 정글 속에서 자신만의 고유한 길을 헤쳐 나가고 있다. 그녀를 들어보는 것은 모험이라고는 사라져버리고 없는 것으로 알았던 어떤 분야에서 백 가지 모험에 참여하는 것과 다름없다. 그것은 바로 가시로 무장한 폭력적인 꽃을 만나러, 모르는 노래에 심장이 뛰고 있는 새를 찾아서 나아가는 것이다. 그것은, 훨씬 새롭고 독창적이고 때로는 나은 것 속에서, 아직 발표되지 않은 것의 소금 맛을 보는 일이기도 하다. 브라보."

이날 저녁 아틀리에의 특설 무대 위에서, 바르바라는 안젤 귈레르가 직접 후원자로 나서는 가운데 19곡의 샹송을 불렀다. 아틀리에에 모인 백여 명이 넘는 사람들은 샹송의 대단한 애호가들이었다. 그녀는 자크 브렐의 〈광장 위에서〉, 브리지트 사부로의 〈흰 카네이션〉, 레오 페레의 〈예술가의 인생〉, 자크 베리에르의 〈집시 내 친구〉 등 당시 카바레에서 널리 불리던 텍스트를 비롯하여, 1900년을 전후로 하는 시기에 카페에서 주로 불리던 고전적이고 유머러스한 작품들을 노래하였다. 그녀는 무대 공간을 확실하게 장악하였다. 그날의 관객은 그녀가 카바레에서 경험했던 소란스럽고, 무례하고 혐오스러운 그런 벨기에 사람들이 아니었다. 그들은 바르바라의 노래를 숨을 죽인 채 경청하였다. 그때까지 그녀를 경멸만 하던 언론들도 공연을 호의적으로 보도하기 시작했다.

아틀리에 공연을 녹음한 음반 (출처 : partoch.com)

"이 매력적인 젊은 가수는 대단한 재능을 타고났다고 우리는 주저 없이 말할 수 있다. 여기에 덧붙여서, 그녀는 쉽고 편한 것을 추구하지 않으며, 그녀의 레퍼토리는 진부하고 유행을 타는 주제를 거부한다. 그녀의 노래는 시적이면서 동시에 사실적인 의미를 담고 있다."

성공이었다.

"바르바라는 아름답고 젊은 여자다. 총명하고 참신하며, 검정색 의상을 입는데, 결코 무거운 인상을 주지 않으면서 절제와 신비를 엿보게 하며 완벽한 스타일을 구축한다. 관객들은 그녀의 완벽한 발성, 묵직한 분위기를 만들어내는 능력, 그녀의 약간 도발적인 감수성을 감상하면서 뜨거운 박수로 화답하였다."

그러나 모두가 찬사 일색은 아니었다. 검은 옷을 입은 새로운 여인의 등장에 반감을 표시하는 비평가도 있었다.

"지하 카바레에서 나온 바르바라를 소개하는 것처럼 우스꽝스러운 생각이 있을까? 그녀의 재능은 특별히 돋보이지도 않는다. 그런데도 그녀는 그레코의 그림자를 지우려하고 있다. 그것도 그녀 목소리, 코끼리처럼 아주 커다란 지우개로 말이다. 그레코 옆에 서면 그녀는 초라하기 그지없다."

그럼에도 벨기에의 언론은 나아가 바르바라를 벨기에를 대표하게 될 차세대 가수 가운데 한 사람으로 지목하였다. 이러한 언론의 호평을 접한 데카 레코드 측에서 그녀에게 음반 제작 의사를 밝혔다. 그녀는 SP판의 앞뒤 각각 한 곡씩, 모두 두 곡을 최초로 녹음한다. 이미 이브 몽탕이 불러 유명해진 〈집시 내 친구〉와 에클뤼즈의 운영진 가운데 한 사람인 브리지트 사부로가 만든 〈흰 카네이션〉이었다. 음반 간행을 즈음하여 1954년 11월, 안젤 귈레르는 자신의 전설적인 프로 "샹송의 창"에 바르바라를 초청하여 그녀의 눈부시고 놀라운 샹송 해석을 벨기에 전역에 소개하는 방송을 진행하였다. 이어서 그녀는 1955년 3월 바르바라의 두 번째 리사이틀을 후원하였다. 이번에는 브뤼셀 최고의 공연장 팔래 데 보자르에서 이루어졌다. 이 리사이틀에서, 바르바라는 데카 레코드의 전속으로 소개되었고, 그녀는 출연자 가운데 마지막 순서로 무대 위에 등장하였다. 단연코 이 리사이틀의 스타는 바르바라였다. 조르주 브라센스, 자크 브렐, 레오 페레, 브뤼앙을 아우르는 그녀의 레퍼토리는 청중을 매료시켰다.

1955년 봄, 바르바라와 클로드는 파리로 돌아왔다. 바르바라가 떠나버릴지도 모른다는 생각에 심리적으로 불안해진 클로드는 점점 독점욕이 강한 남편이 되었다. 바르바라는 이러한 남편 옆에서 숨이 막힐 지경이었다. 그녀는 종종 이런 말을 하였다.

"난 둘이 사는 재주가 없어."

브뤼셀 최고의 무대로 일컫는 팔레 데 보자르 (출처 : lesoir.be)

　바로 이 무렵, 마치 영화 속의 한 장면처럼, 두 사람은 파리의 길 위에서 헤어지고 만다. 겉으로는 레퍼토리의 선곡 문제로 불거진 의견 충돌이 그 이유라고 하였지만, 내부적으로는 결혼 자체의 마음가짐이 서로 워낙 달랐던 것이다. 바르바라에게 결혼은 가면무도회에서 일어난 해프닝에 지나지 않았지만, 클로드는 결혼을 위해 희생을 감내하였고 아내에게 헌신적이었다. 클로드는 언제나 자신이 아내의 예술적 조언자이면서 일종의 매니저라고 여겼다. 반대로 바르바라는 자신의 생각과 다른 것을 남편이 개진하면 이것을 오히려 잘못된 간섭으로 받아들였다. 헤어지는 그 날도 클로드는 바르바라가 20세기 초엽의 샹송들을 좀 더 많이 불러야 한다고 조언하였고, 바르바라는 샹송도 진보해야 한다고 여기면서 더욱 현대적인 텍스트를 소화해야 한다고 주장하였다. 둘은 타협점을 찾을 수 없었다. 어쩌면 찾지 않으려고 했는지도 모른다.

"별 것도 아닌 것을 두고 생각이 다르군요. 그럼 헤어져야죠."

그녀는 이 말을 남기고 돌아서버렸다. 클로드는 집에서 그녀를 기다렸지만 돌아오지 않았다. 그는 몹시 상심하였다. 그녀가 노래하는 에클뤼즈로 매일 저녁 갔지만 그녀는 눈길조차 주지 않았다.

클로드에게 상처가 아무는 데 많은 시간이 필요했다. 그는 한 동안 바르바라의 이혼 요구에 응하지 않았다. 그들은 공식적으로 1962년 11월 12일에 이혼한다.

그녀는 자서전에서 이렇게 쓰고 있다.

"처음 며칠은, 결혼한 여자로 있는 게 그리 좋을 수가 없었다. 내게 '부인, 안녕하세요!'라고 말을 건네거나 결혼반지를 손가락에서 이리저리 돌리고 있으면 참 좋았다! 그러나 그게 오래 가지 않았다. 내가 무엇보다 좋아하는 것, 그것은 바로 만남, 어떤 만남의 마력이었다."

1950년대, 센 강 남쪽 리브 고슈는 카바레가 넘치는 곳이었다. 카바레들은 황금기를 구가하고 있었다. 가수, 싱어송라이터, 연주자 들을 비롯한 온갖 판타지를 만들어내는 아티스트들이 첫 발을 내딛는 곳이 바로 이 카바레들이었다. 그들은 여기에서 진정한 장인으로 다듬어지고 멀고 아득하기만 한 정상을 향하여 힘든 발걸음을 재촉하였다. 그들이 일하는 조건은 카바레에 따라 천차만별이었지만, 분명한 사실은 카바레야말로 아티스트에게 가장 훌륭한 학교라는 점이다. 라 콜롱브, 르 슈발 도르, 셰 무아노, 르 포르 뒤 살뤼, 에셸 드 자콥 등은 수많은 미래의 스타를 만들어낸 불멸의 카바레이다. 간단히 일별해보아도, 기 베아르, 자크 브렐, 레몽 드보스, 브리지트 퐁텐, 세르주 갱스부르, 피에르 페레, 안 실베스트르 등 끝없이 들

수 있다. 당연히 여기에 바르바라와 에클뤼즈를 포함시켜야 할 것이다. 이 에클뤼즈를 운영하는 네 명의 동업자, 레오 노엘, 브리지트 사부로, 앙드레 쉴레세 그리고 마르크 슈발리에는 모두가 아티스트들이었다. 바르바라가 에클뤼즈의 좁은 무대를 통해 프랑스 최고의 샹송 가수로 성장하리라는 것을, 이 에클뤼즈가 프랑스 샹송의 성지가 되리라는 것을 그리고 바르바라와 에클뤼즈는 전설이 되고 말리라는 것을, 1954년 처음 이곳 무대에 오른 바르바라 자신도 몰랐고 경영인이자 아티스트인 이 네 사람도 알 수 없었을 것이다.

오디션에 통과하고 나서 그녀는 에클뤼즈에 비정기적으로 출연하다가, 1956년에 퐁 뇌프 근처에 있는 세 무아노로 옮겨갔다. 레퍼토리가 그녀의 것과 비슷한 아니에스 카프리가 에클뤼즈에 스타로 출연하게 된 것이 그 이유였다. 세 무아노는 사실 에클뤼즈와는 분위기가 사뭇 다른 곳이었다. 이 카바레는 근처 학생들이 모이는 집결지였다. 공연에 무관심한 젊은이들은 매일 저녁 그곳에 와서 쿠스쿠스를 주로 먹었다. 주방의 위생상태가 의심스럽다는 소문이 퍼져있지만 주머니 사정이 가벼운 학생에게는 값이 저렴하다는 것이 중요했다. 게다가 정식 공연보다 더 재미있는 것이 있어 손님들을 더욱 즐겁게 하였는데, 그것은 바로 무아노 부부의 부부싸움이었다. 서로 말을 놓던 부부가 갑자기 말을 서로 높이면 긴장감이 돌면서 한순간 조용해진다. 그러다가 온갖 모욕적인 언사가 양쪽에서 터져 나온다. 카바레 안의 손님들은 두 편으로 나뉜다. 한참을 말다툼하며 싸우던 부부는 객석을 향해 누가 잘못했는지 판정을 내려달라고 요구한다. 모두가 참여하는 마당극 부부싸움 카바레가 되는 것이다.

카바레 셰 무아노 북아프리카 음식 쿠스쿠스를 전문으로 하는 식당에 카바레가 구경거리로 붙어있던 곳이었다 (출처 : cahiersdelachanson.free.fr)

바르바라의 수준 높고 매혹적인 공연은 이 부부싸움에 묻히기 일쑤였다. 바르바라는 개의치 않았다. 그런데 어느 순간부터 관객들의 구성이 바뀌기 시작하였다. 그러면서 이 부부싸움도 슬그머니 없어졌다. 어느 날 저녁에는 객석이 거의 대부분 고급 모피를 걸친 손님들로 가득찼다. 저녁마다 이 카바레에서 저 카바레로 옮겨 다니며 교양인 티를 내는 새로운 스놉(snob)들이었다. 바르바라의 소문이 생 제르맹 데 프레 전역에 퍼져나가고 있음을 말해주는 증거이기도 하였다. 이 소문은 에클뤼즈에 이르렀다. 바르바라를 잃어버릴까 조바심이 난 레오 노엘은 브리지트 사부로에게 급히 달려갔다.

"바르바라를 설득해서 이리로 데려와야겠어요. 사실 그녀는 우리 사람이 잖소. 다른 곳으로 가기 전에 빨리 서둘러야 해요."

섭섭한 마음이 있었지만, 1957년, 바르바라는 그랑 조귀스탱 부두길 15호의 에클뤼즈에 다시 돌아와 닻을 내린다. 그녀는 당시 사춘기 학생층의 인기를 한 몸에 받아 "샹송의 여자 중학생"이란 별칭으로 유명한 마리 조제 뇌빌의 자리를 넘겨받게 된다. 그리고 여섯 해를 이곳에 머문다.

격자 유리 문을 열고 들어가면 좁고 기다란 실내가 눈에 들어온다. 마치 고래 창자같이 생긴 공간으로, 초입 오른쪽에 바가 있고, 안쪽 끝에는 왼쪽

벽을 마주하고 피아노 한 대가 놓여있다. 이곳은 옛날 센 강을 오르내리던 선원들이 모여들던 선술집이었으나 이제는 리브 고슈 지역의 문화를 대표하는 공간으로 바뀌었다. 호기심에 가득 찬 새로운 지식인들과 미지의 세계에 처음 발을 딛는 불안한 초보 아티스트들이 선망하는 곳이 되었다. 폭이 삼 미터 조금 넘고 길이가 십여 미터 남짓한 이곳에서는, 육십여 명 정도가 홀에 앉을 수 있고, 바 옆에 스무 명 정도가 설 수 있다. 피아노가 있는 곳에 조그만 무대를 만들어 놓았는데, 약 폭이 삼 미터, 길이는 이 미터 정도 되어 보였다. 무대 장식은 극히 소박하다. 피아노 옆 벽면에는 진한 초록색 그물을 붙여놓았고 그물에는 부표와 망태를 걸어두었다. 피아노 위에는 잠수부가 사용하는 잠수장비의 머리 부분을 올려놓았다. 에클뤼즈라는 공간의 뿌리는 선원들의 선술집이라는 것을 강조하려는 것이리라.

바르바라의 에클뤼즈 (출처 : tonylewis1138.blogspot.com)

좁은 무대 옆에는 손님에게는 보이지 않는 그보다 더 작은 공간이 숨어 있는데 출연자들의 대기실로 쓰였다. 후일 바르바라는 프랑스 앵테르에서 이 작은 대기실의 노스탤지어를 이렇게 말한다.

> "말도 못하게 좁은 대기실이었지만 그곳을 지나간 사람들은 정말 대단했어
> 요. 난 언제나 밤 10시면 도착했어요. 그 시간이면 이브 졸리가 각색한 마
> 리오네트가 있었어요. 그 유명한 배우 자크 뒤필로가 어린애 숟가락을 들고
> 다녔지요. 파브리도 있었고, 리샤르와 라누도 있었고…… 정말 힘든 시절
> 이었어요. 그래도 정말 멋진 시절이었지요."

바르바라는 언제나 자기 순서보다 훨씬 먼저 나와서 다른 사람의 공연을 다 지켜보았다. 이 습관은 그녀의 커리어 내내 지속된다. 때로는 카바레 옆에 있는 카페 라 불 도르에서 자신의 차례를 기다리기도 하였다.

카바레의 출입문 바깥에는 석판이 놓여있는데, 밤 10시에 시작하는 그날

자크 뒤필로 프랑스를 대표하는 명배우. 젊은 시절 카바레 무대의 단막극에 출연 하였다. 그는 스스로를 정치적으로 좌익 왕당파이며 동시에 우익 무정부주의자 로 규정하였다. (출처 : allocine.fr)

의 공연 프로그램을 그 위에 적어둔다. 프로그램 은 여섯 개의 쇼로 구성되는데, 대개는 가수와 코 미디언이 번갈아 가면서 출연한다. 그리고 쇼 하 나에 최대 20분이 주어진다. 마지막 순서에 등장 하는 스타는 30분 동안 무대 위에 서는데, 스타의 공연은 밤 12시에 시작한다. 물론 경우에 따라 자 정이 지나서 시작하기도 한다. 프로그램을 안내 하는 석판이 뒤집혀있으면 그것은 홀에 빈 좌석이 없음을 뜻한다. 이 경우 손님들은 쇼 하나가 끝나 면 생길지 모르는 좌석을 얻으려고 밖에서 기다려

빅토르 라누와 피에르 리샤르 프랑스의 대표적인 듀엣으로 사회를 신랄하게 풍자하는 스케치를 무대에 올려 많은 인기를 얻었다. (출처 : ina.fr)

야 한다.

출연자의 선택과 선발에 있어서 에클뤼즈는 아마도 리브 고슈 지역 카바레 가운데 가장 프로페셔널하다고 말할 수 있다. 하지만, 아티스트들의 공연 환경이나 조건은 열악하기 짝이 없었고 대우도 나빴다. 일반적인 생각과는 달리, 카바레라는 학교는 정말 다니기가 어렵다 못해 괴롭기까지 한 곳이다. 손님들은 바로 앞에 앉아서 당신의 온갖 감정을 꿰뚫고 있다고 바르바라는 말하곤 하였다. 뮤직홀 같은 대형 전문 공연장에서 아티스트가 공연하는 와중에 떠들어대거나 이리저리 자리를 옮겨가며 술을 마시거나 혹은 담배를 피우거나 하는 일은 금지되어 있어 상상할 수도 없었다. 그러나 카바레는 그런 규율이 강요되는 공간이 아니다. 카바레 손님들은 술을 마시면서 담배를 피우고 같이 온 친구와 떠들어대면서 공연을 본다. 게다가 문 밖 강변도로의 차량 소음은 끊임없이 들려와 마이크를 쓰지 않는 아티스트의 목소리를 잠식한다. 마리 셰는 자신의 저서 "바르바라"에서 바르바라가 털어놓은 카바레의 분위기를 이렇게 생생하게 기술하고 있다.

"말도 마! 졸리는 자기 마리오네트 장비 들고 나오지. 내가 자기 길을 막고 엉뚱한 데 있다고 막 성질을 내는 거야. 좋아! 그런데 난, 겁이 나 초죽음이야. 매일 저녁이 똑같아, 초죽음이야! 쉴레세가 내 차례를 발표한다. 레오가 할 때도 있어. 난 한 걸음 내딛지, 조명을 받으면서. 알지, 두 걸음도 안 가 피아노 의자에 걸려. 앉는다. 건반 위에 손을 얹고, 눈을 감고, 잊으려고 하지. 그들은 앞에 옆에 어디에나 있어, 알지. 눈만 있는 게 아냐, 내쉬는 숨도, 몸의 열기도. 넌 그러겠지, 차라리 그게 낫지, 아무도 없이 텅텅 비었다고 해봐…… 정어리 통조림처럼 가득 찼네. 그리고 저기 열리는 문, 부두에서 나는 소음……. 카바레란 곳은 지독해! 그들은 모르지. 내겐 다 들려, 여자들 팔찌, 담뱃불 붙이는 소리, 불꽃도 보여, 부딪히는 술잔도. 그 사람들 잘못은 아니지, 그들은 온 거니까! 그렇지만 난, 난 완전 초죽음이야. 제스처를 좀 크게 했더니, 잊어야지, 아이고 맨 앞 테이블에 앉은 여자의 머리를 툭 치는 거야! 그러니 그 사람들은 날 만질 수도 있어. 완전 공포 그 자체. 이런 생각하면 내일 안 올 거야. 네가 노래한다 해봐 '낭트엔 비가 내립니다.' 그런데 누군가가 맥주를 꿀떡거리며 마시는 소리가 들려! 정말, 정말이지 카바레는 지독한 곳이야."

공연 시작과 막을 여는 역할을 수행하던 바르바라는 채 두 해도 되지 않아 카바레의 정기 출연자 가운데 가장 높은 자리인 스타의 지위에 올랐다.

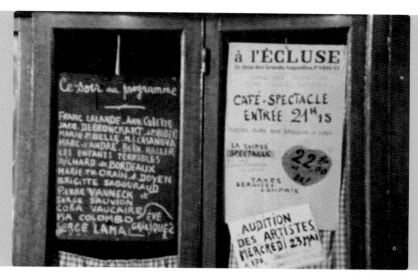

에클뤼즈 출입문에 붙어있는 저녁 프로그램 제일 아래 세르주 라마의 이름이 보인다. 오른쪽에는 5월 23일 수요일 저녁 5시에 오디션이 있음을 알리고 있다. 공연을 위해서는 밤 9시 15분에 입장하라고 쓰여 있다. (출처: museeesergelama.hautetfort.com)

갈색머리에 키가 큰 그녀는 짧게 커트를 한 머리에 특별한 장식이 없는 검은 옷을 입었는데, 결국 그것이 무대에서 볼 수 있는 그녀의 유일한 의상이 되어 버렸다. 사실 당시는 이러한 의상이 일반적이었다고 할 수 있다. 모두들 검정색을 소위 실존주의자와 연결시키곤 하였는데, 그렇다면 피아프나 그레코나 바르바라는 실존주의가 무엇인지도 모르면서 실존주의자가 되어 버린 셈이다. 검정색은 리브 고슈의 유니폼이었다. 특별히 검정색에 특별한 의미를 부여할 필요는 없는 것이다. 또한 그녀는 "한밤의 여가수"라는 별명을 얻게 되는데, 그것은 그녀의 공연이 자정을 지난 늦은 시간에 시작하기 때문이었다. 그녀는 자신이 직접 피아노를 반주하며 노래하기도 하고, 때때로 에클뤼즈의 전속 피아니스트의 반주에 맞추어 노래하기도 하였다. 전속 피아니스트 가운데 한 사람인 릴리안 베넬리는 그녀의 절친

한 친구가 되었고 둘은 함께 노래를 만들기도 하였다. 바르바라는 고전과 현대를 동시에 담고 있는 레퍼토리를 선보였다. "한밤의 여가수"는 19세기 말에서 20세기 초엽에 이르는 벨 에포크 시대의 고전에 새로운 생명력을 불어 넣은 것으로 평가받는데, 특히 그녀가 흠모하는 프라크손의 〈주인님의 친구들〉은 오래된 벽장 안에 버려져있다시피 하다가 그녀 덕에 뜻하지도 않게 발굴되어 큰 인기를 누리게 되었다.

바르바라는 이제 리브 고슈 지역을 야간에 순례하는 샹송 애호가들 사이에서 가장 중요하게 언급되고 꼭 들어 보아야 하는 가수가 되었다. "한밤의 여가수"는 리브 고슈의 대표적 인물이 되었다. 그렇지만 이 지역만 벗어나면 신기하게도 그녀의 존재는 거의 알려지지 않았다. 그래도 밤 12시를 알리는 시계종이 울리면 그녀가 출연하는 에클뤼즈에는 새로운 탤런트를 발굴하려는 음악 산업계의 인물들이 자주 찾아오곤 하였다. 이들 가운데는 파테 마르코니 레코드의 예술 담당 국장이자 라디오 뤽상부르의 제작자인 피에르 이에젤이 있었다. 그는 언제나 새롭고 개성적인 목소리를 찾아다니고 있었는데, 우연히 바르바라가 노래하는 것을 듣고 매료된 나머지 계속해서 며칠을 에클뤼즈

프라크손의 공연 포스터 런던의 소호 지구에서 프랑스인 아버지와 벨기에인 어머니 사이에 태어났다. 런던과 파리에서 눈부신 활동을 펼쳤다. 그러나 44살의 나이에 자신과 말다툼하던 아버지가 쏜 권총에 죽고 만다. 유럽에 랙타임 리듬을 도입한 장본인이다. 바르바라는 프라크손을 흠모하여 그의 초기작을 그녀가 부른 헌정 앨범 Seule을 발간하기도 하였다.
(출처 : Wikimedia.org)

로 출근하다시피 하였다. 그는 당시 프랑스 쇼비즈 세계에서 바르바라를 제대로 이해하는 드문 몇 사람 가운데 한 사람이었으며, 에클뤼즈의 온실에서 대단한 아티스트 한 사람이 활짝 필 준비를 하고 있음을 직감하였다. 드디어 그가 그녀에게 다가갔다. 파테 마르코니와 그녀는 "한밤의 여가수"라는 타이틀로 싱글 음반을 내기로 계약한다. 1958년 4월에 발매된 이 음반은 〈제복을 입은 남자〉, 〈모나리자〉, 〈난 사랑을 죽였어요〉, 〈난 맞바꾸었죠〉 이렇게 네 곡을 싣고 있는데, 이 가운데 〈난 사랑을 죽였어요〉는 에클뤼즈의 동료 장 푸아소니에와 함께 만들었고, 〈난 맞바꾸었죠〉는 바르바라가 처음으로 온전히 자신이 직접 가사를 쓰고 음악을 붙이고 노래한 곡이다. 피에르 이에젤은 음반 재킷의 뒷면에 이렇게 아름답고 적확한 코멘트를 붙였다.

"이 놀라운 젊은 여성은 자유로운 야수 같아서, 오직 노래만이 길들일 수 있을 것이다. 그녀는 우리를 하루하루의 어휘가 설명 불가능한 음악으로 변모하는 세계로 들어오도록 이끈다. 바르바라는 설명하지 않고, 걱정스러운 기계장치의 톱니바퀴를 보여주지도 않는다. 그녀 안에는, 가장 날카로운 지성이 지극히 예민하고 맛깔스러운 감수성과 잘 공존하고 있다. 그녀는 학교에서 배울 수 없는 것을 지니고 있다. 텍스트, 음악을 살아 숨쉬게 하고 그 속에 숨어있는 은밀한 뉘앙스를 드러내 보여주는 천부적 재능이 바로 그것이다."

특히 〈난 맞바꾸었죠〉는 한 젊은 여자가 매춘에 품고 있는 일종의 환상을 그리고 있다. 주인공은 부유한 시댁에서 핍박을 받다 못해 가출하여 창녀가 된다. 부르주아의 위선에 신랄한 통박이 이 텍스트의 주제라고 할 수 있다.

나는 그 오래된 저택을 떠났죠
내 꿈이 죽어가던 그곳
대저택 마님 자리를
한숨도 후회도 없이.

길이야말로 대가족
망설임도 없이
나를 딸이라고 했죠
나를 받아주었죠.

바르바라에게, 창녀는 소명감을 가진 온전한 사랑의 장인으로, 이러한 점에서 수녀와 비견할 수 있다. 자신과 같은 가수 역시 사랑을 베푸는 장인이라는 것이 그녀의 생각이었다. 특히 이 노래를 부르는 바르바라의 관능적이고, 따뜻하고, 빈정거리는 목소리는 대단히 인상적이다. 이미 바르바라의 전부가 피어날 때만 숨죽이며 기다리고 있었다.

에클뤼즈의 식구가 되면서 바르바라는 조심스럽게 텍스트를 쓰고 음악을 붙이는 작업을 시작하였다. 그렇지만 이 사실을 공개적으로 발설하지

않았다. 그녀는 자신이 직접 작사하고 작곡한 사실을 숨기고 카바레의 손님들 앞에서 불러보았다. 반응을 알아보려고 일종의 테스트를 한 셈인데, 문제는 반응이 그때마다 달라 어떻게 받아들여야 할지 확신할 수 없었다. 에클뤼즈에 같

"한 밤의 여가수" 바르바라의 싱글 음반 파테 마르코니에서 나왔다. 입이 그려있지 않은 것이 특이하다.
(출처 : lesamisdebarbara.free.fr)

이 출연하면서 친해진 코라 보케르에게 그녀는 조용히 털어놓았다.

"코라, 내가 상송을 몇 곡 썼거든. 그런데 용감하게 불러야 될지 그걸 모르겠어."

〈난 맞바꾸었죠〉를 들어본 코라는 찬사를 아끼지 않았다.

"이렇게 멋진 노래를 못 부르다니. 만약 오늘 저녁에 안 부르면 내가 홀에 있는 많은 사람 앞에서 불러달라고 공개적으로 요청할 거야."

바르바라는 브리지트 사부로에게 한 번 더 조언을 구한 다음, 용기를 내어 노래의 주인이 누구인지 밝히고 모험을 감행하였다.

일 년 후, 1959년 4월, 그녀는 처음으로 LP판을 발표하면서 커리어의 중요한 디스코그래피를 만들어가기 시작한다. "바르바라 에클뤼즈에서"라는 제목 아래 에클뤼즈 시절 그녀가 부른 주요 레퍼토리가 실려 있다. 조르주 브라센스의 〈엑토르 부인〉, 프라크손의 〈주인님의 친구들〉, 앙드레 쉴레세의 〈추억〉, 모리스 비달랭과 자크 다탱 듀오의 〈닥쳐 마르세이유〉, 자크 브렐의 〈우린 바라봐야 해〉, 그녀가 장 프와소니에와 함께 만든 〈아름다운 사랑〉, 장 폴 르 샤누아와 자크 베스의 〈한 남자가 나를 따라와요〉, 폴 브라포르의 〈모나리자〉 그리고 브리지트 사부로의 〈세이렌〉 모두 9곡이 바로 그것이다. 카바레 관객들의 박수소리가 들어간 일종의 이 "라이브" 앨범은 공연 당시 에클뤼즈의 분위기가 어떠했는지 그리고 바르바라가 어떤 방식으로 노래했는가를 잘 보여준다. 박수소리의 정도를 미루어 판단해 보건대 앞에서 말한 바와 같이 무대와 손님 사이의 공간이 지극히 협소하여 대단히 열악한 환경에서 공연이 이루어졌음을 알 수 있다. 바르바라는 객석을 향해 말을 하는 법은 없었고, 단지 한 곡을 부르기 전에 해당 노래의 작사자와 작곡자의 이름을 밝혔다. 또한 제대로 갖추지 못한 카바레의 조건 때문에 관객들의 주의를 끌고 공연의 몰입도를 높이고자 노래에 다양한 극적 효과를 부여하는 바르바라의 모습을 엿볼 수 있다.

바르바라의 디스코그래피는 1960년과 1961년 두 해에 걸쳐 상당히 활발하게 채워진다. 파테 마르코니를 떠난 그녀는 오데옹 레코드로 옮기게 되고, 약 석 달의 간격을 두고 두 장의 음반 "바르바라, 브라센스를 노래하다"와 "바르바라, 브렐을 노래하다"를 발표하였다. 바르바라는 브라센스를 노래한 음반으로 1961년 아카데미 샤를르 크로 대상을 받게 된다. 의아한 것은, 음악의 스타일이 브라센스 쪽보다는 브렐 쪽과 더 가까울 거라는 예상을 뒤엎고 녹음하는 과정에서 그녀는 오히려 브라센스의 노래를 부를 때 더 편안해 했다는 것이다. 브라센스의 작품세계가 갖는 무정부주의적이고 다소 여성 혐오적 내지는 여성 회화적인 특성 때문에, 그의 시와 음악을 여성 가수들이 소화해내기가 극히 어렵고 실제로 프랑스에서는 지금껏 바르바라를 제외하고 그의 작품을 가지고 취입한 예는 거의 전무한 실정이었다. 그런데 놀랍게도 브라센스의 대표작 가운데 하나인 〈결혼 행진〉을 그녀가 템포를 약간 빠르게 그리고 〈불쌍한 마르탱〉을 블루스 스타일로 편곡하여 부른 버전은 브라센스의 세계를 더 감동적이고 더 명징하게 그리고 있다. 그러나 이 두 음반의 판매 실적은 극히 저조하였다.

바르바라의 숨겨진 재능과 앞날의 성공을 일찍부터 예견한 사람 가운데는 프랑스 국영 텔레비전의 제작자이자 진행자인 드니즈 글라제도 들 수 있다. 그녀는 1959년 2월 4일에 처음 방영된 프로그램 "디스코라마"에 바르바라를 초청하였다. 그녀는 바르바라의 열렬한 팬이었고 1982년 암으로 생을 마감할 때까지 바르바라에게 지원과 지지를 아끼지 않았다. 사실 이 프로그램은 새로 나온 음반에 대한 소식을 주로 다루었는데, 바르바라의 대표적인 작품 가운데 하나인 〈낭트〉를 빨리 소개하고 싶은 마음에 바르바라를 초청하였으나 음반은 아직 취입되지 않았다. 프로그램의 무대에서 바르바라가 〈낭트〉를 부르는 동안 화면에 새로 나온 음반의 재킷을 비추어주어야 하였으나 재킷은 당연히 없었

바르바라와 드니즈 글라제 상송의 세계에 절대적 영향을 행사하던 프로그램 제작자. 바르바라를 적극적으로 후원하였다. (출처 : bonheurdelire.over-blog.com)

다. 모두 난감해 하고 있을 때, 드니즈 글라제는 방송 시작 직전 손으로 직접 재킷을 그렸다. 그날 텔레비전 화면에 등장한 음반 재킷은 말하자면 가짜였던 것이다.

에클뤼즈에서 매일 밤 이루어지는 공연은 바르바라에게 어느 정도 안정감을 주었다. 상송의 길이 그녀에게 조금씩이지만 구체적으로 열리기 시작하였다. 밤 12시 종이 울리면, 그녀는 에클뤼즈 호에 승선했고 피아노는 날개를 펴고 안식처를 제공하였다. 사람들이 그녀에게 무엇인가를 바라고 기대한다는 것을 느꼈다. 낮은 단지 그녀를 밤으로, 노래하는 별이 빛나는 시간으로 인도하는 것으로만 그 의미가 있었다. 무대의 막이 내리면, 에클뤼즈를 비롯한 주위의 카바레에서 나온 아티스트들은 생 미셸 광장에 있는 카페 라 불 도르에 모였다. 밤새도록 문을 여는 이 카페에는 후일 프랑

스 연예계를 주름잡게 될 불멸의 스타들이 무명의 설움과 가난을 곱씹으며 서로를 격려하는 곳이었다.

바르바라가 조르주 무스타키를 만난 것은 이 무렵이었다. 무스타키는 세상을 떠나기 불과 몇 달을 남겨놓고 출간한 그의 아름다운 회고담 "상송을 사랑하는 이를 위한 길잡이"에서 바르바라를 카페 라 불 도르에서 처음 만났을 때를 이렇게 그리고 있다.

"그녀가 가슴과 어깨를 드러내 보이는 드레스를 입고 있어서 내가 분명히 눈을 힐끔거리며 하얗게 피어오른 속살을 쳐다보았던 것 같았다. 그러자 그녀는 반은 공격적으로 반은 유혹적으로 나에게 말을 걸었다. '내가 들어서 알기로는, 당신이 상송을 쓴다고 그래요. 나한테 한 번 보여주시죠, 그렇게 바보처럼 내 가슴을 쳐다보는 대신에. 가까이서 여자를 처음 보시나요?' 삐뚜름하고 젠체하는 젊은 수탉이었던 나는 대들 뻔하였다. 그러나 빈정대는 그 미소에 유머가 가득차서, 도발하려는 것이 아니라, 내가 그녀의 관심을 끌고 있다는 걸 알게 되었다."

당시 무스타키는 에디트 피아프의 유명한 노래 〈나의 님〉을 작사하여 20대 중반의 나이에 이미 유명세를 타고 있었다. 그는 바르바라를 위해 〈상하이에서 방콕으로〉와 〈그에 대한 말을 들을 거예

무스타키 1965년 보비노 무대에 출연한 바르바라의 출연자 대기실을 방문했다. (출처 : lise1981.skyrock.com)

바르바라 평전

요〉, 이 두 곡을 만들었다. 1961년 3월 바르바라는 싱글 음반을 한 장 출시하는데, 여기에는 무스타키가 만들어준 위의 두 노래와 모리스 비달랭의 텍스트에 샤를르 아즈나부르가 곡을 붙인 〈자유〉 그리고 그녀가 작사하고 작곡한 〈경의를 표하며〉가 더해져서 모두 네 곡이 들어있었다. 〈경의를 표하며〉는 실제로 1958년 무렵부터 바르바라가 에클뤼즈에서 불러온 노래였다. 우연히 마주친 눈부시게 아름다운 한 커플이 그녀에게 영감을 불러일으킨 곡으로, 1978년 올랭피아 공연까지 그녀의 리사이틀에서 언제나 빠짐없이 첫 곡으로 등장하였다.

　　하느님의 손인가
　　악마의 손인가
　　누가 하늘을 엮었나
　　아름다운 아침을 가지고?
　　하늘의 심장에 심었네
　　한 조각 태양을
　　그것은 물 위에 부서져
　　천 개 진홍빛 파편이 되었네.
　　하느님의 손인가
　　악마의 손인가
　　누가 바다 위에 두었나
　　이 신비로운 돛단배를?
　　그것은 흡사 뱀처럼
　　접었던 몸을 펼치는데
　　푸른 물 위, 흑과 백
　　바람이 춤을 추게 하네.

　　하느님, 아니면 악마

혹은 둘이 함께
다 같이, 서로 합치면서
아침을 만든 걸까?
이쪽인가, 저쪽인가?
진정, 난 알 수 없네
허나, 넘치는 이 아름다움,
감사하며, 경의를 표하네!

하느님의 손인가
악마의 손인가
누가 이 장미를 심었나
여기 이 정원에?
어떤 사랑의 불길을 위해
어떤 귀부인을 위해
부드러운 장미를
여기 이 정원에?
이 농염한 자두
이 모든 흰 라일락
이 붉은 포도
이 어린애 같은 웃음소리
너무나 예쁜 크리스틴
흰 치마 아래
아름다운 몸매
그녀의 스무 살 눈부심을?

하느님, 아니면 악마
혹은 둘이 함께
다같이, 서로 합치면서
이 봄을 만들었나?
이쪽인가, 저쪽인가?

진정, 난 알 수 없네.
허나, 넘치는 이 아름다움,
감사하며, 경의를 표하네!

멀리 사라지는 돛단배,
여기 이 장미,
온갖 과일 온갖 꽃
우리의 기쁨의 눈물…….
누가 우리에게 줄 수 있을까
이 모든 아름다움을?
이 모든 것 말없이 거두자,
자, 너를 위해 나를 위해!

하느님의 손인가
악마의 손인가
어느 날 서로 합치면서
우리의 운명을 엮어버렸나?
이쪽인가, 저쪽인가?
진정, 난 알 수 없네.
그렇지만 이 사랑을 위해
감사하며, 경의를 표하네!

너를 위해 또 나를 위해,
감사하며, 경의를 표하네!

2부

카바레의 스타

제4장
기약 없는 사랑

1961년이 시작되면서 바르바라에게 절호의 기회가 찾아왔다. 펠릭스 마르텐이 에클뤼즈로 와서 그녀를 찾았다. (그를 기억하는 사람이 오늘날 있을까?) 그는 자신이 출연하는 보비노 공연에 그녀가 1부의 보조 출연자로 참여해줄 것을 요청하였다. 몽파르나스에 자리 잡고 있는 대형 뮤직홀 보비노는 객석이 천 개에 달하는 이탈리아식 극장으로 그 역사나 권위에 있어 프랑스에서 손꼽히는 곳이다. 바르바라로서는 비록 보조 출연자이긴 하지만 보비노와 중요한 계약을 맺는 셈이었다. 어쩌면 이 계약을 통해, 그녀는 좁고 숨 막히는 카바레라는 공간을 벗어나서 거물들이 움직이는 대규모 무대로 진출할지도 모를 일이었다. 그녀는 자신이 부를 노래들을 어떻게 구성해야 할 것인가를 두고 깊이 생각하였다. 레퍼토리의 순서는 생각을 거듭할 때마다 바뀌었다. 어떤 곡으로 시작할까? 브렐의 〈플랑드르 여인네들〉? 아니면 무스타키가 만들어 주었던 곡 가운데 하나? 내가 만든 〈경의를 표하며〉를 넣을까 말까?

개막공연을 시작하기 사나흘 전에 극장 측은 바르바라에게 출연자 대기

보비노의 옛 모습 조제핀 베이커의 장례식이 거행되었던 1975년 4월 15일의 모습이다. 지금은 사라지고 없는 이 뮤직홀은 프랑스 샹송의 거장들을 증언하고 있다. 에디트 피아프, 샤를르 트레네, 조르주 브라센스, 샤를르 아즈나부르, 바르바라, 자크 브렐 ... (출처 : parisglimpse.net)

실을 사용해도 좋다는 연락을 주었다. 카바레에서 보는 간이 대기실이 아니라 스타를 위한 넓고 편안한 대기실에서 그녀는 무대 의상을 점검하고 분장 준비도 하였다. 하루 종일 그녀는 무대 곳곳을 다니며 무대와 무대 주변의 시설물과 친숙해지려고 노력하였다. 붉은 비로드로 만들어진 막을 찬찬히 만져보면서 무대 이곳에서 저곳으로 발걸음을 세며 걸어보았다. 아름다운 검정색 피아노 앞에 앉아 그녀는 대망의 그 날을 그려보며 큰 숨을 내쉬었다. 객석을 쳐다보았다. 천 개가 넘는 좌석은 모두 붉은색 비로드로 감싸여 있었다.

2월 11일 저녁, 그녀는 무대 뒤에 서서 관객들이 도착하고 담소를 나누는 것을 듣고 있었다. 무대 앞에는 기자들, 영화계와 연극계 종사자들 그리고 샹송계의 관계자들이 섞여 있었다. 미셸 모르강이 보이고 코라 보케르도 보였다. 대기실로 급하게 돌아온 그녀는 문을 걸어 잠그고 고개를 숙이고 스스로를 격려하였다. 공포가 엄습하여 자신을 마비시키고 있었던 것이다. 전반부에서 자신이 출연하기 전에 대여섯 개의 코미디, 스케치, 댄스 등이 무대에 올려진다. 대략 삼십 분이 지나면 내 차례! 그녀는 주문을 되뇌었다.

막이 올랐다. 영원히 끝나지 않을 것 같던 대기 시간이 공포 속에 지나갔다. 검은 의상 안에서 약간 주춤거리며 그녀는 피아노를 향해 걸음을 옮겼다. 떨리는 마음을 진정시키면서 피아노를 더듬거리며 자리에 앉았다. 객석에서 보면 거대한 피아노 위에 조그만 머리만 얹혀있는 것 같았다. 그녀는 에클뤼즈에서처럼 자신이 부를 노래를 소개하였다.

"브라센스 작사 작곡의 〈결혼 행진〉."

다음 날, 파리의 언론은 바르바라에게 결코 호의적이지 않았다. 우선 무대 위에서 보여준 그녀의 태도가 부자연스럽고 심지어 거칠기까지 하다는 지적이 있었다. 카바레와 같은 작고 은밀한 공간에서 그토록 눈부시게 피어난 그녀의 재능이 왜 뮤직홀의 차원에서는 제대로 발휘되지 않았을까? 과연 그녀는 최선을 다했는가? 또 하나, 바르바라는 객석에 좀 더 가까이 다가가야 한다. 피아노는 그녀를 너무 멀리 떨어뜨렸다. 피아노를 방어벽으로 삼고서 숨어있는 것처럼 보였다. 그녀는 뮤직홀의 경험이 풍부한 사람들로부터 조언을 구할 필요가 있다. 그녀의 무대는 관객을 집중시키는 힘이 부족하다. 마지막으로, 선곡의 문제를 지적하지 않을 수 없다. 아티스트가 짧은 시간 동안 너무 많은 것을 보여주려고 한다거나 혹은 독창성을 지나치게 강조하면 때로는 관객들이 오히려 이를 외면하는 경향이 있다는 비판까지 있었다.

사실 카바레와 뮤직홀은 서로 전혀 다른 학교들이었다. 그녀는 카바레에서 성공을 거두었지만 뮤직홀에서는 낙제의 쓴 맛을 보았다. 성공은 아니었지만 그렇다고 패배라고 할 수도 없었다. 단지 바르바라와 객석 사이에 마음이 통하지 않았을 뿐이었다. 언론의 이러한 반응은 뮤직홀 관계자들에게 전파되었고 바르바라는 아직 에클뤼즈를 벗어날 준비가 되지 않았다는 평가를 낳게 만들었다. 실망을 곱씹으며 그녀는 자신을 입양한 집으로 돌아왔다. 낡은 피아노는 여전히 그녀를 반갑게 맞아주었다. 보비노의 실패가 그녀에게 더욱 실망스러울 수밖에 없는 것은 이제 그녀에게 찾아와야할 이러한 기회가 줄어들 가능성이 많았기 때문이다. 그녀는 이미 서른을 넘겼고 당시 쇼비즈는 미국에서 넘어온 록의 아류라고 할 수 있는 소위 "예-예" 음악의 천국이 되어 버렸다. 당시 전파를 타던 최고의 인기 가수들로 실비 바르탕, 프랑스 갈, 셰일라를 들 수 있는데, 모두 이제 갓 스무 살의 재기발랄하고 눈부시게 예쁜 여자들이었다. 노래를 부를 때면 후렴구로 "예-예"를 외쳐대어 "예-예" 세대로 불리는 이들은 카바레의 전통적 샹송을 다 밀어낼 조짐이었다. 이미 굳건한 지위를 누리고 있는 대형 가수들, 예를 들면 에디트 피아프, 쥘리에트 그레코, 질베르 베코, 자크 브렐, 샤를르 아즈나부르 등을 제외하고, 대부분의 아티스트들은 새로운 경향으로 전업을 하거나 본업을 포기해야만 했다. 바르바라는 젊고 섹시한 새로운 세대를 따라 짧은 스커트에 금발을 하고서 무대 위에서 "예-예"를 외치며 춤을 추며 노래할 수 있을까? 그녀는 조금도 그럴 생각이 없었다. 아직 그녀의 시대는 오지 않았다. 이렇게 믿어도 되는 것일까? 바르바라는 후일 이렇게 말하곤 하였다.

"참으로 이상한 것이, 나는 보비노에 출연한 이 시기의 기억은 전혀 없다."

위베르 발래 "언제 돌아올 건가요?"라는 제목의 자서전을 죽기 직전에 출간하였다. (출처 : vivelaroseetlelilas.com)

바르바라가 위베르 발래를 만난 것은 이 무렵 에클뤼즈에서 일어난 일로 보인다. 위베르 발래는 프랑스의 고위 외교관으로, 프랑스로부터 갓 독립한 코트 디브아르의 대통령 펠릭스 우푸에트 브와니의 보좌관이기도 하였다. 멜로만인 그는 작곡도 하였다. 그는 파리와 아비장 사이에서 대부분의 시간을 보냈다. 파리에 온 그는 어릴 때 보고 오래도록 만나지 못한 친구 쉴레세를 찾으러 에클뤼즈로 왔다. 친구의 소개로 이 외교관은 "한밤의 여가수"를 처음 만나게 된다. 한 눈에 반한 그들의 사랑은 진압하기 불가능한 폭동 같았다. 대단히 개성이 강한 성격인 위베르는 별 어려움도 없이 격렬한 기질의 소유자 바르바라를 길들였다. 두 사람의 관계는 폭풍우 같았고 열정적이었다. 그와 함께 있으면서, 바르바라는 사랑에 빠지고 복종하는 자신을 보았다. 그녀는 자서전에서 이렇게 말한다.

"그런데 어느 날 저녁, 난 사랑에 빠졌어, 미쳐서 거의 정신이 나갔고, 가슴과 머리가 완전히 뒤집힐 정도로."

위베르는 파리의 16구 레뮈자 길 14호에 있는 자신의 파리 집에 바르바

파리의 레뮈자 길 14호의 모습 (출처 : Wikimedia.org)

라를 안착시켰다. 미라보 다리 근처에 있는 아름다운 아파트에 그는 그녀를 위해 아름다운 피아노도 들여놓았다. 위베르를 기다리며 세월을 보내는 삶이 시작되었다. 소유욕이 강한 그는 그녀가 오직 그 혼자만을 위해 있어주기를 요구하였고, 심지어 노래하는 가수의 직업을 그만둘 것을 강요하였다. 그를 즐겁게 해주며, 그에게 자신의 사랑을 증명하려고, 그녀는 에클뤼즈의 출연을 한 달간 중단하고 그를 따라 아비장으로 떠났다. 아비장의 생활은 식민지배자들의 생활이 그랬듯이 호화롭고 귀족적이었다.

위베르를 위해 아비장에 왔지만 노래를 하지 않는 삶은 견딜 수 없었다. 때 마침, 아프리카 서부 지역을 활동무대로 삼고 있는 조직 폭력단의 거물 조 아티아가 아비장에 카바레 르 르퀴주를 열었고, 바르바라는 여기에 출연 계약을 맺는다. 위베르는 그녀의 출연을 흔쾌히 받아들일 수 없었다. 공연 순서를 보면, 그녀가 노래하기 직전에는 벨리 댄스가, 노래한 직후에는 스트립 댄스가 등장하기 때문이었다. 그가 보기에 관능을 자극하는 두 쇼 사이에 바르바라가 출연하는 것은 결코 우아하지 못하고 고위 외교관으로서 자신의 품위와도 관계되는 일이었다. 여기에 덧붙여서 조 아티아와 같은 인물과 어떠한 방식으로든지 연계되는 것은 그에게 절대 바람직하지 않았다. 그러나 바르바라는 도발적인 것을 즐겼다. 그녀는 결코 귀부인처럼 호화로운 대저택에서 하녀들을 거느리는 생활에 만족할 수 없었다.

1961년 9월, 에클뤼즈는 바르바라를 파리로 불렀다. 한 달간의 휴가와 꿈결 같은 사랑이 끝났다. 위베르는 파리로 곧 가겠노라고 약속하였다. 그러나 그 약속은 자꾸만 미루어졌다. 바르바라는 절망에 빠진다. 그녀는 매일 아비장으로 편지를 보낸다. 이렇게 보낸 편지가 200통이 넘었다. 이별의 고통을 달래려고 그녀는 피아노 앞에 앉아 〈언제 돌아올 건가요?〉를 쓴다. 이미 파리로 돌아오는 비행기 안에서, 그녀는 이 노래의 후렴구를 듣기 시작하였고, 결국 이 노래는 파리의 비트뤼브길 아파트에서 완성되었다.

몇 날이 지났는지, 몇 밤이 지났는지
네가 다시 떠난 지 얼마나 되었는지
내게 말했지 이번이 마지막 여행이라고,
찢긴 우리 마음에도 난파는 끝이라고
봄이면 알 거야, 내가 돌아온다는 걸,
사랑을 말하기에 멋진 계절 바로 이 봄날
다시 꽃이 핀 공원으로 함께 나가서는
파리의 골목골목을 거닐며 다닐 거라고.

정말, 언제 돌아올 건가요
이걸 알고 있기는 한 건가요
지나가는 모든 세월을
다시 잡지 못한다는 걸
잃어버린 모든 세월은

다시 잡히지 않는다는 걸.

그 봄은 이미 오래 전에 도망가 버렸고
낙엽이 자작거리고, 장작개비가 타고 있네요
가을 끝자락 이렇게 아름다운 파리를 보노라면
갑자기, 난 맥이 빠지고, 꿈에 잠겨, 몸을 떱니다
온 몸이 흔들리다, 가라앉고, 진부한 노랫말처럼
떠나고, 돌아오고, 딴 길 찾고, 돌고 돌다 기어 다녀요
네 모습에 사로잡혀, 네게 나지막하게 말도 걸고
난 사랑에 아프고, 너 때문에 아프다네.

정말, 언제 돌아올 건가요
이걸 알고 있기는 한 건가요
지나가는 모든 세월을
다시 잡지 못한다는 걸
잃어버린 모든 세월은
다시 잡히지 않는다는 걸.

널 여전히 사랑해도, 널 언제나 사랑해도 무슨 소용
너만을 사랑해도, 널 사랑 속에 묻은들 무슨 의미
네가 돌아와야 하는 걸 깨닫지 못한다면
우리 둘을 우리의 가장 아름다운 추억으로 만들 수밖에
난 내 길을 다시 찾아가려니, 세상은 기쁜 일로 가득하지
난 다른 태양 아래로 몸을 다시 덥히러 가리니
난 슬픔에 젖어 죽는 그런 사람은 아니에요
나에겐 뱃사람 아낙들의 정조란 없어요

정말, 언제 돌아올 건가요
이걸 알고 있기는 한 건가요
지나가는 모든 세월을

바르바라 평전

다시 잡지 못한다는 걸
잃어버린 모든 세월은
다시 잡히지 않는다는 걸.

위베르는 다가오는 봄날 바르바라와 만날 것을 약속하였지만, 약속의 시간은 차일피일 미루어지고 가을이 되도록 그는 돌아오지 않는다. "그 봄은 이미 오래 전에 도망가 버렸고 낙엽이 자작거리고, 장작개비가 타고 있네요." "네가 돌아와야 하는 걸 깨닫지 못한다면 우리 둘을 우리의 가장 아름다운 추억으로 만들 수밖에." 이렇게 그들의 로맨스는 끝이 났다.

이 무렵 바르바라는 뤽 시몽을 만나고 있었다. 뤽 시몽은 무대 예술가이자 뛰어난 디자이너이면서 화가인데다, 대단한 호남이었다. 그는 이미 아비장에서 위베르를 만난 적이 있었고 그에게 바르바라의 이야기를 많이 들었다. 에클뤼즈를 찾아온 뤽 시몽에게 그녀는 순식간에 마음을 빼앗기고 만다. "난 슬픔에 젖어 죽는 그런 사람은 아니에요. 나에겐 뱃사람 아낙들의 정조란 없어요." 위베르는 이것을 지혜로운 결별이라고 말했다. 헤어진 이후에도 그는 바르바라와 오래도록 연락을 주고

뤽 시몽이 그린 바르바라의 크로키
(출처 : mybabou.cowblog.fr)

받았다. 만약 바르바라가 이 노래를 만들지 않았다면 이것은 그냥 흔히 볼 수 있는 사랑의 이야기에 지나지 않았을 것이다. 후일 바르바라가 뮤직홀의 스타가 되면서 〈언제 돌아올 건가요?〉는 바르바라를 위한 팬들의 찬가가 된다. 그녀의 공연이 끝나면서 막이 닫히면 그들은 모두 앙코르를 원하는 의미로 이 노래를 합창하였다.

이때의 결별을 두고 바르바라는 자서전에서 이렇게 말한다.

"이제, 나는 혼자다. 그 어떤 것도 나를 내가 언제나 예감했던 그대로의 내 길로부터 벗어나게 하지 못할 것이다. 그 어떤 것도, 안 됐지만, 그 누구도, 어떤 남자도 어떤 사랑도. 물론 남자도 남자 나름이고, 사랑도 사랑 나름이다. 그러나 이건 다른 문제다. 위베르를 잃어버리기로 작정하면서, 나는, 냉정히 말해, 바로 이 아름다움을 위해, 노래하는 여자의 삶을 위해 면사포를 쓰게 되었다."

"언제 돌아올 건가요?"를 만들 무렵의 바르바라 (출처 : phil-in-web.fr)

그리하여 그녀는 한 사람의 남자를 잃어버리고 "팔이 천 개 달린 연인", 자신을 갈망하는 팬들을 선택하였다.

"한 남자를 사랑할 때는, 사랑이 그 최고조에 올랐을 때 서로 헤어지는 것이 나아요. 천천히 죽어가다, 험악한 꼴을 보이게 되는 그런 사랑보다 더 비참한 것은 없지요. 어쨌건, 남자 혼자서 삶을 만

들지 못해요. 나는 팬과 무대의 사랑으로
한 사랑을 부쳤어요. 왜냐하면 이 직업은
하룻저녁에 천 명의 사람에게 기쁨을 주고
사랑을 줄 수 있게 하기 때문이지요. 아시
겠어요? 보세요, 남자란 말이에요 자기가
사랑하는 여자가 저녁마다 천 명 앞에서 '옷
을 벗는' 걸 받아들이지 않아요."

젊은 시절의 안 실베스트르 바르바라의 비서로 일
했던 작가 마리 셰의 동생이다. (출처 : babelio.com)

〈언제 돌아올 건가요?〉는 부재(不在)와
기다림의 노래이며 사랑의 샹송이다. 헤어
짐 때문에 겪어야 하는 아픔이라는 테마는,
샹송 안에 널리 퍼져있는 것으로서, 대개 결별의 고통과 짝을 이룬다. 그러
나 이 노래에는 소위 낭만적 슬픔 같은 것은 찾아볼 수 없다. 오히려 남성
이라면 사용할 엄두조차 내지 못할 여성 특유의 섬세한 육체적 감성을 엿
볼 수 있다.

〈언제 돌아올 건가요?〉는 일면 혁명적인 작품이라고 말할 수 있는데, 지
금껏 그 어떤 여성도 사랑을 이렇게 은밀하고 여성적으로 그려내지 못했
기 때문이다. 이것은 또한 벨 에포크 시대의 많은 사랑의 샹송들이 그러하
듯 미사여구나 가식으로 치장하지도 않았고, 에디트 피아프의 사랑의 샹
송처럼 대중적인 위대함을 지니고 있지도 않았다. 바르바라가 추구한 것,
자신의 가슴과 몸에서 있는 그대로의 모습으로 튀어나온 내부적인 노래
다. 당시 여성 아티스트 가운데 자신만의 고유한 샹송을 쓸 수 있는 사람은
안 실베스트르가 유일했다. 그러나 그녀의 샹송은 너무 문학적이고 고전

적이었다. 〈언제 돌아올 건가요?〉 안에는 단순함과 진실함이 함께 녹아있고, 은밀한 고백과 관능적 감수성이 서로 아우르고 있다. 대단히 예외적인 경향의 샹송이라고 할 수 있다.

이 사랑의 샹송은 1962년 5월에 싱글 음반으로 새겨져 나왔다. 편곡은 위대한 자크 브렐의 편곡자 프랑수아 로베르가 맡았다. 신기하게도 이 시기를 전후로 해서, 바르바라는 "진지하게" 노랫말을 쓰고, 음표를 찾으려고 피아노를 두드리면서 샹송을 한 곡 한 곡씩 만들기 시작하였다. 튀어나오려는 말들이 그녀의 손가락 끝에서 꺼내주기만을 기다리고 있었다. 기자들이 그녀에게 "당신은 시인입니다" 라고 말할 때면, 그녀는 흡사 사람들이 '진정한' 시인을 모독하는 것처럼 반응하였다.

"당신네들은 뭘 모르시군요. 저는 읽어달라거나 감동적으로 낭송해달라고 쓰는 건 아니에요. 마치 살려고 숨 쉬는 것처럼 저는 노래하려고 쓰고 있습니다. 저는 노래하는 여자에 지나지 않아요."

"노래하는 여자", 이 말을 그녀는 평생 자신을 가리키는 표현으로 사용한다.

제5장
바르바라, 바르바라를 노래하다

"예-예" 음악이 해일처럼 몰려와 프랑스 샹송의 세계를 초토화하는 것을 많은 샹송 가수가 넋 놓고 바라만 보고 있는 반면에 여기에 대응하려는 움직임도 생겨났다. 테아트르 드 라 위세트의 대표 질베르 소미에르가 대항적 움직임의 전면에 나섰다. 많지는 않았지만 어느 정도 예산을 확보한 그는 일종의 실험적인 예술 무대를 기획하였다. "샹송의 화요일"로 명명한 무대로서 조르주 브라센스가 후원하였다. 아이디어는 단순하였지만 그 효과는 상당하였다. 공연이 쉬는 매주 화요일을 이용하여 그가 대표로 있는 테아트르 드 라 위세트의 무대를 문학성과 예술성을 겸비한 샹송을 위해 내어놓는다는 것이었다. 초빙되는 샹소니에들은 한 달 단위로 계약을 맺는다는 조건이었다. 당시 카바레에서 활동하던 대부분의 아티스트들이 "샹송의 화요일"에 출연하였다. 이들 가운데는 마르셀 물루지, 브리지트 퐁텐, 세르주 겐즈부르, 세르주 라마, 안 실베스트르, 보비 라프웽트, 듀엣 리샤르와 라누 등 리브 고슈의 대표적 주자들이 포함되어 있었다.

한 시즌도 채 되기도 전에 이 무대가 엄청난 성공을 거두게 되자 더 큰 장소가 필요했다. 대형 공연장을 물색하던 질베르 소미에르는 카퓌신 대

테아트르 드 라 위셰트 이오네스코의 작품을 주로 무대에 올리는 85석 규모의 소형 극장이다.
(출처 : Tournachon)

테아트르 데 카퓌신에서 무대에 오를 "샹송의 화요일"을 홍보하는 포스터 바르바라의 모습이 보인다. 테아트르 데 카퓌신은 1973년 문을 닫았고, 이제는 향수제조회사 Fragonard에 인수되어 향수 박물관으로 바뀌었다. (출처 : Didier Millot, Barbara.)

로의 39호에 자리 잡고 있는 테아트르 데 카퓌신을 상징적으로 선택하였다. 이 극장은 뮤직홀 올랭피아 맞은편에 자리 잡은 일종의 전략적인 장소였는데, 그것은 당시 "예-예" 음악의 대표적 주자들인 셰일라, 조니 알리데, 클로드 프랑수아 등이 이 올랭피아를 거점으로 활약하고 있었기 때문이다. 또한 이런 대항마적 움직임의 필요성을 간파한 필립스 레코드에서는 "샹송의 화요일"을 후원하고 홍보하려고 대규모 지원을 아끼지 않았다.

1963년 가을, 바르바라의 진화 과정을 유심히 지켜본 언론인 폴 카리에르가, 질베르 소미에르에게 그녀를 한 번 만나보라고 권유하였다. "샹송의 화요일"의 창시자는 처음 그녀가 반신반의하는 반응을 보였다고 한다.

"레뮈자의 집에서 만나자고 내게 연락이 왔어요. 아마 날 한 번 떠보려고 그랬는지 피아 콜롱보를 만나보는 게 어떻겠느냐고 했어요. 우리 행사에 참여해달라고 내가 계속 설득하였죠. 꽤 오래 이야기를 나누었어요. 결국 우리 생각에 찬성하였어요. 우리는 11월 5일, 12일, 19일, 26일 이렇게 네 차례 화요일에 리사이틀을 가지기로 하였어요. 그러고는 이 리사이틀을 어떻게 꾸몄으면 좋겠냐고 의견을 구했어요. 나는 자신이 직접 쓰고 음악을 붙인 노래를 불러야 한다고 했어요. 그녀는 만든 노래가 겨우 열 곡 남짓이라면서 주저하더군요. 게다가 이 열 곡 마저도 직접 부를 생각을 하니 겁부터 난다고 그래요."

피아 콜롱보 가수로 연극배우로 다양한 활동을 펼쳤다. 그녀는 자신의 좌파적 정치색채를 분명히 드러내는 참여하는 예술인이었다. (출처 : jacquesderic.free.fr)

질베르 소미에르는 무대 위에서 바르바라가 안정감을 느낄 수 있도록 젊은 콘트라베이스 연주자 프랑수아 라바트에게 반주를 부탁하였다.

"난 그녀를 한 번도 본 적이 없었어요. 왜냐하면, 카바레를 거의 가지 않으니 에클뤼즈를 가 본 적이 없을 수 밖에요. 내 기억에, 그녀는 피아노에 앉아 내게 브라센스의 노래 몇 곡을 불러주었어요. 솔직히 말해서, 그녀가 이 레퍼토리에 뭐 특별한 것을 가져다줄 것 같지 않았어요. 브라센스가 그녀보다 더 잘 부를 테니까요. 난 반주를 할 수 없다고 말했죠. 그녀가 직접 만든 노래가 몇 곡 있다고 그러더군요. 나한테 〈낭트〉를 불러주었어요. 난 그 자리에서 완전히 얼어붙는 것 같았어요."

테아트르 데 카퓌신의 무대 위에 같이 오르기 한 달 전, 바르바라와 그녀의 반주자는 그녀가 작사 작곡한 노래 네 곡, 〈낭트〉, 〈언제 돌아올 건가요?〉, 〈라일락 필 때〉, 〈나팔 소리 들리네〉를 오데옹을 인수한 CBS에서 녹음하였다.

무대에 오를 때가 다가오고 있었다. 언제나 그랬던 것처럼, 바르바라는 아침 일찍 테아트르 데 카퓌신에 도착하여 프랑수아 라바트와 긴 시간을 연습에 할애하였다. 틈이 날 때면, 그녀는 극장 이곳저곳을 샅샅이 뒤지고 다녔다. 심한 근시로 안경 없이는 무대 위에서 거의 제대로 볼 수 없는 그녀는, 지표로 삼을 위치를 정하려고, 자신이 올라가 노래할 무대공간을 측량하다시피 하였다. 그리고 두려움을 극복하고 집중하려고 그녀만의 의식을 진행하였다. 그녀는 완벽주의자였다. 11월 5일, 400석이 넘는 좌석을 가득 채운 인텔리 관객들을 앞에 두고 바르바라는 〈낭트〉를 불렀다. 그녀가 이 노래를 처음 부를 때, 〈낭트〉는 오늘날 우리가 알고 있는 최종 결정본은 아니었다. 가사의 손질이 아직 끝나지 않았던 것이다. 결국 무대 위에서 계속 창작을 하면서 한 번도 연습을 해보지 못하고 발표한 곡

낭트에 만들어진 그랑주 오 루 길 (출처 : Wikimedia.org)

인 셈이다.

　　낭트에 비가 내립니다
　　내 손을 잡아주세요
　　낭트의 하늘은
　　내 마음을 슬프게 합니다

　　지금 같은 어느 아침
　　벌써 꼭 한 해 전
　　그 도시는 회뿌연 안색이었지요
　　내가 정거장을 나왔을 때.
　　나에게 낭트는 미지의 곳
　　한 번도 가본 적이 없었지요
　　이 전보가 날아오면서
　　그곳을 찾게 되었습니다.

　　"부인 만나러 오세요
　　그랑주 오 루 길 25호
　　서두세요 가망이 없습니다
　　부인을 보고싶어 합니다."

　　그의 마지막 시간이 되어,
　　수많은 세월을 떠돈 후에,
　　그는 내 가슴 안으로 돌아왔습니다
　　그의 외침은 침묵을 찢고 있었습니다.
　　그가 어디론가 떠나버린 이후
　　오랫동안 나는 그를 기다려왔습니다
　　이 방랑자 이 행불자는
　　마침내 내게 돌아온 것입니다.

그랑주 오 루 길 25호
나는 그 만남을 기억합니다
나의 기억 속에 새겨놓았지요
복도 끝에 있던 그 방을.

난로 곁에 앉아있던
네 남자는 나를 보자 일어났지요
빛은 차가웠고 하얀 색이었습니다
그들은 정장 차림이었습니다.
나는 아무런 질문도 안 했습니다
처음 보는 이 동료들에게,
나는 아무 말도 안 했지만 그들의 눈길에서
너무 늦었다는 걸 깨달았습니다.

그래도 나는 만나러 갔습니다
그랑주 오 루 길 25호에
그러나 그는 나를 다시 보지 못했습니다
그는 이미 사라져버렸습니다.

자 이제, 당신은 이 이야기를 아시겠지요
그는 어느 날 저녁에 돌아왔습니다
그리고 그것이 마지막 여행이었습니다
그리고 그것이 마지막 집이었습니다
그는 바랐습니다, 죽기 전에
내 미소를 보면서 몸을 다시 데울 수 있기를
그러나 그는 그날 밤 죽었습니다
이별의 인사도 없이 사랑한다는 말도 없이.

바다를 따라가는 좁은 길에
돌무덤 마당 안에 누워

조용히, 쉬기를, 나는 바랍니다,
나는 장미꽃 아래에 그를 눕혔습니다,
아버지, 나의 아버지.

낭트에 비가 내립니다
그리고 나는 기억합니다
낭트의 하늘은
내 마음을 슬프게 만듭니다.

1959년 12월 21일 저녁, 전화가 울린다. 노래 안에서 보는 것처럼 그런 목소리가 나오지는 않았다. 전화의 낯선 사람은 아버지의 이야기를 하며 사건을 언급하였고, 낭트의 생 자크 병원을 가르쳐 주었다. 그러고는 지금 병원에 있는 아버지는 머리맡에 딸이 와주기를 간청한다고 전하였다. 바르바라는 가족들에게 이 사실을 알린다. 막내 클로드만이 바르바라를 따라 낭트로 가겠다고 한다. 낭트에는 비가 내리고 있었다. 역사를 빠져나오자 이미 날은 저물었다. 둘은 머리를 맞대고 생 자크 병원으로 가는 길을 찾았다. 노래는 말하고 있다. "낭트에 비가 내립니다. 내 손을 잡아주세요. 낭트의 하늘은 내 마음을 슬프게 합니다." 사라진 아버지 자크 세르프는 바로 전 날 저녁 8시 경에 사망했다. 사망원인은 뇌척수종양이었다. 아버지가 어머니와 헤어진 이후 바르바라는 한 번도 그를 본적이 없다. 처절하도록 무기력해진 바르바라의 목소리는 아버지가 "이별의 인사도 없이 사랑한다는 말도 없이" 떠나버렸다고 노래한다. 바르바라도 동생 클로드도 몸에 지닌 돈이 없어, 사라진 아버지에 걸맞은 장례를 치를 수가 없었다. 그들은 그를 "장미꽃 아래 눕힐 수 없었고", 미제리코르드 공동묘지에 누일 수밖에 없었다. 그의 사망진단서에는 아버지가 낭트 시내에서 살았으

마리 폴 벨 작곡가와 가수로 그리고 피아니스트로 활동하였다. 1974년 샤를르 크로 음반대상을 수상하였다. 최근에는 바르바라의 노래를 가지고 순회공연에 열중하면서, "마리 폴 벨 바르바라를 노래하다"라는 음반도 출간한 바 있다. 그녀 역시 에클뤼즈의 무대에 2년 동안 출연하였다.
(출처 : universalmusic.fr)

며 방앗간에서 일을 했다고 기록되어 있었다.

　마리 폴 벨은 이렇게 〈낭트〉의 느낌을 이렇게 전하고 있다.

　"이 노래의 힘은 듣는 사람들에게 자신의 이야기를 되돌아보도록 하는 데 있습니다. 내가 〈낭트〉를 부를 때면, 그것은 나에게 언제나 깊은 감동의 순간입니다. 내가 부르는 것은 바르바라 개인의 이야기가 아니라 바로 나의 이야기입니다. 똑같은 이미지가 중첩되어 나타나는 것이지요. 바르바라처럼 나도 임종을 지키지 못했습니다. 그녀의 샹송들은 하나하나가 작은 영화라고나 할까요. 몇 마디 말로 그녀는 이야기를 만들어냅니다."

　사실 노래에 나오는 그랑주 오 루 길 25호는 실제로 존재하는 주소가 아니며 바르바라가 노래 안에서 운을 맞추려고 만들어낸 것이다. 그러나 노래 〈낭트〉가 널리 알려지자 낭트에서 이 주소를 찾는 사람들이 급증하면서 민원이 제기되었다. 1985년 11월 18일 낭트 시의회의 결정에 따라 그랑주 오 루 길이 만들어지고, 1986년 3월 22일 순회공연의 일환으로 바르바라가 낭트를 찾게 되었을 때 명명식을 거행하였다. 바르바라는 수차례 사양하였으나 낭트 시민들의 강렬한 요청을 뿌리칠 수는 없었다. 그녀의 바람에 따라 극도로 간소하게 명명식이 진행되었다.

테아트르 데 카퓌신에서, 1963년 11월 5일, 〈낭트〉가 끝나자, 객석에는
침묵만 흘렀다. 마지막 음절이 끝났지만 그 누구도 감히 박수를 치지도 않
았다. 이 순간을 두고 마르크 슈발리에는 이렇게 말했다.

"일반적으로 생각하는 것과는 반대로, 어떤 샹송이 지니는 질적 우수함
이란 것은, 노래에 이어서 터져 나오는 박수소리보다는 부과되는 침묵에
따라 평가된다."

그날 저녁, 관객들은 이심전심으로 자발적으로 수 분간 침묵을 지켰다.
노래의 결구가 사람들을 놀라게 했는데, 그것은 이 노래가 연인이나 남편
을 그리는 것이 아니라 아버지에게 바쳐졌기 때문이었다. 이 사실도 노래
의 마지막 부분에 이르러서야 드러난다. 〈낭트〉는 곡 전체가 보여주는 구
조에 입각해 볼 때 샹송의 모델이 된다는 점에서 비평가들의 의견이 일치
를 했다. 언론의 반응은 모두 호의적이었다. 바르바라의 샹송은 신비로우
면서도 감각적이며 때로는 관능적인 분위기를 자아낸다고 하였다. 르 카
나르 앙세네는 이렇게 말했다. "기억하라 바르바라. 이제 모든 것이 무르익
었다. 그녀는 젊은이들의 뮤직홀, 그 썩어빠진 마룻바닥을 다 태워버릴 것
이다." 아마도 "예-예"들이 주름잡고 있는 뮤직홀 올랭피아를 빗댄 표현일
것이다. 르 콩바는 "바르바라가 노래하는 것을 들어보면, 샹송이 결코 서푼
짜리 예술이 될 수 없다"는 것을 알 수 있다고 했다.

물론 당시에도 바르바라에게 회의적인 의견을 피력하는 사람들이 연예
계에 있었다. 가장 대표적인 인물로 올랭피아의 경영주 브뤼노 코카트릭
스를 들 수 있다. 그는 바르바라의 성공에 1센트도 걸지 않겠다고 하면서
공공연히 다음과 같이 말했다.

"여러분은 분명히 보게 될 거요. 그녀는 결코 센 강을 넘을 수 없어요. 절

대로 뮤직홀 관객의 박수를 받지 못 할 거요.”

　그는 브렐에게도 비슷한 말을 한 적이 있었다. 결국 브렐은 올랭피아에서 대성공을 거두게 되고 그에게 막대한 이윤을 안겨다 주었다.

　“샹송의 화요일”을 통해 바르바라는 그녀의 디스코그래피에 결정적인 계기를 마련해주게 될 중요한 인물을 만나게 된다. 그는 바로 이 행사를 지원하던 필립스의 예술국장 클로드 드자크였다. 그는 이미 오래 전부터 바르바라에게 주목하였으며 그녀와 음반 작업을 함께할 수 있기를 고대하였다. 바르바라 역시 그와 함께 녹음할 기회를 기대하고 있었다. 두 사람 사이에 신뢰관계가 자리 잡으면서 구체적인 작업 계획이 그 모습을 드러내고 있었다. 그녀의 생각과 의도를 진지하게 들어주고 이를 반영하려는 인물을 샹송의 세계에서 처음 만난 셈이었다. 그런데 바르바라는 이미 오데옹과 전속 계약을 맺었고, 오데옹이 CBS에 흡수 합병되었으므로, 그녀는 CBS와 전속 계약을 맺고 있는 셈이 되었다. 그녀는 소위 “계약”이라든지 “전속”과 같은 법적 조항의 인식이나 개념이 없었다. 그녀는 왜 드자크가 CBS로 와서 자신과 더불어 일할 수 없는지 이해할 수 없었다. 사실 〈낭트〉와 〈언제 돌아올 건가요?〉를 비롯한 그녀의 모든 타이틀은 CBS가 독점적으로 그 권리를 행사할 수 있었다. 드자크는 계약과 관련된 상황을 자세히 설명하면서 바르바라에게 필립스의 회장 루이 아장을 만나보라고 권유하였

클로드 드자크 (출처 : francois.faurant.free.fr)

다. 시간이 흐르면서 두 사람은 더욱 돈독한 관계를 유지하였고, 드자크는 바르바라가 출연하는 모든 "샹송의 화요일"에 깊은 관심을 가지고 참석하였다. 자신의 판단에 분명한 자신감을 갖게 되자 그는 아장을 테아트르 데 카퓌신으로 초대하였다. 바르바라는 아장에게 호감을 표시하였다. 그녀가 미소를 머금으며 말했다.

"나한테 드자크를 빌려주세요."

아장이 웃으며 말했다.

"그건 어렵겠는데요, 차라리 필립스로 오세요."

"좋아요."

"그렇지만 계약을 어떻게 하고?"

"제가 알아서 해결하죠."

"그렇다면, 〈낭트〉는 꼭 가져와야 합니다."

아장은 바르바라가 계약 문제를 해결할 수 있으리라고 생각하지 않았다. 회사 차원에서 협상을 통해 해결할 생각이었다. 그런데 놀랍게도 너무나 쉽게, 그녀는 모든 의무 규정에서 벗어나는 내용을 담은 문서를 들고 나타났다. 그녀는 아장의 사무실로 개선하는 군인처럼 의기양양하며 들어왔다.

"잘 됐어요?"

"떠나는 절 보고 기뻐하더군요."

"애석하군. 보상으로 〈언제 돌아올 건가요?〉를 요구했어야 하는 건데."

바르바라가 어떤 방식으로 자신의 전속 계약을 해지하고 왔는지는 본인 말고는 아무도 모른다. 드자크의 짐작으로는, CBS 측은 그녀의 음반 판매량이 하도 보잘 것 없어서 기꺼이 전속 해지에 동의한 것 같다고 한다. 그

클로드 누가로 그는 후일 20세기 프랑스 최고의 재즈 뮤지션 가운데 한 사람이 된다.
(출처 : francemusique.fr)

녀는 마이너 급에도 미치지 못하는 대접을 받고 있었고, 전속 계약 해지를 요구하는 그녀를 반 장난하듯이 보내버린 것이다. 그러나 CBS는 계약을 파기하기 전에 자신의 레이블 아래 〈낭트〉를 녹음하자는 요구만 하였다.

1963년 11월, "샹송의 화요일"에서 성공적인 공연을 마친 바르바라는 12월에도 연장 공연으로 들어갔다. 동시에 그녀는 드자크의 주관 아래 음반 작업도 병행한다. 드자크의 지휘를 받아 음반 작업을 마친 가수들의 면면은 화려하다. 브리지트 바르도, 기 베아르, 질베르 베코, 이브 몽탕, 나나 무스쿠리, 클로드 누가로, 세르주 겐즈부르, 세르주 레지아니, 안 실베스트르, 여기에 캐나다 퀘벡 출신의 질 비뇨에 이르기까지 그의 이력은 놀라울 따름이다. 필립스의 예술적 성취를 양 어깨에 짊어진 최고위직 인사가 바로 그였다. 따라서 그의 판단과 의견은 그 중요도가 보통 무거운 것이 아니

었다. 녹음실에 들어가기 전에 바르바라는 연습실에서 한 달 가까이 연습
에 몰입하였다. 녹음에 들어갈 준비가 되었다고 판단한 드자크는 당시 최
고 수준의 연주자들을 동원하였다. 콘트라베이스에는 이미 함께 손발을
맞추어온 프랑수아 라바트에 유명한 브라센스의 반주자 피에르 니콜라도
합류시켰다. 색소폰에 미셸 포르탈, 아코디언에 질베르 루셀, 최고의 진용
이었다. 피아노에는 당연히 바르바라가 앉는다. 1964년 봄, 바르바라는 열
두 곡을 가슴에 안고서 스튜디오로 들어갔다. 녹음한 열두 곡은 모두가 바
르바라의 클래식이 되는데 다음과 같다. 〈죽기 위해 죽어야 한다면〉, 〈피
에르〉, 〈아름다운 청춘〉, 〈가르 드 리옹〉, 〈생 타망 숲에서〉, 〈짐도 없이〉,
〈파리, 8월 15일〉, 〈간단히 말해〉, 〈예쁘지도, 착하지도 않은〉, 〈경의를 표
하며〉, 〈말 못 하겠어요〉, 〈낭트〉.

앨범은 〈죽기 위해 죽어야 한다면〉
으로 시작된다. 다소 빠르고 경쾌한
리듬 위에 실린 이 곡은 죽음을 그 테
마로 다루고 있는데, 프랑스의 샹송
에서는 드물게, 특히 여성 가수로서
는 아마도 최초로 죽음이 함축하는
슬픔이란 이미지보다는 오히려 해방
자적인 측면을 부각하고 있다.

죽기 위해 죽어야 한다면
난 어린 나이를 택하리

미셸 포르탈 2004년 파리 재즈 페스티벌에서 색소폰을 연주
하는 모습 (출처 : Wikipedia)

떠나기 위해 떠나야 한다면
난 기다리고 싶지 않네,
난 기다리고 싶지 않네.

난 오히려 사라지고 말지
내가 아름다운 시절에
그 누구도 날 볼 수 없게
레이스 아래 시든 나를,
레이스 아래 시든 나를.

바르바라는 자주 이런 말을 주위 사람들에게 하곤 했다.

"사람들이 나에게 죽음을 말한다고 그래요. 죽음을 내가 만들어내는 건 아니잖아요. 인간이 태어날 때, '너는 삶을 향해 나아간다.'라고 말하는 대신에, '너는 삶이란 멋진 과정을 거쳐 죽음을 향해 나아간다.'라고 말한다면, 그게 훨씬 맞는 말이 아닐까요?"

죽음의 결정권을 쥔 그녀에게 죽음은 동반자이자 공모자이다.

검은 색 기다란 배 위에
죽음을 선원으로 삼고
내일이면, 난 이별이라네,
난 당신의 땅을 떠나지요,
난 당신의 땅을 떠나지요.

왜냐하면 죽기 위해 죽어야 한다면
난 기다리고 싶지 않네
그리고 떠나기 위해 떠나야 한다면
난 어린 나이를 택하겠네...

앨범의 두 번째 타이틀은 〈피에르〉다. 한 여자가 사랑하는 남자가 돌아오기를 기다리고 있다. "나른한 정원 위"에 비가 오면서 남자를 기다리는 여자가 초조한 마음으로 듣는 "찰랑거리는 소리 물이 차는 연못에서, 오, 하느님 이렇게 예쁠 수가 비는." 들판은 잠들고, 밤의 새가 날고, 땅거미 지는 저녁 그리고 그림자. 그녀는 어둠과 빛으로 풍경을 그리면서 부드럽고 감각적인 밤과 침묵을 덧붙인다. "자른 풀의 향기는 젖은 땅에서 올라오고" 그 순간 오솔길을 내려오는 자동차 소리. 노래가 끝나면서 기다림도 끝나고 마침내 안도의 한숨이 나온다. "오솔길을 내려오는 차, 그이야. 오! 피에르. 피에르." 미셸 포르탈의 즉흥적 색소폰 반주는 이 곡을 걸작으로 만들었다. 〈피에르〉는 특히 뮤직홀의 커튼이 열리면서 그녀가 등장할 때 주로 도입부 음악으로 연주된다.

오, 피에르…….
나의 피에르…….
잠이 든 들판 위
이 고요함 그리고 외침
별거 아니에요, 밤에 나는 새가
도망치네요.
땅거미 지는 저녁 이 아름다움
하늘, 불 그리고 그림자
나에게 밀려오네요
소리도 없이…….
자른 풀의 향기는
젖은 땅에서 올라오고
오솔길을 내려오는 차,
그이야…….

오! 피에르
피에르…….

〈생 타망 숲에서〉는 유년기의 눈부심과 순진무구함을 벗어던지고 새로운 사랑의 쾌락에 눈뜨는 젊은 커플을 현란한 메조소프라노로 그리고 있다. 이 곡 역시 바르바라의 레퍼토리에 언제나 들어가는 걸작이다.

나무 한 그루, 나는 비둘기
생 타망 조그만 숲에서
신명 들려 우리 숨바꼭질 하던 곳
비둘기는 날고, 날고, 바람 타고 나네.

나무 위로 비둘기가 날아
날아가 버리자, 봄이네.
열다섯 살 우리는 서로 빠져있지
생 타망 조그만 숲에서.

나무 아래서, 아무 말 없이,
넌 사랑스럽게 날 흔들어주네,
풀밭에서, 날아오르는 치마,
우리 어린 시절 꿈도 날아가 버리네.

그리고 바르바라의 고전 중의 고전이 된 〈낭트〉가 이 앨범의 후반부에 자리하고 있다. 이 앨범은 "바르바라, 바르바라를 노래하다"라는 타이틀을 달고 1964년 10월 1일에 출시되었다. 재킷의 전면에는 접합되어 하나가 된 가지 양쪽 끝에 장미꽃 두 송이가 각각 하나씩 달려있는 모습이 그려져 있다. 진정한 의미에서 작가 바르바라가 필립스에서 펴낸 이 앨범을 음반애호가들과 팬들은 "장미꽃 앨범"으로 부르고 있다. 이 재킷 후면에 클로드 드자크는 이렇게 추천사를 남겼다.

아이러니가 겹쳐져 오더라도,
그녀가 감정의 충동의 추억을 노래하더라도,
그녀가 사랑을 중얼거리더라도,
그녀의 표현의 우아함은 결코 손상하지 못하리라
예민하게 살아 있는 그녀의 감수성을.
그녀는 말하네 숨결의 어휘들을
가슴의 그것들을
그리고 음악은 삶의 리듬과 색채로 생기를 얻으매
또한 삶은 음악을 관통하네.
마음 안에는,
모래 밭 금작화의 검은 뿌리,
결코 현학적이라 할 수 없네.
바르바라 바르바라를 노래하다.
그리고 이 디스크가 존재하는 것은 이 모든 것을 위해.

〈낭트〉는 모든 라디오의 정규 프로그램에서 편성되어 전파를 타고 프랑스 전역으로 퍼져나갔다. 여기에는 유럽1 방송도 예외가 아니었다. 사실 유럽1의 편성국장 뤼시엥 모리스는 한때 이렇게 말하기도 하였다. "바르바라? 우리 안테나에는 절대로 안 돼!" 수많은 사람이 이 노래를 듣고 미지의 도시

바르바라의 장미꽃 앨범 (출처 : francois.faurant.free.fr)

낭트를 찾았다. 이 장미꽃 앨범의 성공은 3개월이 넘도록 지속되었다. 다음 해 3월 13일, 바르바라는 이 장미꽃 앨범을 가지고 아카데미 샤를르 크로 음반 대상을 받게 된다. 그녀는 이미 "바르바라, 브라센스를 노래하다"로 이 상을 한 차례 받은 바가 있었다. 그러나 자신의 순수한 창작의 결과로 이 상을 받은 것은 처음이었다.

제6장
고난의 세월은 끝나고

1964년 새해에 접어든 어느 날, 에클뤼즈로 한 젊은 독일인이 바르바라를 찾아왔다. 괴팅겐의 청년극장을 운영하는 귄터 클라인이라고 자기소개를 하였다. 자신의 극장에서 2주간 공연을 하는 계약을 맺고 싶다는 생각을 밝혔다. 그녀는 거절하였다. 아직도 전쟁의 기억이 생생한데 독일에서 노래하는 것은 도저히 있을 수 없는 일이었다. 귄터는 끈질기게 설득하고 요청하였다. 대학도시인 괴팅겐의 젊은 학생들이 바르바라의 방문을 학수고대한다는 말에 마음이 약간 누그러졌다.

"도대체 괴팅겐에서 누가 날 안단 말입니까?"

"학생들은 모두 당신을 알고 있습니다!"

"난 독일에 가고 싶지 않습니다."

이렇게 말하면서 바르바라는 다음 날까지 다시 생각해보자는 여운을 남겼다. 다음 날 바르바라는 귄터의 요청을 수락하였다.

"단 한 가지 조건이 있어요. 검은 색 베이비 그랜드 피아노를 노래하는 무대 위에 꼭 준비해주세요. 이 피아노가 준비되지 않으면 공연을 취소하겠어요."

두 사람은 공연은 7월 중에 하기로 합의하였다.

1964년 7월 6일 바르바라는 괴팅겐으로 떠났다. 혼자서 독일 땅으로 향하는 마음은 내키지 않았다. 그녀는 귄터의 제안을 수락한 자신에게 화를 내었다. '내가 왜 독일로 가서 노래해야 하지? 독일군 전투기가 총탄을 쏟아 붓던 그때를 생각하면 지금도 공포의 전율을 느끼는데 내가 정말 어리석구나!'

기차에서 내리면서 그녀는 귄터를 보았다. 그는 언제나 열의에 가득 차 있었다. 극장으로 가기 전에 우선 시내 구경부터 하자고 그는 제안하였다.

"지금 이때가 괴팅겐이 가장 아름답습니다."

그녀는 눈을 감았다. 나는 보고 싶은 게 아무것도 없어.

"내가 오늘 저녁 노래할 무대를 먼저 보여주세요. 구경은 나중에 해도 늦지 않으니까요."

샹들리에까지 붙어있는 어마어마한 오래된 직립 피아노가 청년극장의 작은 무대 위를 뒤덮고 있었다. 거대한 물체 앞에 앉아보았다. 그녀의 눈에는 극장 객석이 거의 들어오지도 않았다. 그녀가 요구한 피아노가 없었다.

"이 피아노로 반주하면서 노래를 못하겠군요."

"사실은 어제부터 피아노 운반하는 사람들이 파업 중입니다."

"파업이라고요? 더 일찍 준비했어야죠."

그녀는 화가 났다가 이젠 슬퍼졌다.

"피아노가 준비될 때까지 난 이 자리에서 꼼짝 않겠어요."

갑자기 귄터가 사라졌다. 잠시 후 즐거운 표정의 학생 열 명이 나타났다. 그들 가운데 한 학생이 프랑스어로 말하였다.

피아노를 운반하는 괴팅겐의 학생들 (출처 : dw.com)

"제가 잘 아는 분 댁에 원하시는 타입의 피아노가 있습니다. 조금만 기다
려주시면 우리가 가서 가져오겠습니다."

공연은 원래 저녁 8시 30분에 시작하기로 되어있었다. 귄터는 객석을 향
해 공연이 지연되는 이유를 설명하고 기다려줄 것을 부탁하였다. 바르바
라는 점점 초조해졌다. 그녀는 연습도 제대로 못하였다. 밤 10시가 되자
금발머리의 학생 열 명이 피아노를 짊어지고 극장 안으로 들어왔다. 감동
스러운 장면이었다. 비록 시작 시간이 늦어지긴 하였지만 저녁 공연은 더
할 나위 없이 훌륭하였다.

귄터는 공연 계약을 8일 더 연장하였다. 다음 날 학생들의 안내로 그녀
는 괴팅겐을 구경하였다. 유명한 동화 작가 그림 형제의 생가도 방문하였
다. 공연 마지막 날 오후 극장에 붙어있는 조그만 정원에서 그녀는 〈괴팅
겐〉의 노랫말을 끄적거렸다. 아직 완전하게 곡을 붙이지 못한 채로, 저녁

괴팅겐의 청년 극장 (출처 : allemagnehorslesmursblogs.rfi.fr)

마지막 무대에서 그녀는 객석의 양해를 구한 다음 이 시구를 부분적으로 읽어주기도 하였고 노래로 부르기도 하였다.

그녀는 이 곡을 파리에 돌아와서 완성하였다. 노래를 들어본 드자크는 다음 음반에 이것을 싣기로 하였다. 그녀는 이 노래를 권터 클라인의 끈기에, 열 명의 학생들에게, 피아노를 빌려준 고마운 할머니께, 청년 극장의 훌륭한 관객들에게, 괴팅겐의 금발 어린이들에게, 독일과 프랑스의 화해를 위해 바친다고 하였다.

물론 센 강은 아니지요
뱅센 숲도 아니랍니다
그래도 정말 아름답군요
괴팅겐, 괴팅겐은.

부두 길도 없고 유행가도 없어
탄식하지도 않고 방랑하지도 않지만
그래도 사랑은 이곳에서 피지요
괴팅겐, 괴팅겐에서.

그들은 우리보다 잘 아는 것 같네요

우리 프랑스 왕들의 역사를
헤르만, 페터, 헬가 그리고 한스는
괴팅겐에서는.

마음 상한 사람이 없으면 좋겠네요
우리 어린 시절 옛날이야기
"옛날 아주 오랜 옛날에"는 시작하지요
괴팅겐에서.

물론 우리는, 우리는 센 강이 있지만
그리고 우리의 뱅센 숲도 있지만
정말 장미가 아름답기 그지없네요
괴팅겐, 괴팅겐은.

우리에겐, 우리에겐 창백한 아침이
베르렌느의 잿빛 영혼이 있지만
그들에겐 같은 멜랑콜리가 있지요
괴팅겐, 괴팅겐에서는.

우리에게 무슨 말을 해야 할지 모를 때
그들은 그냥 멈춰, 우리에게 미소 짓지요
그래도 우린 그들을 이해할 수 있지요
괴팅겐의 금발 아이들을.

놀라는 사람들이야 할 수 없지요
모두들 날 용서해주길 바랍니다
어린애들은 모두 꼭 같습니다
파리에서든 괴팅겐에서든.

오, 결코 다시는 돌아오지 않기를

괴팅겐에서 열창하는 바르바라
(출처 : deutschlandradiokultur.de)

피와 증오의 시절이
이젠 내가 사랑하는 사람들이 있기 때문
괴팅겐, 괴팅겐에는.

비상종 소리가 울려 퍼지면서
다시 무기를 쥐어야할 때가 온다면
내 가슴은 눈물을 쏟을 것입니다
괴팅겐, 괴팅겐을 위해.

1967년 10월 4일, 바르바라는 괴팅겐을 다시 찾게 되고, 1500석 규모로 새로 지은 시립극장에서 한 번의 콘서트를 가진다. 그러나 귄터는 젊은 나이에 이미 이 세상 사람이 아니었다. 게다가 공연 시작을 불과 몇 시간 앞두고 그녀의 목소리가 나오지 않았다. 독일 땅에서 노래한다는 것이 무의식적인 부담을 주어 실성(失聲)에 이르게 된 것이다. 이 날의 공연은 프랑스 앵테르를 통해 생중계될 예정이었다. 긴급처방으로 코르티존 제제 주사를 맞고 목소리를 회복하였다. 그녀의 콘서트는 마지막 순서로 〈괴

괴팅겐에는 이제 바르바라 길이 생겼다. (출처 : allemagnehorslesmursblogs.rfi.fr)

"괴팅겐"은 사랑과 참여의 화신이 되었다. (출처 : lefigaro.fr)

팅겐〉을 그녀가 독일어로 부르는 순간 흥분과 감격 그리고 환희의 최고
조에 달했다. 관객들은 너나할 것 없이 모두 기립하여 박수를 쳤다.

1988년 4월 24일, 바르바라는 독일연방공화국으로부터 십자 공로 훈장
을 괴팅겐 시로부터 공로 메달과 명예시민증을 받게 된다. 프랑스 대통령
프랑수아 미테랑은 프랑스 최고 훈장인 레지옹 도뇌르를 바르바라에게 직
접 달아주었다. 2003년 1월 22일 엘리제 조약 체결 40주년을 기념하여, 교
육부 장관의 요청으로, 그날 프랑스 전국의 초등학교에서 학생들은 〈괴팅
겐〉의 노랫말을 읽었다. 그리고 같은 날 프랑스-독일 양국의 국회의원들
앞에서 독일 수상 게르하르트 슈뢰더는 바르바라의 〈괴팅겐〉의 마지막 여
덟 구절을 독일어로 읽었다. 바르바라는 이 노래를 "사랑을 통한 참여의 노

래"라고 불렀다.

"장미꽃 앨범"의 성공적인 출시와 괴팅겐 공연에 이은 샹송 〈괴팅겐〉의 발표를 통해 바르바라의 명성은 프랑스 쇼비즈 관계자들 사이에 널리 퍼져 있었다. 촉매제를 조금 추가하면 거대한 폭발이 일어나면서 신성이 등장하고야 말 것 같은 상태가 바르바라 주위에 형성되었다. 촉매제가 드디어 첨가되었다. 그것은 1964년 10월 23일 보비노 공연이었다. 잠시 그 당시의 상황으로 돌아가 보자.

1964년은 브라센스에게 영광의 한 해이기도 했지만 논란의 한 해이기도 했다. 그가 발표한 노래 〈친구들 먼저〉는 그 해 여름 내내 공전의 히트를 기록하였다. 친구들 사이의 우정을 가장 중요한 덕목으로 삼고 이를 찬양하는 노래를 부른 그에게 모두 환호를 보냈다. 이 노래는 그의 분신이자 상징이 되었다. 그러나 가을에 발표한 〈두 아저씨〉는 그를 비난과 논란의 중심으로 끌고 갔다. 노래는 이렇게 시작한다.

> 마르탱 아저씨가 계셨고, 가스통 아저씨가 계셨지,
> 한 분은 토미를 좋아했고, 한 분은 튜튼을 좋아했지
> 각각, 좋아하는 친구들 위해, 두 분 모두 돌아가셨어
> 나는, 누구도 좋아하지 않았어, 나는 지금 살아있지.

마르탱이 토미를 좋아해 그를 위해 싸우다 죽었다 하더라도 튜튼을 위해 죽은 가스통과 같은 저울에 놓을 수 없다는 것이 대부분의 생각이었다. (여기에서 토미는 영국을 튜튼은 독일을 상징한다.) 독일에 항거한 레지스

탕스 대원들과 독일의 앞잡이 노릇을 한 부역자들을 같은 비중으로 취급하다니 도저히 받아들일 수 없다는 것이 비난의 요지였다. 원래 브라센스가 이 노래를 통하여 말하고자 하는 것은, 이념이란 허망한 것이니 이념을 위해 죽는 것처럼 허망한 것은 없다는 생각이었다. 브라센스를 향한 비난의 대열에는 좌우를 가리지 않고 언론까지 합류하였다. 특히 프랑스 공산당의 기관지 뤼마니테는 그에게 혹독한 비판을 가하였다. 브라센스의 팬들이 열광적인 지지를 보내지 않을 가능성이 한껏 높아진 것이다.

이러한 곤혹스러운 상황에서 1964년 10월 23일, 위대한 브라센스는 가을 정기 공연의 일환으로 몽파르나스의 유서 깊은 뮤직홀 보비노에 등장한다. 브라센스가 스타로 출연하는 이 공연에서, 바르바라는 전반부의 보조 출연자로 초대받았다. 3년 전 보비노의 실패를 그녀는 잘 기억하고 있다. 실수는 한 번으로 족하다. 이제 다시 실수는 용납될 수 없다. 만약 또 한 번 더 헛발을 디딜 경우, 두 달 전에 출시된 "장미꽃 앨범"의 명성에 치명적인 오점을 남기게 된다. 성공만이 뮤직홀의 문을 열어젖힐 수 있을 것이다. 그녀는 이번 공연이 어떤 의미를 지니고 있는지 충분히 인지하고 있었다. 그녀는 준비에 들어갔다. 어떤 곡을 선택할 것인가? 어떤 순서로 부를 것인가? 도입 부분을 어떻게 강조할 것인가? 10월 23일이 다가오면서 그녀는 공포에 휩싸이고 두려움에 안절부절하였다. 초연일 저녁이 되었다. 그 어느 때보다 겁에 질린 그녀의 몸은 이미 마비 증세를 보이고 있었다. 대기실 복도에서 얼핏 브라센스와 마주친 것 같았다. 브라센스에게는 미안한 일이지만 그녀의 귀에는 아무 소리도 들리지 않았다. 그녀는 집중, 또 집중하고 있었다. 마침내 전반부 무대 위로 나갈 시간이 되었다. 순간 그

조스 바젤리 (출처 : francois.faurant.free.fr)

녀는 다시 생각하였다. 곧 나는 무대 위로 간다. 최고의 아코디언 연주자들 가운데 한 사람인 조스 바젤리가 반주할 것이다. 그리고 브라센스의 반주를 담당하고 있는 피에르 니콜라가 콘트라베이스로 우리를 도와줄 것이다. 저녁 8시를 알리는 종소리가 들린다. 그녀는 대기실에서 나와 복도를 따라 무대로 다가간다. 커튼 앞에 선다. 바르바라는 조명 불빛 안으로 들어간다. 그 순간 그녀는 샹송의 역사 속으로 들어가고 있었다.

1964년 10월 23일, 겨우 삼십 여 분 동안 펼쳐진 바르바라의 전반부 보조 무대는 모든 것을 바꾸어 놓았다. 문자 그대로 바르바라는 폭발하였다. 파리 전체가 이 놀라운 아티스트 앞에서 무릎 꿇고 말았다. 파리 언론계의 반응은 놀라움 그 자체였다.

필립스의 홍보실에서 근무하고 있던 소피 마크노는 그날 저녁 보비노의 현장에 있었다. 그녀는 후일 바르바라의 홍보담당 매니저로 일하게 된다.

"사실, 어떤 일이 벌어지게 될지 미리 가늠해줄 만한 것은 아무 것도 없었어요. 바르바라가 스타의 자격으로 출연한 것도 아니니까요. 리브 고슈 지역의 샹송 애호가나 그녀를 알았고, 카바레에 가면 만날 수 있는 한밤의 여가수 정도로만 음반 산업계에 알려졌을 뿐이에요. 그런데 바로 이 보비노에 등장한 그녀는 일종의 강한 자기장 같은 것을 발산하였고, 객석은 여기에 완전히 현혹되었지요. 모두 아시다시피 자기장은 나중에 그녀의 트레이드마크가 되었지요. 얼마나 강렬한 효과를 발휘했으면 이어서 등장한 스타 브라센스가 제대로 콘서트를 진행할 수가 없었겠어요? 그녀는 일종의 종교적 마력을 발산한 것입니다. 당시 사람들은 주로 목소리나 리듬에 현혹되었는데, 바르바라는 종교를 들고 온 것이에요. 믿을 수가 없었지요. 극장 전체가 최면에 걸린 것 같았어요. 그녀가 객석 전체에 최면을 건 것이지요. 그녀의 노래가 끝나자, 전기적 충격에 사람들은 넋을 잃었어요. 기자들이 모두 그녀에게 달려들었습니다. 바르바라는 완전히 탈진해 있었어요."

1955년부터 1968년까지 바르바라의 음악 작업을 도와온 나딘 라이크도 그날 저녁에 벌어졌던 일을 이렇게 말하고 있다.

"내 평생 잊지 못할 일은 그녀가 무대 위에 등장하는 순간입니다. 아드레날린으로 가득 찬 탱크를 하나 끌고 온 게 분명했어요. 무대 위로 나와 피아노 앞에 앉은 다음 자신을 통제하려고 무척 애를 쓰더군요. 두려움에 꼭 죽는 것만 같았을 거예요. 그러나 그녀의 마지막 노래가 끝나자 관객이 모두 일어나 소리치기 시작하더군요. 거의 20여 분 동안 기립 박수가 계속되었지요."

소피 마크노 프랑수아즈 로라는 이름으로 가수 활동을 하였다. 피아프의 전속 작곡가로 명성을 얻은 샤를르 뒤몽이 남편이다. (출처 : sophiemakhno.com)

그날은 바르바라의 커리어의 진정한 출발점이었다. 그녀는 이제 성공할 수 있는 모든 것을 갖추었다. 우선 풍부한 감수성과 놀라운 독창성을 자랑하는 레퍼토리가 있었다. 비범한 외모와 맑고 유연한 목소리를 지녔다. 게다가 15년의 무대 경험까지 그녀를 받쳐주고 있었다.

출연 요청이 쇄도하였다. 1964년 12월 22일에서 27일까지, 바르바라는 테아트르 드 레스트 파리지엥에서 노래하게 되는데, 이때 세르주 겐즈부르가 전반부의 보조 출연자로 등장하였다. 이보다 앞서 11월 23일 브뤼셀의 앙시엔 벨지크에서 노래한다. 그녀는 감회가 새로웠다. 뮤직홀을 찾아온 벨기에 팬들에게 그녀는 이렇게 말했다.

"십년 전, 저는 여기에서 데뷔했습니다. 너무나도 좋은 사람들이 나를 도와주었지요. 나는 성공하지 못했습니다. 너무 일렀던 걸까요. 나는 다시 파리로 떠났습니다. 브뤼셀은 내 마음 속에 상처로 남아있었습니다. 그것은 마치 내가 집착한 그 어떤 곳이지만 성공을 거두지 못한 곳, 말하자면, 심정적 워털루라고나 할까요. 바로 여기에서 나는 처음 노래했고, 바로 여기에서 브렐이 노래하는 것을 처음 들었습니다. 오늘 저녁 나는 행복합니다. 왜냐하면, 나는 이제 여러분과, 그리고 이 도시와 화합하고 있음을 느끼고 있기 때문입니다. 이 도시와 나, 우리는 친구가 되었습니다. 감사합니다."

뮤직홀의 스타가 되면서, 바르바라를 에클뤼즈에서 만나기가 점점 어려워졌다. 그렇지만, 앙드레 쉴레세, 브리지트 사부로, 레오 노엘 그리고 마르크 슈발리에는 여전히 그녀의 마음 한 구석을 차지하고 있었다. 그녀는 가끔 이런 말을 되뇌곤 하였다.

"이곳에는 사랑이 있었고, 시가 있었고, 인생이 있었다. 에클뤼즈에서 만난 예순 명의 팬들이 나를 팡탱의 야외무대로 데리고 갔다." (1981년 파리 북쪽 교외 팡탱에 세운 대규모 야외극장에서 바르바라의 유명한 콘서트가 열린다. 프랑스 쇼비즈 역사에 길이 남는 공연이었다. 이 이야기는 나중에 하겠다.)

그녀의 명성이 높아질수록 에클뤼즈의 벽은 좁아졌다. 이제 떠나야 할 때가 왔다. 이제 닻을 올릴 때가 다가왔다.

그랑 조귀스탱의 부두길이 멀어져갔다.

그녀는 다시 길을 떠났다.

제7장
친구의 죽음과 영광의 길

1965년이 시작되면서, 노래하는 여자로서 그녀의 삶은 일대 전기를 맞게 된다. 1월 15일부터 그녀는 몽파르나스의 보비노에서 보마르셰 대로에 있는 레 콩세르 파크라로 그녀의 무대 의상을 옮겼다. 질베르 소미에는 원래 연극 극장이던 이곳을 뮤직홀로 완전히 개조한 다음 그 운영을 책임지게 되었다. 파리의 마래 지역 한 가운데에 자리 잡고 있는 이 원형 극장으로 바르바라가 초청받은 것이었다. 지금껏 그녀의 공연을 찾아오는 사람들은 대개 중장년층들이었다. 그런데 이 파크라의 공연에는 소위 덜 점잖은 20대 젊은이들이 대거 몰려왔다. 바르바라는 그녀를 지지하는 팬들의 구성이 조금씩 달라지는 것을 느꼈다. 특히 이 젊은 추종자들은 바르바라와 적극적인 유대 관계를 맺고 싶어 했다. 자신의 이야기, 자신들의 문제, 자신들의 고민을 들고 그녀가 있는 곳이면 어디든지 따라왔다. 자신이 어떤 사람들에게 신뢰감을 불어넣어준다는 것은 그녀에게 새로운 경험이었다.

바르바라는 언제부터인가 자신이 무대에 오르는 것을 "사랑의 랑데부"라고 불렀다. 그녀는 이제 혼자서 "사랑의 랑데부"를 위한 준비를 하지 않게 되었다. 그녀의 직업적 활동을 보조하고 관리하는 동료 집단이 조직된 것이다. 계속해서 클로드 드자크는 그녀의 디스코그래피를 관리한다. 질베르 소미에는 공연 계획을 수립하고 일정을 조정한다. 소피 마크노와 나딘 라이크는 언론 관계 업무와 제반 행정 임무를 수행한다.

레 콩세르 파크라의 옛 모습 지금은 평범한 상가로 변하여 이제는 사라지고 없다. 바르바라를 비롯하여 조르주 무스타키, 조르주 브라센스, 샤를르 아즈나부르, 파타슈 등이 출연했다. (출처 : cahiersdelachanson.free.fr)

녹음실에서 텔레비전 스튜디오로, 콘서트홀에서 라디오 방송실로, 바르바라는 빈틈없이 돌아가는 프로 생활이 과중한 나머지 자유시간이 실종되어버린 느낌을 받았다. 그녀에게 이것은 갑작스러운 일이었다. 그녀는 스타가 되었다. 이제 더는 지하철 티켓 한 장에 목매인 그런 삶을 살지는 않는다. 성공 덕분에 그녀에게서 물질적 곤궁이 사라진 것은 물론 중요한 일이다. 그러나 그녀에게 더 중요한 것은 언제나 노래를 할 수 있다는 가능성 그 자체였다. 노래를 가지고 그녀를 찾는 곳이면 어디든 갔다.

서른네 살의 나이에, 바르바라는 스타의 삶에서 오는 공포와 고통을 서서히 느끼게 된다. 브라센스의 전반부에서 눈부신 연주를 보여준 이후, 불과 몇 개월 전만 하더라도, 라디오 편성자들로부터 외면받고 음반 시장에서 거의 존재감도 없던, 그런 동네 가수에 지나지 않던 그녀가, 팬들의 열화같은 성원을 받게 되고 미디어의 지원을 얻게 되었다. 그러나 3월 말이 되면서, 기진맥진한 우리의 가수는 휴식을 갈망하고, 레뮈자 길의 고요함 속에서 자신을 한 번 되돌아볼 기회를 갈구하였다. 저녁나절, 그녀가 아파트 현관문을 밀고 들어갈 때면, 현관에서 그녀의 아파트 문 앞까지 무리를 지은 경배자들은 그녀의 이름을 외치고 있다. 이미 문 앞 신발털이 깔개는 장미꽃으로 덮여있었다. 그녀의 팬들이 그녀에게 간단한 인사말을 중얼거리며 꽃 한 송이를 내미는 것이 다라면, 그녀는 기쁠 것이고 감사해마지 않을 것이다. 그러나 일부 팬들은 문을 강제로 열면서 만나주기를 강요하기도 한다. 그들 가운데는 리옹에서 올라온 한 공무원도 있는데, 그는 바르바라가 가는 곳이면 어디든지 가느라고 아예 사퇴서를 제출하였다. 도대체 정체를 알 수 없는 이들은 무엇을 원하는 것일까? 차 한 잔을, 아니면 잠깐의 대화, 아니면 여기에서 자겠다는 것일까? 지친 그녀는 그들을 달래기도 하고, 그만 가달라고 빌기도 하고, 이제 그만 자야겠다고 사정도 해보지만 그들은 막무가내였다. 그녀는 아파트 주 출입구를 피하고 경비실의 도움을 받아 비상출입구를 사용하기도 하였다. 봄이 되면서 그녀의 신경은 점점 날카로워졌다. 무대에 오르면 가슴이 죄어오고 온몸이 경직되었다. 극도의 피로감과 수면부족을 호소하였다. 결국 열흘간의 입원 치료를 받게 된다. 그녀의 스케줄에서 확보할 수 있는 최대한의 시간이었다.

드자크는 초조하였다. 필립스에서는 바르바라가 보비노의 무대에 오르는 시점에 두 번째 앨범도 출시할 계획을 잡고 있었다. 보비노 공연은 9월 15일에 그 막을 올리며 바르바라는 스타의 자격으로 무대에 오르는 것으로 확정되었다. 드자크는 이미 스튜디오 블랑키에 7월 한 달 동안 녹음실을 예약해 두었다. 노랫말을 쓰고 곡을 붙여서 녹음을 완료하기까지 주어진 시간은 넉 달에 불과하였다. 노래를 만들어내는 기계가 아닌 이상 이 시간은 짧을 수밖에 없다. 더구나 바르바라는 악보를 읽고 쓸 줄을 몰랐고 음표를 특정한 악기에다 전사할 수도 없었다. 그녀는 다룰 줄 아는 몇 개의 기본적인 코드로 즉흥적이고 본능적으로 멜로디를 구성하고, 그녀가 쓰는 텍스트는 언제나 하루하루의 감성적 경험에 그 뿌리를 두고 있다. 한 글자 한 글자, 한 음 한 음, 장인들이 그러하듯, 그녀는 작품에 몰두하되, 그 순간의 느낌을 묘사하려고 하지 않고 오히려 내적인 독백의 외형을 스케치하려고 애쓴다. 그녀는 자주 이런 말을 기자들 앞에서 하곤 했다.

"나는 언제나 쓰는 일이 참 괴롭습니다. 〈낭트〉의 가사를 쓰는 데 삼 년이 걸렸어요. 썼다가 찢고 다시 쓰는 일을 수없이 반복합니다. 말 한 마디 한 마디 고통스러운 것이지요. 나는 상상력이 없어요. 내면의 일기를 쓰듯 쓸 뿐이에요. 소위 만들어내는 능력이 없는 것이지요. 겐즈부르 같은 아티스트에게 제일 부러운 게 바로 이 창작력입니다. 나는 내게 닥친 일만을 이야기할 수 있어요. 오리지널한 것은 아무 것도 없어요. 모든 사람에게 아버지는 돌아가십니다. 사랑하는 애인과 헤어집니다. 그러고는 새 사람을 만나지요. 예를 들어, 첫 음반에서 주목을 끈 노래는 바로 〈피에르〉입니다. 그건 모든 사람이 누군가를 기다리기 때문입니다."

그녀는 천천히, 아주 천천히 작업을 하였다. 펜을 쥔 손끝에, 건반을 두드리는 손가락 마디 끝에, 여전히 의심과 회의는 기세등등하였다. 그녀는 녹음기와 녹음테이프를 가지고 작곡했다. 조그마한 아이디어라도 모두 테이프에 담았다. 초고가 방바닥 여기저기에 흩어져 굴러다니듯이, 녹음된 테이프 다발이 쌓여 갔다. 이러한 조건에서, "주문받은" 열두 곡을 만들어낸다는 것은 분명히 그녀가 지킬 수 없는 약속이었다. 한때 작사자를 지망했던 소피 마크노가 네 곡을 써주었다. 바르바라는 음악을 입혔다. 〈9월〉, 〈지나가는 모든 사람들〉, 〈내가 찾는 남자〉, 〈귀여운 아이들〉은 바르바라와 소피 마크노의 공동 작업으로 이 세상에 나왔다. 여기에 바르바라는 에클뤼즈 시절에 발표했으나 자신의 작품임을 숨겼던 〈난 맞바꾸었죠〉를 추가하였다. 그리고 괴팅겐 청년 극장의 정원에서 만든 노래 〈괴팅겐〉 역시 녹음의 대상으로 올렸다. 그러나 앨범이 완성되려면 아직 멀었다. 드자크는 아직도 다섯 곡을 더 추가해야 했다. 궁지에 몰린 그녀는 레뮈자에서 덧문을 걸어 잠그고 칩거에 들어갔다. 그녀는 쓰고 지우고 찢으며 테이프에 멜로디를 밤새 입혔고, 밝은 아침이면 맑은 정신으로 테이프를 다시 들어보고는 몽땅 지웠다. 괴로운 시련 속에서 이렇게 태어난 곡들은 그녀와 삶을 같이 하게 된다. 〈삶의 고통〉, 〈그 사진이 맞는다면〉, 〈고독〉, 〈너〉 그리고 〈작은 칸타타 한 곡〉 이렇게 다섯 곡이었다.

1965년 여름, 바르바라는 두 번째 앨범의 녹음에 들어간다. 녹음실에서는 이 앨범을 '삶의 고통'이라고 불렀는데, 그것은 A면이 〈삶의 고통〉으로 시작되기 때문이었다. 이 샹송을 처음 듣는 대부분의 비평가들은 바르바라 특유의 로맨틱한 고통 혹은 우울함이 정제되어 녹아 나오는 듯한 느낌을 받는다고 말한다. 삶의 고통이란 자신과의 지루한 싸움이고 타인과의 어쩔 수 없는 싸움이다. 삶의 고통이란 지극히 개인적인 영역이라 그 출구가 어디에 있는지 쉽게 알 수가 없다. 그곳은 죽음의 그림자가 어른거리는 밤, 잠 못 이루는 밤으로 점철되어 있다.

그들이 우리를 이해하려한들 무슨 소용

텅 빈 손으로 우리에게 오는 그들
우린 그들의 말을 들으려 하지 않지
그럴 수도 없고, 이젠 더 그럴 수도 없네.
결국 침묵 속에 혼자서
끝이 보이지 않는 밤
갑자기 우린 생각을 하게 되지
돌아오지 못한 그 사람들을.

비평가들과는 달리 바르바라는 이것이 사랑과 희망의 샹송이라고 주장
한다. 오히려 자신은 삶의 고통이 삶에 대한 사랑의 절실함을 돋보이게 만
든다고 한다. 멜랑콜릭한 이 왈츠의 끝 부분에 이르면, 조스 바셀리의 눈부
신 아코디언 연주가 현란하게 튀어 오르면서 삶의 고통이 삶의 환희로 바
뀌는 놀라운 반전이 일어난다.

갑자기 그것은 다다르네
그것은 멀리서 오네
그것은 강가를 따라 노닐었지
웃음을 감추고

어느 아침나절, 깨어날 때
그것은 보잘 것 없으나
바로 여기 당신은 놀라지
허리 깊숙한 곳.

삶의 환희
삶의 환희
이를 누리러 오라
네 삶의 환희를.

소피 마크노의 손끝에서 나온 가을의 시 〈9월〉은 바르바라의 음악을 입으면서 탁월한 발라드로 다시 태어났다. "얼마나 아름다운 계절인가"라는 부제의 이 샹송은 바르바라의 가슴 떨리게 하는 목소리에 실리면서 가히 로맨틱 발라드의 완결편을 보여준다. 그녀는 여기에서 헤어진 연인들의 모습을 금빛 포도 향기와 잿빛 가을의 연기 안에 황홀하게 그려내고 있다.

> 서로 헤어지기에 얼마나 멋진 계절인가
> 스무 살 나이를 즐기기에 얼마나 멋진 저녁인가
> 담배 연기 위에서
> 사랑은 가버리고, 내 가슴은 멈추었네.

앨범의 B면에 실려 있는 〈작은 칸타타 한 곡〉은 비극적인 사고에서 탄생한 곡이다. 이 이야기를 꺼내기 위해 잠시 시간을 뒤로 돌려보자.

바르바라는 에클뤼즈에서 1964년 5월까지 노래하였다. 세르주 라마가 20세의 나이에 에클뤼즈의 무대에 등장한 것이 바로 그해 2월 11일이었다. 라마가 보여주는 정열, 격정, 활기는 브렐을 연상시키기에 충분하였다. 두 아티스트는 서로 깊은 찬사를 보낸다. 매일 저녁 라마는 카바레에 남아 바르바라의 노래를 들었다. 그녀에게 라마는 많은 것을 배우게 된다. 릴리안 베넬리는 에클뤼즈의 전속 피아니스트로 바르바라의 반주를 주로 맡았다. 그녀는 바르바라의 둘도 없는 친구였고, 자연스럽게 라마를 알게 된다. 그녀는 라마보다 열 살이 많았다. 라마가 이 세상에서 만난 첫 사랑이었다. 그들은 1965년 9월에 결혼할 예정이었다. 직전 여름, 라마는 프랑스 전국 순회공연에 참여하였고, 약혼자 베넬리도 여기에 동행하였다. 1965년 8월 12일, 장 클로드 마시아스가 운전하던 흰색 푸조 404 자동차가 엑스 앙 프로방스에서 나오는 길목에서 나무와 충돌하면서 도로 옆으로 전복되었다. (장 클로드 마시아스는 유명한 가수 엔리코 마시아스의 동생이다.) 베넬리와 마시아스는 그 자리에서 즉사하였고, 유일한 생존자 라마는 병원으로 후송되었지만 위독한 상태였다. 의료진은 그가 회생할 가능성이 희박하다고 보았지만 그는 기적적으로 살아났다. 그러나 그는 다시 무대에 오를 때까지 여러 해를 병원 침대에서 보내야 했다. 브라센스는 그의 회생과 재활을 위해 모금공연을 주도하여 많은 아티스트가 참여하였다.

바르바라는 살롱 쉬르 손에서 무대에 오르려던 참이었다. 그때 낯선 사람이 무대 뒤로 와서는 이 비극적인 소식을 담은 신문을 그녀에게 보여주겠다고 우겼다. 팬들과 "사랑의 랑데부"를 준비하는 그녀의 주의를 흩트리지 않으려고 소피 마크노가 문제의 신문을 빼앗았다. 그러나 공연이 막을 내렸을 때, 이미 그녀는 직감적으로 사태를 알고 있었다. 충격 속에 몸을 제대로 가누지 못하던 그녀는 촛불을 하나 밝혔다. 그녀는 나지막하게 읊

릴리안 베넬리와 바르바라 (출처 : guillotine.cultureforum.net)

조리기 시작하였다. 에클뤼즈의 착한 친구 릴리안에게 바치는 노래는 이렇게 만들어졌다. 9월 30일 블랑키 스튜디오에서 바르바라는 〈작은 칸타타 한 곡〉을 단 한 번에 녹음을 끝냈다.

작은 칸타타 한 곡
손가락 끝에서 나와
서툰 날 괴롭히다
하늘나라 네게로 가네
작은 칸타타 한 곡
한 때 우리 같이 연주했지
이젠 나 홀로 서툰 솜씨로
시 미 라 레 솔 도 파

이 작은 칸타타는
파 솔 도 파
그렇게 서툴지 않았어
네가 있을 때는
건반은 쉽게 뛰어다녔지
네 손가락 끝에서 행복하였는지
난 여기서 서툴기 짝이 없네
시 미 라 레 솔 도 파

가냘픈 너는 떠나버렸네
저 너머 하늘나라로
서툰 나는 이렇게 남아
파 솔 도 파
미소 짓는 네가 다시 보이네
여기 이 피아노 앞에 앉아
말하네 "그래 내가 칠께, 넌 노래해,

불러, 이걸 불러봐 날 위해"
시 미 라 레
시 미 라 레
시 솔 도 파
시 미 라 레
시 미 라 레
시 솔 도 파
오, 착한 너, 내 친구
그렇게 귀엽고 예쁜 너
정말 이렇게 어려울 수가
네가 없는 이 칸타타는

작은 기도 한 마디
라 라
마음을 다하여 바치네
내 열 손가락도 함께
작은 기도 한 마디
그러나 십자가 표시는 없이
하느님 아버지께서 화내시려나
저의 잘못을 용서해주세요

시 미 라 레
시 미 라 레
시 솔 도 파
시 미 라 레
시 미 라 레
시 솔 도 파

천사들이 트럼펫으로
연주할 거야, 널 위해 연주할 거야

이 작은 칸타타를
우리 한때 연주하던 이 곡을,
천사들이 트럼펫으로
연주할 거야, 널 위해 연주할 거야
이 작은 칸타타를
그것은 네게 날아가리
이 작은 칸타타를
그것은 네게 날아가리

시 미 라 레
시 미 라 레
시 솔 도 파

바르바라는 필립스에서 매년 개최하는 필립스 음반 취급자 총연합회의
정기 모임에서 공개적으로는 처음 이 노래를 불렀다. 어느 누구도 그녀가
아픈 마음을 안고 이 노래를 부를 수 있으리라고는 예상하지 못하였다. 물
론 필립스에서 간절히 원하기도 했지만 그녀에게도 무대 위에서 노래로 사
랑하는 베넬리에 대한 아픔을 승화시킬 필요가 있었다. 소피 마크노의 말
을 빌리면 술을 마시지 않는 바르바라가 위스키를 연거푸 석 잔을 들이킨
다음에 노래를 불렀다고 한다. 그녀의 곡해석이 보여주는 마술적인 효과와
노래의 마력에 압도당한 관객들은 기침소리조차 내지 못하였다.

2003년 2월 11일, 파리의 베르시 복합문화관. 세르주 라마의 무대는 비등
점을 넘어, 이제 그 막을 내리려던 참이었다. 라마의 히트곡이자 단골 앙코
르송인 〈나는 아파요〉의 여운이 아직도 공연장 안을 맴돌고 있었다. 그는
여전히 환호성을 지르는 팬들의 주의를 환기시키려는 듯 마이크를 든 손을
번쩍 들었다. 그리고 마리 폴 벨을 무대 위로 초청하면서 이렇게 말하였다.

뮤지컬 "나폴레옹"에서 세르주 라마 1984년에 무대에 올려져 2년간 순회공연에 들어갔다.
(출처 : turenne1611.canalblog.com)

"여러분이 사랑하는 대단한 재능의 소유자 마리 폴 벨을 소개합니다. 우리 모두가 사랑했던 어떤 사람을 위하여 벨이 이 피아노에 앉아 〈작은 칸타타 한 곡〉을 들려줄 것입니다. 이 노래의 비밀은 저와 바르바라 그리고 하늘이 알고 있습니다."

피아노 앞에 앉아 기도를 하는 듯 잠시 고개를 숙이고 있던 벨은 감정을 억누르기 힘들었는지 울먹이는 목소리로 〈작은 칸타타 한 곡〉을 부르기 시작했다. 슬픔과 그리움, 고통과 연민이 교차하는 듯 만감이 어우러진 표정으로 라마는 벨을 쳐다보고 있었다. 그날 베르시 복합문화관에서 그가 말한 "우리 모두가 사랑했던 한 사람"은 바르바라이었겠지만, 적어도 그에게는 동시에 바르바라 뒤에 숨겨진 베넬리이기도 하였을 것이다.

기 브도스 (출처 : Wikimedia.org)

파리의 가을이 익어갈 무렵, 바르바라는 스타가 되어 보비노로 돌아왔다. 기 브도스와 스타의 지위를 공동으로 유지하는 형식이긴 하지만 그녀는 처음으로 스타의 자격으로 뮤직홀의 무대에 오르는 셈이었다. 그녀와 더불어 에클뤼즈에서 활동했던 기 브도스는 촌철살인의 뛰어난 말솜씨와 인간사회의 비판적 통찰력을 갖춘 보기 드문 코미디언으로서 누구나 그의 성공을 의심치 않았다. 그는 전반부에서 원 맨 쇼를 진행하였고, 그녀는 후반부에 출연하여 조스 바젤리의 아코디언과 피에르 니콜라의 콘트라베이스의 반주에 바르바라 샹송의 진수를 보여주었다.

사실 바르바라는 데뷔 초기에 객석으로부터 많은 야유와 조롱에 시달렸기 때문에, 언제나 공연을 앞두면 불안에 시달렸다. '과연 내 노래를 들으려 사람들이 오기나 할까? 만약 아무도 안 오면 어떡하지?' 보비노의 사장 펠릭스 비트리는 대대적으로 홍보를 하였다. 파리 시내의 광고탑은 기 브도스와 바르바라의 출연을 알리는 광고로 도배되다시피 하였다. 바르바라는 더 불안해졌다. 대기실에서 초죽음이 된 모습으로 앉아있는 그녀를 보고 기 브도스는 웃음을 참을 수가 없었다. 게다가 그녀의 공연실황은 프랑스 앵테르를 통해 생중계될 예정이었다. 불안을 떨치고 불길한 생각을 없애려고 그녀는 무대에서 부를 노래에만 집중하였다. 그녀는 모르고 있었지만 보비노가 자리 잡은 몽파르나스의 개테 길은 팬들이 장사진을 치고 있었다. 1965년 9월 15일, 초연이 있던 이 날은 이미 만원사례였다.

그녀는 분장을 마쳤다. 그녀의 트레이드마크가 되는 시원한 눈 화장, 짧고 검은 머리, 창백한 얼굴에 짙은 분홍빛 입술, 검정색 비로드 긴 원피스. 그녀는 무대를 향해 천천히 발걸음을 옮겼다. 아직 열리지 않은 막을 가운데 두고 그녀는 깊은 숨을 쉬었다. 보이지 않는 객석에서 조바심을 내며 공연 시작을 기다리는 팬들의 웅성거림이 들려왔다. 그들이 온 것이다! 그들의 뜨거운 열기, 그래 이 열기가 필요하였다. 막이 올라가면서 그녀가 등장하였다. 그녀는 심연으로 빨려 들어가는 느낌이었다. 갑자기 불안하였다. 두 마리 펭귄처럼 서 있는 조스 바젤리와 피에르 니콜라에게 다가갔다. "날 사랑하는 거 맞아요?" 거구의 두 펭귄은 그녀에게 웃어주었다. 그래 시작이다. 노래하는 피아니스트, 노래하는 여자, 한밤의 여가수는 무대를 휘어잡았다. 그녀는 삶의 고통을 토해내고, 〈작은 칸타타 한 곡〉을 읊조리고, 비가 오는 낭트를 찾았다. 그녀가 두드리는 피아노는 거대한 배가 되어 출렁이는 파도를 헤치고 있었다. 흔들리는 배에 몸을 맡긴 관객들은 흡사 메두사를 만난 듯 공포에 질려있었다. 다음 해 다시 보비노를 찾을 때 바르바라는 〈나의 가장 아름다운 사랑 이야기〉에서 이 순간을 이렇게 노래한다.

> 그것은 9월 어느 저녁이었지요,
> 당신이 와서 날 기다리고 있었지요
> 바로 여기에서, 기억하시나요?
> 미소 짓는 당신을 바라보면서,
> 말없이 사랑하는 당신을 바라보면서
> 바로 여기에서 난 갑자기 깨달았지요

이제 난 여행을 끝낸 것입니다
난 가방을 내려놓았지요,
당신이 날 만나러 온 것입니다.

1965년 9월 18일자 렉스프레스는 찬사를 아끼지 않았다. "바르바라가 그녀의 고독을 노래하건, 멜랑콜리를 감추지 않건, 그녀에게 잿빛 우울만 넘친다고 하건 간에, 그녀의 무대에는 감수성이 언제나 깨어있고, 삶의 욕구와 베풀려는 욕망이 모습을 드러낸다. 바르바라는 진정한 예술가다. 그녀에게는 꾸밈도 없을 뿐 아니라 거짓된 시적 표현도 없다. 그녀는 조심성이 많으면서 동시에 충동적 기질도 지니고 있다. 그녀에게는 스타일이 있고 장인 정신도 있다."

그녀는 승리를 맛보았다. 그러나 믿기지 않았다. 이어지는 렉스프레스의 인터뷰에서 그녀는 이렇게 말했다.

"나의 이 직업은 특권이에요. 밤마다 왕관을 쓰는 기분이란 뭐로 표현해야할지 모르겠네요! 화가들은 죽고 나서야 성공하는 경우도 많잖아요?"

흔히 우리가 만나는 평범한 여성의 소박한 어휘를 사용하면서, 특히 억양 하나 하나에 성실성이 배어 있어야함을 강조하면서, 바르바라는 수많은 사람을 추종자로 만들었다. 클로드 드자크의 눈은 정확했다. 바르바라는 자신의 이야기를 들려주어야하고, 그녀의 공연은 일종의 집단 심리상담소로 변모해야 할 필요성이 있었다. 그녀는 〈난 맞바꾸었죠〉에서 성인이 되는 과정의 아픔을 이야기했고, 〈낭트〉에서는 아버지의 죽음을 노래했고, 모든 사람에게 공통적으로 존재하는 살아가는 자들의 아픔과 의구

심을 〈삶의 고통〉에서 들려주었다. "예-예" 음악의 광풍이 몰아치던 이 시기에 예외적으로, 바르바라가 부르는 삶의 고통은 사람들을 모으고 끌었다. 어느 누구도 모방할 수 없는 그녀의 음색, 달나라의 피에로 같은 몸매는 극장의 조명을 만나면서 초자연적인 차원으로 승화하였다. 조르주 무스타키는 그녀를 두고 이렇게 말했다.

"그녀의 재능은 그녀의 목소리, 그녀의 말 그리고 그녀의 인간됨이 합쳐진 결과다."

그녀와 감정을 공유하는 순간 그녀를 만나러온 수많은 사람은 자신의 변화에 놀라게 되고, 그들의 사제(司祭) 앞에서 고개를 숙였다. 리사이틀이 끝나면 그들은 한바탕 눈물이 나도록 웃고 난 다음 마음이 편안해진 것처럼 신비롭게도 심정적 위안감에 사로잡혔다.

1965년 9월의 보비노는, 다음 해 보비노에서, 바르바라의 선물 "나의 가장 아름다운 사랑 이야기"로 환생한다. (출처 : linternaute.com)

3부

뮤직홀의 디바

제8장
디바의 탄생

그녀의 샹송이 한 곡 두 곡 프랑스 곳곳에서 들리기 시작하면서 그녀의 명성과 부는 하루가 다르게 쌓여갔다. 어마어마하지는 않았지만 그래도 제법 큰 규모의 재산이 있다는 사실을 인식하게 되었다. 그러나 그녀는 언제나 자신의 재산을 양적으로 평가하기를 거부했다. 그녀는 돈을 몰랐다. 아니 모르려고 했다는 것이 더 정확한 말일 것이다. 그녀는 돈을 가져본 적이 없었다. 그런데 눈에 띄게 커져만 가는 돈은 점점 그녀의 머리를 아프게 했다. 에클뤼즈에서 한밤의 여가수로 보내던 시절. 그 시절 그녀의 수입이라고는 카바레에서 받는 몇 푼 되지 않는 출연료가 전부였다. 언제나 그녀는 두 가지 선택 사이에서 번민하였다. "이 돈으로 택시를 타고 집으로 편하게 돌아갈까 아니면 그나마 괜찮은 저녁 식사를 하고 복잡한 지하철을 타고 집으로 갈까?" 언제나 그녀의 계산은 이 두 가지였다. 그렇지만 지금의 수입은 그녀가 합리적으로 계산을 하고 관리 할 수 있는 범주를 넘어서버렸다. 얼마를 쓰며 얼마를 버는지 그녀는 가늠할 수 없었다. 각고의 노력의 결실을 관리하지 못했고 오히려 허망하게 잃어버리는 상황에 이르렀다. 결국 많은 수입에도 불구하고 1966년에 들어서면서 그녀는 파산의 위

샤를레 마루아니 튀니지 출신의 유대인 집안 마루아니는 프랑스 연예기획 분야를 독점하고 있었다. 마루아니 집안의 매니저들이 하도 많아 자크 브렐은 이런 농담을 하였다. "밤에 잠이 오지 않으면 숫자를 세는 것보다 마루아니 집안 사람들 이름을 차례대로 외워보는 것이 낫다." (출처 : harissa.com)

기에 몰리게 되었다.

　비슷한 경험을 한 적이 있는 자크 브렐이 그녀를 도우려고 나섰다. 파산에 이르게 된 자신을 도와준 매니저 샤를레 마루아니를 그녀에게 급히 보냈다. 마루아니는 놀라지 않을 수가 없었다. 엄청난 출연료를 받는데다 계속 출연 요청이 쇄도하는 바르바라에게 도대체 땅 한 쪽, 건물 귀퉁이 하나도 없었던 것이다. 그는 긴급 조치를 취하였다. 우선 바르바라의 방만한 씀씀이를 줄이려고 돈줄을 죄었다. 그녀는 이제 마루아니가 정해놓은 금액 이상을 쓸 수 없게 되었다. 매일 용돈을 매니저에게 받아서 써야만 했다. 답답해진 그녀는 몰래 친구들로부터 돈을 빌려 쓰기도 하였다. 그러나 돈을 빌려주는 친구들도 점점 줄어만 갔다. 바르바라가 진 빚을 아무도 갚아주지 않는 사실을 알고는 누구도 빌려주지 않았다. 마루아니는 성실할 뿐만 아니라 입이 무거운 사람이었다. 그는 철저히 그늘에서 자신이 관리하는 아티스트들을 위해 헌신하였다. 바르바라는 이러한 점을 무엇보다도 고맙게 여겼다.

1965년 가을에 보비노의 공연이 대성공을 거두고 나서, 바르바라는 또다시 보비노로 초청을 받는다. 공연은 1966년 12월로 예정되어 있었다. 클로드 드자크가 새 공연을 앞두고 바르바라에게 특별한 제안을 하였다. 찾아온 팬들에게 감사의 뜻을 전하는 샹송을 한 곡 만들어 레퍼토리에 포함시켜보자는 것이었다. 이미 비슷한 종류의 샹송을 몇몇 필립스 전속 아티스트들에게 요구하여 무대에 올려본 경험이 있는 그는 바르바라에게도 비슷한 제안을 한 것이다. 앙코르 송으로 무대를 닫으면 꿈같았던 분위기가 때로는 급작스럽게 사라지는 허망한 느낌을 준다는 이유도 첨가하였다.

공연일이 가까워지면서 바르바라는 또 다른 문제를 생각하였다. 그녀에게는 사실 두 번째 성공적인 보비노를 위해 무엇이든 이벤트를 만들 필요가 있었다. 기자들에게 쓸거리를 제공해야지 그렇지 않으면 같은 반응만 나올 것이란 걱정거리였다. 자신이 항상 다루는 주제들, 예를 들어, 사랑, 절망, 죽음 같은 것들이 객석을 지루하게 만들지는 않을까하는 걱정도 그녀를 불안하게 했다. 중대한 변모 같은 것이 필요한 시점으로 판단한 그녀는 나딘 라이크와 상의하였다. 두 사람이 내린 결론은 전반부 출연자를 깜짝 놀랄 만한 인물로 선택하여 기자들이 공연 첫 날부터 중요한 화젯거리로 삼도록 만드는 것이었다. 두 여자는 파리 전역의 카바레를 돌면서 이 요구 조건에 부합하는 인물을 물색하였다. 그들의 눈에 포착된 한 사람이 드디어 등장한다. 세르주 레지아니. 시몬 시뇨레와 함께 영화 "황금 투구"에서 주연배우로서 명성을 떨치던 그가 이제 새로운 커리어를 찾아 나섰던 것이다. 그의 생각은 이러했다.

"왜 나라고 안 돼? 목소리 하나는 나도 자신 있어. 게다가 내가 이탈리아 사람이란 걸 모르시는 모양이군."

세르주 레지아니 (출처 : flickr.com)

마흔네 살의 나이에 영화배우에서 가수로 전향한다는 것은 쉬운 결정은 아니었다. 바르바라는 그에게 적극적으로 새 길로 가볼 것을 권유하였다. 그리고 틀림없이 성공할 것이며 자신이 직접 돕겠다는 뜻을 밝혔다.

보비노에서 레지아니는 전반부에 출연하여 뮤직홀의 신인임에도 불구하고 무대를 장악할 능력이 충분함을 보여주었다. 모험은 성공이었다. 언론은 앞을 다투어 그의 성공적인 데뷔를 반겼다. 다음 해인 1967년 그는 보비노에 다시 초청을 받는다. 그는 스타가 되어 있었다. 바르바라는 언제나 레지아니에게 이런 말을 했다고 한다.

"공연 중간 막간의 시간에 대기실로 돌아왔을 때, 당신이 머리에서부터 발끝까지 물에 빠졌다 나온 것처럼 땀으로 젖어있지 않으면 당신은 최선을 다하지 않은 것입니다."

아마도 자크 브렐이 이 충고를 바르바라에게 했을지도 모른다. 위대한 자크는 이미 무대 위에서 땀으로 목욕한 것처럼 보였다.

레지아니가 성공의 가도를 달리고 있지만 그에게는 고유한 레퍼토리가 없었다. 언론은 아직 이 문제를 지적하지 않았지만, 바르바라가 보기에 이것은 커다란 결함이었다. 그녀는 무스타키에게 레지아니를 소개하였다. 본격적으로 노래하기 전에 주로 다른 사람에게 곡을 만들어주던 무스타키는 노트르 담 근처 자신의 집으로 그를 불렀다. 서로 소문으로만 알고 있던 그들은 순식간에 친구가 된다. 레지아니는 세월의 풍파에 시달린 중년 여성을 주제로 한 노래를 만들어달라고 무스타키에게 부탁한다. 자신의 취향과는 상당히 동떨어진 요구이긴 했지만 그는 레지아니를 위해 피아프와 함께 보낸 세월을 추억하면서 노래를 만들었다.

> 내 침대 속에 있는 이 여자는
> 오래 전 이젠 더 스무 살이 아니지
> 모진 세월에 눈은 생기를 잃고
> 하루하루 싸구려 사랑 때문에

유명한 노래 〈사라〉는 이렇게 태어났다. 무스타키가 부르는 〈사라〉는 그의 따뜻한 목소리 때문에 감동적이지만, 레지아니가 부르는 〈사라〉는 그의 냉철한 음색 때문에 처절하다.

바르바라가 스타로 보비노의 무대에 서는 두 번째의 기회, 1966년 12월 13일 화요일부터 1967년 1월 9일 월요일까지 보비노의 주인공은 이미 예정된 대로 바르바라였다. 검정색 기다란 원피스 차림의 정장을 한 그녀가 막이 열리면서 무대 위에 모습을 드러냈다. 그녀와 함께 트리오를 이루는 아코디언의 조스 바젤리와 콘트라베이스의 미셸 고드리도 피에르

조르주 무스타키와 세르주 레지아니
(출처 : chansonfrancaise62-96.com)

가르뎅이 디자인한 검정색 스모킹의 옷차림으로 등장하였다. 바르바라는 아래와 같이 나열된 순서에 따라 모두 16곡을 노래하였는데, 이 가운데 9 곡이 신곡이었다. 〈너〉, 〈작은 칸타타 한 곡〉, 〈마담〉, 〈고독〉, 〈죽기 위해 죽어야 한다면〉, 〈생 타망 숲에서〉, 〈너를 사랑하기에〉, 〈아귀 같은 인간 들〉, 〈괴팅겐〉, 〈사진이 맞는다면〉, 〈한밤중에〉, 〈그 때마다〉, 〈피에르〉, 〈사람들이 많을 거예요〉, 〈나의 가장 아름다운 사랑 이야기〉, 〈삶의 고통〉.

잊지 못할 순간은 마지막 순서로 바르바라가 〈나의 가장 아름다운 사랑 이야기〉를 부를 때 찾아왔다. 클로드 드자크가 부탁했던 그 곡으로 바르바 라가 팬을 위한 사랑의 선언으로 만든 것이었다. 그녀는 피아노에서 일어 나 객석을 향해 걸어 나왔다. 천천히 아주 천천히. 손에 마이크를 들고 그 녀는 무대의 계단을 내려가 객석을 마주보고 섰다. 갑자기 실내는 쥐죽은 듯 조용해졌다. 바르바라는 피아노 곁을 떠난 적이 없었기 때문이었다. 얼 굴엔 흰색 분장을 한 채 꼼짝하지 않고 앞을 바라보는 그녀는 말 그대로 검 은 백조였다. 목이 길어 슬픈 새의 두 눈은 촉촉이 젖어있었다. 객석은 불 안감에 휩싸였다. 행복에 겨운 나머지 오히려 그녀는 연약하게 보였다. 노 래가 시작되자 모두 고전적인 사랑을 떠올렸다. 누구나 이상적인 한 연인 에 대한 한 여성의 사랑의 노래가 시작되었다고 여겼다. 그러나 마지막 절 에서 놀라움은 의심으로 변해갔다. 마음 속에서 서서히 촛불이 하나 둘 켜 지면서 사람들은 이해하기 시작하였다. 긴장은 점점 최고조에 이르고, 마 지막 구절이 바르바라의 감동적인 목소리에 실려 나왔다. 감격을 이기지 못한 팬들은 흐르는 눈물을 주체하지 못했다. 객석의 관중은 모두 일어났 다. 그들은 모두 자리를 떠나 앞줄 좌석이 있는 쪽으로 움직였다. 모두 두 팔을 바르바라에게 향해 있었다. 그녀 역시 그들에게 두 팔을 벌리고 맞을

객석을 향한 바르바라의 두 팔과 하늘을 향한 두 손 그녀만의 전형적인 사랑의 표현이다.
(출처 : larepubliquedeslivres.com)

준비를 하고 있었다. 그때까지 프랑스 샹송의 무대에서 전례가 없었던 일이 벌어진 것이다. 바르바라가 부른 이 사랑의 노래는 한 남자를 위한 것이 아니라 객석을 가득 매운 팬들에게 바치는 것이었다.

> 다시 떠오른다 할지라도
> 옛 사랑의 그림자가,
> 첫 만남의 그 시절이,
> 첫 아픔의 그때가,
> 그때, 난 겨우 열다섯,
> 티 없는 마음, 무릎엔 생채기.
> 진정 그것이, 내가 올되어
> 어린애의 순진한 사랑이었는지
> 미친 사랑에 뜯긴 상처인지 몰라도,
> 내가 기억하는 한
> 그 후로 "사랑해요"라고 말했더라도
> 나의 가장 아름다운 사랑 이야기, 그것은 당신.

3부 뮤직홀의 디바

맞아요, 현명하지 못한 나는
수많은 책장을 넘겨버렸지요
읽지도 않고, 맨 장에 자국도 남기지 않고,
맞아요, 난 현명하지 못했지요
오가다 만난 전사들은
보였나 싶으면 사라져버렸으니.
허나 스쳐 지난 그들 얼굴 안에,
이미 당신의 모습이 있었지요,
이미 마음까지 열고 있던 당신이,
난 다시 짐을 꾸려
나의 환영을 따라갔지요,
나의 가장 아름다운 사랑 이야기, 그것은 당신.

긴 여정은 나를, 당신께 인도하였지요
긴 여정을, 나는 다녔답니다, 광기어린 마음으로
12월 바람은, 내 목을 얼렸지만
12월이 대단한가요, 그것이 당신을 위한 것이라면?
그건 정말 긴 여정이나
난 이 여정을 마쳤지요
당신께 날 인도한 이 여정을,
나는 거짓말쟁이가 아닙니다
오늘 저녁, 당신께 맹세하더라도
당신을 위해, 무릎으로 기면서 여정을 마쳤노라고
진정으로 필요했던 것들은
몇몇 거짓 예언자들도 아니었고
내 목덜미 위의 겨울도 눈도 아니었지요,
참는 것이 싫어
마음의 불길을 잠재웠지요,
나의 가장 아름다운 사랑 이야기, 그것은 당신.

그렇지만 많은 겨울 그리고 가을
밤, 낮이 가도 아무도 없었지요,
당신은 한 번도 날 보러오지 않았지요.
당신에게 낙담한 나머지
난 갑자기 분노에 휩싸였지요
당신이 얼마나 필요했던지, 빌었지요,
악마가 당신을 잡아가라고!
다른 사람들이 내게 문을 열어주었지요,
행복에 겨워, 난 당신을 떠나 멀리 가버렸어요.
그래요 난 당신을 배반했어요
그래도 당신께 돌아왔잖아요,
나의 가장 아름다운 사랑 이야기, 그것은 당신.

눈물에 묻혀 울었지요, 얼마나 달콤하든가요
아 얼마나 달콤하든가요, 당신의 그 첫 미소는
당신에게서 온 눈물 때문에
난 사랑에 울었지요, 기억하시나요?

그것은 9월 어느 저녁이었지요,
당신이 와서 날 기다리고 있었지요
바로 여기에서, 기억하시나요?
미소 짓는 당신을 바라보면서,
말없이 사랑하는 당신을 바라보면서
바로 여기에서 난 갑자기 깨달았지요
이제 난 여행을 끝낸 것입니다
난 가방을 내려놓았지요,
당신이 날 만나러 온 것입니다.
남들이 뭐라고 하든 상관없습니다,
난 당신께 이 말을 꼭 하렵니다 :
오늘 저녁 난 당신을 당신께 감사드립니다.

남들이 뭐라고 하든 상관없습니다,
난 당신께 말하러 왔습니다,
나의 가장 아름다운 사랑 이야기, 그것은 바로 당신입니다.

그날 저녁 보비노로 몰려온 팬들은 전혀 예상하지 못한 선물을 가슴 가득히 받았다. 바르바라와 팬들이 함께 치르는 한 가지 중요한 의식이 처음 만들어졌는데, 일종의 종교적 제례의식처럼 되어버린 객석을 향한 그녀의 "사랑의 선언"은 그녀가 무대를 떠날 때까지 지속된다. 그녀를 찾는 팬들이라면 모두가 듣고 싶어 하고 듣기를 기대하는 이 신화적인 노래가 없는 바르바라의 콘서트는 생각할 수도 없게 된 것이다. 이 "사랑의 선언"은 자신이 몸담고 있는 샹송의 세계와 자신을 찾아주는 열성적인 팬을 향한 것으로 신화적인 차원으로 승화한 고통과 희생의 표현을 담고 있다. 그녀는 이렇게 묻는다. "그것은 9월 어느 저녁이었지요, 당신이 와서 날 기다리고 있었지요. 바로 여기에서, 기억하시나요?" 그날 저녁 보비노에서 그렇게도 애타게 기다렸던 이 만남이 이루어지면서 그녀의 방황은 종결을 고한 것이다. "오늘 저녁 난 당신을 당신께 감사드립니다." 이 말은 바르바라와 그녀의 열성적인 팬들을 영원히 묶어주는 맹세다.

그녀는 자서전에서 만원사례를 기록했던 지난 해 9월의 보비노 공연을, 다시 말해 "9월 어느 저녁"을 이렇게 회상하고 있다.

"나는 이해하지 못했습니다. 공연장을 나오면서 보았어요, 내가 그렇게도 경하해 마지않는 미셸 모르강, 로베르 이르슈가 울고 있더군요. 그 바람에 멈추어 서서 어쩔 줄 몰랐어요. 눈물 때문에. 그렇지만 미소 지으며 행복한 표정으로 나가는 사람들도 있었어요. 이렇게 하여 계속된 것이지요!"

    20여년이 지난 1987년 1월 19일 〈르 마탱〉과 가진 인터뷰에서 그녀는
이 노래를 이렇게 말했다.

    "이 노래 안에는 결코 어떤 선동적인 의도를 의심할 만한 것은 아무것도
없습니다. 언제나 날 찾아와주는 팬들에게 내가 해야 할 말을 할 필요가 있
을 뿐입니다. 나와 더불어 길을 나서주고 너무나도 충직하게 나를 찾아주
는 팬들께 나의 방식으로 감사의 인사를 전하는 것입니다."

    그녀가 선택한 길이 얼마나 멀고 험난했는지 그리고 얼마나 오랫동안 이
만남을 갈구해왔는지, 마침내 이루어진 이 사랑이 그래서 얼마나 소중한
지를 선언하는 노래다. 1990년 10월 30일 초겨울을 향해가는 저녁, 공영방
송 프랑스 퀼튀르에 출연한 그녀는 이렇게 말했다.

    "노래하는 여자로서 나의 삶에서 가장 아름다운 사랑 이야기, 그것은 언
제나 나를 사랑하는 팬들임은 의심할 여지가 없습니다. 나는 이 노래를 언
제나 내가 마지막 숨을 쉴 때까지 부
를 것입니다. 그렇지만 내가 사랑하
는 남자가 있어 그를 위해 사랑의 노
래를 만들었다고 합시다. 목숨이 다
하는 순간까지 그 사람을 위해 이 노
래를 부를 것 같지는 않습니다."

**"나의 가장 아름다운 사랑 이야기"가 실린 1967년 필립스의
음반** 바르바라의 걸작 가운데 하나로 꼽히는 상송
(출처 : priceminister.com)

제9장
올랭피아에 오르다

1967년은 수많은 기쁨을 맛본 해이기도 하였지만 그만큼 마음 아픈 일을 겪기도 한 해였다. 아코디언 연주자 조스 바젤리가 더 이상 바르바라의 반주를 맡을 수 없게 되었다. 미국 순회공연 길에 오르는 파타슈를 반주하게 된 것이다. 그로서는 미국이라는 광대한 무대에서 자신의 능력을 맘껏 발휘하고 싶었다. 실제로 그는 미국에서 아코디언 연주로 명성을 얻게 되는데, 그의 음반은 네 번이나 밀리언셀러를 기록하게 된다. 독점욕이 남달리 강한 바르바라는 이 사실을 용납할 수 없었다. 격렬한 언쟁을 벌이고 나서 두 사람은 결별하였다. 몇 년간 지속되어온 우정은 단 5분 만에 없던 일로 되었다. 그래도 바젤리는 젠틀맨이었다.

"아코디언 반주를 맡을 훌륭한 친구를 소개해주겠소."

젊은 롤랑 로마넬리가 기대치도 않게 바르바라의 아코디언 반주자가 된 과정은 이러했다. 당시 그의 나이는 스무 살이었고, 베르사이유에서 군대 생활을 막 마친 참이었다. 고향이 코트 다쥐르였지만 그는 파리에 정착해야겠다고 마음먹고 있었다. 아코디언을 제작하는 장인이면서 그에게는 두

번째 아버지나 다름없는 분이 그를 후
원해주었는데, 낮에는 주로 그 양아버
지의 가게에서 시간을 보냈다. 그는 이
미 아코디언 연주 분야의 대가들을 알
고 있었는데, 조스 바셀리도 이 가운데
한 사람이었다. 어쩌다 대가들이 연주
를 맡지 못할 상황이 되면 대타로 그가
출연하곤 했다. 이런 연유로 그는 콜레
트 르나르, 마르셀 물루지 또는 펠릭스
르클레르크의 반주를 맡기도 하였다.
그날도 가게에서 악기를 손보고 있는
데, 전화가 왔다.

롤랑 로마넬리 바르바라의 음악에서 매우 중요한 비중
을 차지하지만, 불행하게도 서로 헤어지고 만다. 자서전
"바르바라와 함께한 이십 년"에서 그는 여전히 그녀에게
따뜻한 시선을 보내고 있다. (출처 : Wikimedia.org)

"여보세요, 당신 롤랑 로마넬리죠? 바
르바라에요!"

그는 누가 농담하는 줄 알았다. 약관의 나이에, 바르바라나 브렐의 반주
를 맡는다는 건 꿈같은 일이었다. 그는 독학으로 아코디언을 시작했다. 본
격적인 연주를 시작하면서 그는 도전하는 콩쿠르마다 입상하였다. 젊은
나이에 이미 기술적으로나 음악적으로 준비가 되어 있었다. 현업에 종사
하는 아코디언 연주자들은 이 가게로 연락하면 그를 만날 수 있다는 걸 모
두 알고 있었다. 아코디언 연주자들의 세계에는 불문율처럼 지키는 일종
의 내규가 있었다. 대형 뮤직홀의 무대는 언제나 소위 대가들의 몫이었다.
사실 그는 자격 미달인 셈이었다. 그래서 그는 물었다.

"바르바라? 바르바라 누구라구요?"

전화선 저 쪽에서, 약간 짜증이 섞인 여자의 목소리가 빠르게 터져 나왔다.

"바르바라, 가수 말이에요! 이미 이야기 들어 알 텐데요? 조스 바젤리가 내게 말해주었어요. 다음 주에 나는 이탈리아로 떠나야 하고 조스는 같이 갈 수가 없어요. 같이 갈 생각 있어요?" 갑자기 멍해진 그는 다 기어들어가는 목소리로 대답했다.

"그럼요, 예."

다음 날 그는 바르바라를 만나러 몽마르트르로 달려갔다. 그녀는 텔레비전 녹화 중이었다.

그가 가슴에 아코디언을 끼고 허겁지겁 몽마르트르 언덕 위로 달려갔을 때, 바르바라는 피아노에 앉아 있었고 조명이 그녀를 강하게 비추고 있었다. 롤랑 로마넬리는 눈에 띄는 의자에 걸터앉아 그녀의 모습을 뚫어지게 쳐다보았다. 그녀가 그에게 가까이 오라고 신호를 보냈다. 그는 움직이지 않았다. 그러고는 그녀의 미소가 누굴 향하는지 보려고 고개를 돌렸다. 그의 뒤에는 아무도 없었다. 디바의 운전수 피에르가 그에게 다가와 어깨를 툭툭치는 순간 그는 소스라치게 놀랐다.

"당신에게 말하는 것이요!"

"설마 그러려고요. 내 얼굴도 모르는데." 그가 반문했다. 그래도 그는 가까이 다가갔다. 녹화 무대 위를 몇 걸음 걸으면서 그는 바로 쫓겨날지도 모른다고 생각했다. 바르바라는 그를 안심시켰다.

"걱정 마세요. 모든 게 잘 될 거예요. 저리로 가서 마리 세를 만나보세요. 모든 필요한 것들을 설명해줄 거예요. 우린 며칠 있으면 이탈리아로 가요."

다음 날 레뮈자 길의 아파트에서 그는 다시 바르바라를 만났다. 그녀는 그에게 최근 출시된 그녀의 음반들을 건넸다. 바젤리의 아코디언 연주를 특히 유념해서 잘 들어보라는 부탁도 덧붙였다. 다음 날 오후 1시에 만나 첫 연습을 하자는 약속을 하였다.

마리 셰는 한 해 전인 1966년 초부터 소피 마크노를 대신하여 바르바라의 비서로 일하고 있었다. "샹송의 화요일" 시절부터 같이 일한 소피 마크노와 바르바라 두 여자는 어느 날 격렬하게 다투었고 4년간의 협력과 우정은 5분 만에 끝나고 말았다. 마리 셰는 가수 안 실베스트르의 언니로 후일 소설가로 활동한다.

다 함께, 그들은 파리를 떠나 밀라노로 향했다. 그러나 11월 6일, 전화벨이 울렸다. 바르바라의 오빠 장이었다. 어머니 에스테르가 이 세상을 하직한 것이다. 베니스의 일정을 취소하고 그들은 파리로 돌아왔다. 슬픈 11월의 파리, 바르바라는 거의 혼수상태에 빠져 어머니와 마지막 이별을 하였다. 에스테르는 바뉴 묘지의 유대인 묘역에 먼저 간 슬라브계 유대인 친족들 옆에 잠들었다. 바르바라는 슬픔에서 헤어나질 못했다. 그녀는 레뮈자 길의 아파트를 떠나기로 결정하였다. 어머니의 추억이 너무나도 강하게 배어 있는 이곳에서 어머니의 빈자리를 바라보며 살아갈 용기가 없었다. 그녀는 이제 인생의 한 페이지를 넘겨야만 하였다. 어머니와 함께 지내던 레뮈자 길을 떠나며 그녀는 〈레뮈자〉를 남겼다.

당신은 날 두고 가지 않았습니다
당신이 떠난 그날
당신은 내 곁에 있었습니다
당신이 떠난 이후로도

그리고 단 하루도 지나는 적이
사실은, 단 한 시간도,
흐르는 시간 속에,
내 곁에 없었던 적이.

나는 레뮈자를 떠났습니다
당신이 떠난 이후로,
슬픈 곳이 되었지요, 레뮈자는
당신이 더 이상 있지 않은 이후로
그래서 나는 다시 꾸렸습니다 가방을,
안경을 그리고 노래를
난 문을 다시 걸어 잠갔습니다
당신의 이름을 중얼거리면서.

장화도 없이, 외투도 없이
그러나 어린애의 슬픔과 더불어
나는 고아로 남게 되었습니다
참 바보같이, 나이 마흔에
이상하게도, 한 번도 생각을 못했네요
열여덟 살 넘어
고아가 될 수 있다는 걸
어린애는 더 이상 아니면서.

어디에 있나요, 나의 방랑자,
어디에 있나요 지금?
방랑자의 영혼을 간직한 채
당신은 시간 속을 여행합니다
그러다 계절이 지나갈 때,
봄이 온 걸 알까요?
그렇게도 사랑하던 당신

연보랏빛 하얀색 라일락의 자태를.

당신의 여름이 꽃으로 꾸미기를
저 멀리, 당신의 나라에서
눈부신 향기를 뿜내는
미모사 꽃 한 송이가
당신의 겨울이 덮혀지기를
벽난로 옆에서
계절은 당신에게 온화하기를
당신은 얼마든지 누릴 수 있습니다

당신은 말했지요 "울지 마라
내가 더 이상 여기 있지 않을 날"
이제 당신을 위해 나는 노래합니다,
당신을 위해 계속할 겁니다
그러나 괴로울 때는,
오, 얼마나 내가 좋아했습니까
내 슬픔을 당신의 어깨 위에
머리를 당신 무릎팍에 두기를

당신은 날 두고 가지 않았습니다
당신이 떠난 이후로
당신은 날 고아로 만들었습니다
당신이 떠나던 날
이제 나는 고아입니다
당신이 날 두고 가버린 이후로…….

그녀는 레뮈자 길에서 멀지 않은 미켈 앙주 길로 이사하였다. 그러고는 올랭피아의 무대를 준비하려고 칩거에 들어갔다. 오랫동안 카퓌신 대로에 있는 프랑스 최고의 뮤직홀 올랭피아에서 바르바라는 일종의 "기피인물" (persona non grata)로 취급받았다. 유럽-1 방송의 편집국장 뤼시엥 모리스와 마찬가지로, 올랭피아의 주인 브뤼노 코카트릭스는 심각할 정도로 그녀에 대한 부정적 편견에 사로잡혀 있었다. 클로드 드자크의 말을 빌리면, 그는 바르바라를 아주 괴팍하고 우스꽝스러운 인물로 여기고 있었다. 올랭피아의 무대 위에 바르바라가 설 수 있게 된 것은 당시 뮤직홀의 운영을 책임지고 있던 코카트릭스의 조카 장 미셸 보리스가 강력하게 추천했기 때문이다. 그는 에클뤼즈에서 그녀를 처음 보았다고 했다.

"나는 숨어있는 재능, 새로운 인물들을 찾고자 파리의 카바레를 샅샅이 뒤지고 다녔어요. 처음 그녀를 에클뤼즈에서 본 순간, 정말이지 천둥 벼락을 맞은 것 같았어요. 난 그녀의 모습 그대로에 반하고 말았습니다. 그리고 보비노에서도 그녀가 노래하는 모습을 여러 번 보았지요. 정말 황홀한 경험이었어요. 그 이후 내 머리를 사로잡는 생각은 오직 하나뿐이었습니다. 바르바라를 올랭피아의 무대 위에서 노래하게 만들겠다! 이건 간단한 문제가 아니었습니다. 브뤼노 코카트릭스가 바르바라에 대하여 몹시 기분 나쁜 언사를 내뱉었고, 그녀는 그녀대로 여기에서 노래하는 걸 원치 않았어요."

뤼시엥 모리스는 달리다의 연인이었다 그는 유럽-1 방송의 음악편집국장으로 활동하면서 프랑스 상송의 많은 신성을 발굴하였다. 미셸 폴나레프도 그의 작품이다. 그는 41살에 권총으로 자살하였다. 한국에도 잘 알려진 폴나레프의 유명한 노래 "누가 할머니를 죽였나?"(Qui a tué grand-maman?)는 그에게 헌정된 것이다.
(출처 : cdandlp.com)

그렇지만 우여곡절 끝에, 1960년대 말에 이르면서 브뤼노 코카트릭스와 뤼시엥 모리스는 자신들의 판단이 잘못되었으며 편견에 사로잡혔음을 인정하게 되었다. 이에 대한 보상차원이었을까 아니면 자신들의 잘못에 대한 반성이었을까, 그들은 바르바라를 올랭피아로 초대하였다. 유럽-1 방송에서 제작하여 프랑스 전역에 방송하는 프로그램인 "뮈지코라마"(Musico-rama)에 바르바라를 출연시키고 이 프로그램 실황 제작을 올랭피아의 무대에서 진행하는 방식이었다. 그러나 이 두 사람은 바르바라를 1부의 보조출연자로 지명하였다. 승부사 기질이 강한 바르바라는 단호한 입장을 표명하였다. 그녀는 뤼시엥 모리스에게 말했다.

"출연을 원하는 건 사실이에요. 그러나 1부 보조출연을 원하지는 않아요. 이건 모 아니면 도에요."

승부사 기질이 농후한 뤼시엥 모리스 역시 잠시 놀라는 듯했으나 바르바라의 요구에 동의하였다. 바르바라에게 올랭피아의 무대는 공식적으로 프랑스 최고의 아티스트 가운데 한 사람으로 인정을 받는다는 의미도 있었지만, 더 중요한 것은 십여 년 전부터 자신을 따라다니는 왜곡된 이미지를 벗어날 수 있는 기회이기도 하였다. 그녀는 자신의 진정한 모습을 드러내고 싶었다. 올랭피아에서 진행된 "뮈지코라마"를 위해 준비한 프로그램에 그녀는 이렇게 쓰고 있다.

나는 샹송의 위대한 여인이 아니다.
나는 검은 튤립이 아니다.
나는 시인이 아니다.
나는 맹금(猛禽)이 아니다.

나는 아침부터 저녁까지 절망에 빠지는 사람이 아니다.
나는 악녀(惡女)가 아니다.
나는 죽음의 상징이 아니다.
나는 현학적이지 않다.
나는 여걸(女傑)이 아니다.
나는 노래하는 여자다.

바르바라의 이러한 소망에 부응하려고 조르주 무스타키는 〈갈색 머리의
여인〉을 일종의 맞춤 곡으로 발표하였다. 그는 바르바라와 듀엣으로 이 노
래를 부르기도 하였다.

키 큰 갈색 머리의 여인을 위해
나는 만들었네
환한 달빛 속에서 노래 한 곡을
후렴구 몇 개를

에클뤼즈 시절부터 그녀에게 고착된 신비의 이미지 속에 자신을 가두면
서 올랭피아까지 오게 되었지만, 이제는 이 미스터리의 장막을 거두어버
리고 싶어 하였다. 그러나 미스터리는 그녀의 마케팅에 오히려 도움이 되

바르바라와 무스타키 (출처 : lecoinzic.info)

었다. 공연 시작 나흘 전에 이미 이천 석이 넘는 좌석이 매진되었다. 그리고 1968년 1월 22일, 그녀는 드디어 올랭피아의 전설적인 무대 위에 올랐고 그녀 단독 공연의 형식으로 쇼는 진행되었다. 절망, 우울, 죽음, 팜므파탈, 지식인의 이미지에서 벗어나려는 듯 그녀는 파격적인 무대를 보여주었다. 관객은 압도되었고 비평가들은 매혹되었다. 편곡과 지휘를 맡으려고 새로 팀에 합류한 미셸 콜롱비에가 바르바라를 반주하는 뮤지션들을 직접 선택하였다. 아코디언에 롤랑 로마넬리, 콘트라베이스에 미셸 고드리, 오르간에 에디 루이스 그리고 색소폰과 클라리넷에 미셸 포르탈로서 당시 최고 클래스에 속하는 연주자들이었다. 미셸 콜롱비에는 후일 미국 할리우드로 건너가 영화음악의 거장이 된다. 그는 바르바라의 음악에 이런 의견을 개진하였다.

"당시에 그녀의 편곡자 가운데 한 사람이 말하기를, 바르바라의 음악은 균형이 제대로 잡혀있지 않다고 했습니다. 그녀는 내가 질서를 부여해주기를 원했지만, 난 이것을 거부했습니다. 그녀의 샹송들은 그 자체로 이미 완성되었고 내가 새로이 덧붙일 것이 없었습니다. 경우에 따라 한 박자가 넘거나 모자라거나 하는 것은 중요하지 않습니다. 바르바라의 작품은 그녀만의 고유한 것이고, 따라서 음악을 학문적인 입장에서 변모시키려 하는 점을 나는 찬성할 수 없었습니다. 단지 그녀의 작품을 소화하면 되는 것입니다."

미셸 콜롱비에 (출처 : imdb.com)

무대가 열리면서, 바르바라는 그녀가 데뷔하던 시절에 즐겨 부르던 레퍼토리에서, 프라크손, 뱅상 스코토, 펠릭스 마욜, 조르주 브라센스, 자크 브렐, 레오 페레를 차례로 꺼내어 불렀다. 중간 휴식 시간이 지나고 2부에 들어가면서 그녀는 자신의 노래만으로 레퍼토리를 꾸몄다. 〈낭트〉, 〈괴팅겐〉, 〈작은 칸타타 한 곡〉, 〈언제 돌아올 건가요?〉에 이어서 〈갈색 머리의 여인〉을 처음으로 무대 위에서 선보였다. 관객들은 모두 일어나 손뼉을 치고 발을 굴렀다. 모두 에디트 피아프가 환생한 것처럼 기뻐하며 울먹였다. 그녀는 올랭피아를, 올랭피아의 무대를, 올랭피아의 마음을 정복한 것이다.

무대 뒤에서 "브뤼노 아저씨"는 한 손에 부케를 들고 바르바라를 초조하게 기다리고 있었다. 꿈의 무대에서 아직 깨어나지 못한 그녀가 나타나자 꽃을 바치며 그녀를 안아주었다. 그러고는 말했다. 그녀가 원하기만 하면 올랭피아는 언제나 무대를 내어주겠노라고. 샤를레 마루아니는 이 순간을 놓치지 않았다. 즉석에서 1969년 2월 중에 올랭피아의 무대에 다시 오르기로 계약하였다. 그녀는 무스타키에게 매일 저녁 올랭피아에서 그녀와 함께 〈갈색 머리의 여인〉을 듀엣으로 부르자고 부탁하였다. 그는 수락하였다. 올랭피아 이후에 있을 순회공연의 일정에도 참가하겠다는 의사를 밝혔다.

1969년 2월 4일, 초연이 있는 저녁, 파리 문화계의 명사들은 모두가 바르바라를 만나려고 올랭피아로 모였다. 루이 아라공, 엘자 트리올레, 프랑수아즈 사강, 이브 생 로랑, 미셸 피콜리, 아다모, 클로드 누가로, 니콜레타, 지지 장매르, 미셸 뤼갱 등 파리의 전부가 옮겨왔다. 롤랑 로마넬리, 미셸 고드리, 미셸 포르탈과 미셸 콜롱비에의 오케스트라가 바르바라의 클래식과 그녀의 신곡을 연주하면서 드디어 막이 열렸다. 바르바라가 무대로 들어왔다. 초연은 유럽-1 방송의 전파를 타고 직접 중계되었다.

전반부는 바르바라 자신의 작품과 그녀가 특히 애호하는 샹송의 고전들로 채워져 있었다. 〈경의를 표하며〉, 〈전쟁 과부〉, 〈광장 위에서〉, 〈나의 어린 시절〉, 〈창녀들의 연가〉, 〈메리 크리스마스〉, 〈주인님의 친구들〉, 〈그녀는 케이크를 팔아요〉, 〈언제 돌아올 건가요?〉, 〈가르 드 리옹〉, 〈나팔 소리 들리네〉, 〈갈색 머리의 여인〉, 〈간단히〉, 〈밤의 여자〉 그리고 〈곱슬머리 사내〉를 노래했는데, 이 가운데 〈갈색 머리의 여인〉은 조르주 무스타키와 듀엣으로 불렀다. 무스타키는 바르바라를 위해 초연이 있던 2월 4일부터 2월 17일까지 모두 17회 공연에 출연하여 이 노래를 함께 불렀다. 중간 휴식 시간이 지난 다음, 샹송의 마법사는 자신이 가꾸는 비밀스러운 정원에서 가져온 보물들을 손에 들고서 후반부에 등장하였다. 바르바라가 노래로 만든 보물은 다음과 같았다. 〈너〉, 〈그날 아침〉, 〈(사랑하기) 때문에〉, 〈죽기 위해 죽어야 한다면〉, 〈건성으로〉, 〈더 이상 없어〉, 〈생 타망 숲에서〉, 〈사랑에 빠진 여인〉, 〈괴팅겐〉, 〈잠〉, 〈고독〉, 〈작은 칸타타 한 곡〉, 〈그럴 때마다〉, 〈검은 태양〉, 〈피에르〉, 〈사람들이 많을 거예요〉, 〈나의 가장 아름다운 사랑 이야기〉, 〈나의 남자들〉, 〈낭트〉 그리고 〈삶의 고통〉을 레퍼토리로 가져왔다.

다음 날 파리의 모든 신문은 모두 바르바라의 대성공을 축하하였다. 특히 르피가로의 반응은 감동 그 자체라고 할 수 있었다.

"초연이 있던 날 저녁, 바르바라는 '여기 있는 것이 너무나 행복해요'라고 말했다. 그리고 우리는 그녀에게 박수를 칠 수 있어서 행복했다. 어두

바르바라의 1969년 올랭피아 공연 그녀만의 유명한 포즈.
(출처 : gaymoods.de)

운 카바레를 전전하며 눈물 젖은 빵을 구걸하며 다닌 십오 년의 세월이 지난 다음, 진정한 의미에서, 그리고 당연히 그래야 할 영광을 피아노에 앉아서 노래하는 이 위대한 갈색 머리의 여인은 차지하였다. 서른 곡의 샹송을 가지고 펼친 리사이틀은 흠잡을 때 없이 그 구성이 훌륭하였다. 전반부에서 우리가 만난 것은, 우리가 모르던 바르바라, 유머러스할 뿐 아니라 웃기는 재주를 타고난 바르바라로서, 브라센스와 브렐 그리고 스코토의 텍스트를 가지고 우리를 즐겁게 해주었다. 바르바라의 성공작, 모든 사랑의 샹송들은 후반부를 장식하였다. 상처 입은 새의 모습으로 나지막하게 읊조리며 뜨겁게 속삭이며 벗겨내는 은밀한 고백을 여러분은 순수하고 아름다운 그녀의 샹송에서 엿볼 수 있다. 〈작은 칸타타 한 곡〉, 〈피에르〉, 〈낭트〉, 〈고독〉은 보물 중의 보물이다. 위대한 뮤직홀에서만 맛보는 이 즐거움!"

필립스에서는 공연 실황을 녹음하여 LP 두 장으로 이루어진 앨범 "올랭피아 69, 바르바라와 함께하는 저녁"을 출시하였다. 이 앨범 뒷면에는 클로드 드자크의 헌사가 이렇게 실려 있다.

"바르바라의 이름이 올랭피아의 현관 위에서 빛나고 있다.
그곳에는 리브 고슈도 리브 드루아트도 없다.
위대한 스타가 있을 뿐이다.
그녀가 데뷔 시절 부르던 샹송들,
삶에서 영감을 받아
그녀가 지금껏 살아오며 쓴 샹송들이,
차원 높은 가수의 힘을 빌려 우리에게 다가온다.
단순한 연기를 넘어서서
단순한 공연을 넘어서서
그것은 바르바라와 보내는 위대한 한 순간이다."

제10장
레옹과 레오니

1969년 2월 17일 월요일 저녁, 올랭피아의 마지막 공연이 대미를 장식하였다. 바르바라는 승리하였다. 객석의 팬들은 대부분 뮤직홀을 떠났고 이제는 오십여 명의 열성적인 추종자들이 남아 〈언제 돌아올 건가요?〉를 열창하고 있었다. 조명도 꺼진 지 이미 30여 분이 지나 홀은 이제 어두컴컴했다. 이때 닫혔던 커튼이 열리면서 바르바라가 나타났다. 모두 환호했다. 그녀는 마이크를 손에 들고 있었다. 아 무슨 노래를 더 들을 수 있을까? 바르바라의 빠르고 단속적인 말이 나오기 시작하면서 홀은 조용해졌다. 그녀의 말이 계속되면서 열성적인 팬들의 얼굴은 굳어지기 시작하였다.

"말씀을 드려야겠군요. 오늘 저녁이, 올랭피아에서건, 보비노에서건, 어디에서건, 제가 마지막으로 노래하는 것입니다. 이제 멈추어야겠어요. 이유를 말씀드리지요, 왜냐하면 여러분 덕분에. 왜냐하면 지금 이 자리까지 이르게 된 것이 여러분의 덕이니까요. 여러분을 위하여 그리고 여러분을 통해 지금 제가 여기에 있습니다. 십팔 년 전인가요, 아니 십칠 년 전인가요, 제가 시작했죠, 강력히 바라는 바가 있었어요. 사람들이 가끔 제게 어떻게 노래하기 시작했냐고 물어 볼 때면, 모르겠어요, 그냥 노래했어요. 그냥 이렇게 태어났다고 대답했죠. 그것은 제 천성이고, 종교이고, 유일한 존재 이유였어요. 진정으로 노래한 지도 얼마 되지 않았어요. 사람들이 "아니, 십칠 년이 넘도록 노래하지 않았느냐"고 물었죠. 그렇지 않아요. 단 한 번의 저녁나절밖에 걸리지 않았어요, 보비노에서 구월 어느 날 저녁이었지요. 모든 것이 다 터져버렸어요. 행복이었고 슬픔처럼 무겁기도 했어요. 그렇지만 저는 깨달았죠, 계속 존재하여 노래하는 여자가 될 것임을요. 제 생각에, 삶에는 놀라울 정도로 서로 유사한 세 가지 천직이 있답니다. 수녀, 창녀 그리고 제가 하는 직업 말입니다. 정말이에요, 저는 심각하게 생각해서 하는 말입니다. 저에게 눈부신 길이 열렸죠. 저는 순회공연을 떠났고 많은 사람을 만났습니다. 모두 그러더군요. 저를 만나는 데 십년이 걸렸다고. 이젠 행복하다고. 저는 이분들의 얼굴을 쳐다보았습니다. 그리고 그들을 위해 노래했습니다. 그리고 노래를 쓰기 시작했습니다. 그렇지만 계속해서 쓸 수 있을는지는 모르겠습니다. 사람들이 이 노래를 어떻게 썼느냐고 물었습니다. 간단합니다. 저는 제 삶을 가지고 노래를 씁니다. 제가 떠난다고 여러분께 말씀드릴 때, 그건 제가 이 천직을 그만둔다는 뜻이 아닙니다. 그건 공연을 그만두겠다는 뜻입니다. 왜냐하면, 저는 바로 제가 하고 싶어 하는 것을 해왔고 앞으로도 그렇게 할 것입니다. 모두가 여러분 덕입니다. 어쨌건 앞으로도 지금까지 그랬던 것처럼 하고 싶은 일만 하고 살게 될 겁니다."

그녀는 상기된 표정으로 아무도 예상치 못한 폭탄선언을 한 것이다. 이제 더는 공연을 하지 않겠다는 발표를 한 것이다. 1966년 영광의 최정점에서 은퇴를 선언하고 샹송의 세계를 떠나버린 브렐의 영향을 받은 것일까? 모든 사람이 충격을 받았고 특히 반주를 맡아온 그녀의 뮤지션들마저도 전혀 그 내막을 짐작조차 할 수 없었다. 그녀가 이제 막 스타의 휘장을 획득한 이 최고의 순간에 물러나겠다는 아무도 예상치 못한 결정을 한 것은 언론계에 폭풍을 몰고 왔고 다음 날 신문은 모두 "바르바라 아듀를 고하다"를 그 제호로 삼았다. 거센 후폭풍의 압력에 바르바라는 당시 프랑스 공영 방송이었던 TF-1의 정오 뉴스에 출연하여 다음과 같이 자신의 결정을 정당화해야만 했다.

"저는 공연을 그만두겠다고 말했지, 무대를 떠나겠다고 말한 것은 아닙니다. 다시 말해, 언제나, 해가 바뀔 때마다, 무슨 공무원처럼 정해진 대로 노래를 부르러 다시 나타나곤 하는 그런 끔찍한 생각을 완전히 포기한다는 뜻입니다. 노래하는 직업이란 모험이며 방랑자의 소명을 지니고 있는 것입니다. 무엇인가 새로운 것을 향해 나아가고픈 욕구가 있습니다."

바르바라의 친지들, 뮤지션들 역시 이 갑작스러운 발표에 놀라기는 마찬가지였다. 가끔 제대로 작품이 만들어지지 않거나 연주자들과 호흡이 맞지 않는 경우 노래를 그만두겠다는 일종의 협박성 발언을 그녀가 종종 한 적은 있었지만, 당시에 이 말을 믿는 사람은 아무도 없었다. 1969년 올랭피아 이후의 일정으로 이미 계약된 공연은 당연히 지켜질 것이다. 고별 공연의 형식이 되는 셈이리라.

바르바라의 은퇴 선언이 과연 즉흥적인가 아니면 심사숙고의 결과인가를 두고 많은 논쟁이 벌어진 것은 사실이다. 그녀의 비서 마리 셰의 생각은 이러했다.

"그녀가 이 선언을 할 무렵, 그녀는 진지하였다. 노래에 대한 권태, 아니면 내세울 것도 없는 노래에 대한 두려움이었을까? 그렇다고 자신을 추종하는 열정적인 팬들에게 나의 가장 아름다운 사랑은 바로 당신이란 노래만 던져놓고 막을 내려버리는 것으로 충분할 거라고 그녀는 여기는 것인가? 그런 식으로 은퇴하여 텃밭이나 가꾸고 뜨개질 하면서 그녀가 세월을 보낼 것인가? 그녀가 비록 다른 형태의 예술적 활동으로 뛰어든다고 해서, 그녀가 과연 무대를 향한 그리움을 떨쳐버릴 수 있을까? 이제 자신이 갈 길 그 끝에 도달하였다고 느끼는 것일까? 적어도 이번만은 그녀가 잘못 생각하는 것이다."

물론 많은 사람은 바르바라의 은퇴 선언이 브렐의 그것으로부터 영향을 받았다거나 혹은 둘 사이에 유사점이 있다고 말했다. 그렇지만 브렐의 경우는 달랐다. 그가 은퇴를 결심했을 때는 이미 무대 경력이 바르바라보다 훨씬 길고 체력적 소모도 몹시 심했다. 그는 거의 일 년 삼백육십오 일을 무대에서 무대로 옮겨가며 광적인 리듬으로 건강을 소진하였다. 노동 강도를 놓고 볼 때, 바르바라와 브렐을 같은 저울을 두고 비교할 수 없었다. 이 도시 저 도시를 그리고 이 나라 저 나라를 방랑자처럼 떠돌아다니면서, 보고 싶은 사람들도 마음대로 만나지 못하면서, 보고 싶은 것들도 제대로 보지 못하면서, 공연이 끝난 무대를 뒷문으로 빠져나올 때면, 그를 기다리고 있는 것은, 어깨 위에 축 늘어져 걸려있는 땀에 전 무대 의상, 새벽까지 혼자서 마셔대는 씁쓸한 맥주와 허공으로 내뿜는 담배

1961년 바르바라는 브렐의 노래를 녹음하였다.
(출처 : vinylmaniaque.com)

3부 뮤직홀의 디바

연기뿐이었다. 브렐은 권태와 무기력이 목까지 차올랐다. 그는 태양이 그리웠고, 배를 타고 멀리 아주 멀리 떠나고 싶었다. 그는 돈키호테를 자신이 이 세상에서 맡아야 할 배역으로 생각하였다. 그는 이를 수 없는 저 먼 별나라로 떠나려고 하였다.

브렐과 바르바라는 서로 자주 만나지는 못했으나 언제나 전화를 주고받았다. 서로가 상대방이 지금 어디에 있는지, 어디서 노래하고 있는지, 어떻게 지내고 있는지 항상 알고 있었다. 그들 사이에는 오래 전부터, 굳이 사랑의 이야기라고까지 표현하기가 모호하지만, 서로 언제나 끌리고 있음을 알고 있는 그런 관계가 있었다. 그것은 친구의 관계일 수도 있고 남매의 관계일 수도 있고, 오랜 연인의 관계일 수도 있었다. 둘은 데뷔 시절부터 이미 브뤼셀에서 서로 알았으나, 파리에서 다시 만나게 되었다. 거의 비슷한 리듬으로 진행되는 샹소니에의 삶은 그들을 떨어져 있게 하는 경우가 많았다. 가끔 어쩌다가, 프랑스나 혹은 다른 나라에서 우연히 같은 도시에서 순회공연을 가질 경우 서로 마주치기도 하였다. 그들은 심정적으로 결코 떨어져 있는 사이가 아니었다.

그녀는 브렐의 이야기를 거의 하지 않았다. 브렐이 살아있을 때나, 브렐이 이 세상을 떠난 후에도, 그녀는 그에 대한 그 어떤 질문에도 거부로 일관했다. "사랑을 설명할 수 없는 것처럼, 그에 대해서 아무런 말도 할 수 없어요." 한편, 브렐은 이렇게 말하곤 하였다. "오래 전부터, 이런 식으로, 둘이 조금은 서로 사랑하는 사이라고 할 수 있죠." 그들에게 분명한 것은 굳이 이유를 찾을 것 없이, 서로 "이런 식으로" 사랑하고 있다는 것이다. 어떤 운명의 장난이 한 몸으로 맺어져 있어야 했던 한 쌍을 영원히 갈라놓았다고 말하는 것이 그들의 관계를 설명하는 적확한 표현일지도 모른다. 그렇지만 바르바라는 브렐의 샹송에 등장하는 여인이 결코 아니며 브렐 역시 바르바라의 노래에서 그리고 있는 남자가 아니다. 그런데 이 두 사람은 그들의 삶의 한 부분을 공동 작업을 통해 함께 살아보기로 하였다. 그것은 바로 1971년 영화 〈프란츠〉를 통해서였다.

1971년 1월 1일, 이날 파리에는 눈이 내리고 있었다. 그들에게 쏠리는 눈길을 피하면서, 브렐과 바르바라는 머리

브렐이 쓰고 연출하고 연기한 영화 "프란츠"의 포스터
(출처 : francois.faurant.free.fr)

를 마주하고 점심을 들고 있었다. 그날도 예약한 식당의 테이블에 앉아마자 그는 바르바라에게 물어보지도 않고 일방적으로 메뉴까지 다 정해버렸다. 그들이 만나면 늘 이랬다. 아마 바르바라 같은 사람은 식당 안에서도 가만히 놓아두면 그냥 굶어 죽을 거라고 브렐은 늘 생각하는 것 같았다. 그는 식사 중에 끊임없이 떠들었다. 그러다 디저트가 나올 무렵, 갑자기 심각한 어조로 그녀에게 불쑥 말을 던졌다.

"같이 영화를 한 편 만들면 어때?"

바르바라는 터져 나오려는 웃음을 참으며 이렇게 말했다.

"내 코를 좀 보라고. 스크린에 구멍이라도 낼 것 같지 않아? 나에게 영화를 같이 하자고 제안할 사람은 이 세상에 없을 거야. 난 너무 못났어. 그냥

레옹과 레오니의 유명한 자전거 산책 (출처 : francois.faurant.free.fr)

사는 데는 지장이 없어. 하지만 스크린 위에서 적당히 감출 수는 없어."

대답이 총알같이 튀어나왔다.

"내가 널 필요로 하는 것은 바로 네가 못생겼기 때문이야."

더 이상 논쟁은 끝. 그는 계산서를 요구하였다.

밖으로 나온 그들은 차에 올라탔다. 브렐이 정해진 목적지도 없이 이리저리 차를 몰았다. 그는 바르바라에게 그가 만들 영화에 대해 이렇게 말하였다.

"왜 언제나 멋지게 생긴 남자와 예쁘게 생긴 여자의 러브스토리만을 만들어야 하는 거야? 난 못생긴 사람들의 사랑의 이야기도 보여주고 싶어. 내가 만들 〈프란츠〉는 그리 잘 나지도 못했고, 언제나 기약 없는 꿈만 쫓아다니는 두 남녀의 보잘 것 없는 사랑의 이야기야."

영화 〈프란츠〉는 환상적이고 낯설며, 브렐의 세계를 닮은 광기어린 영화다. 브렐은 자신의 환상, 상상, 꿈 그리고 추억이 어지럽게 방황하는 신비로운 공간을 창조하였다. (출처 : notrecinema.com)

〈프란츠〉는 두 낙오자, 레옹과 레오니의 만남이다. 우스꽝스럽고 좀스러운 인간들이 모여 사는 '태양의 기숙여관'에서 두 사람은 서로에게 새로운 변화와 신선한 충격을 선사한다. 짧은 순간, 도저히 가능할 것 같지도 않던 사랑이 두 사람을 구원한다. 그러나 그들은 이미 인생의 쓴맛을 보았듯이 이 사랑에서도 실패하고 만다. 파리로 돌아간 레오니는 남편을 다시 찾게 되고 레옹은 차가운 바닷물 속으로 걸어 들어가면서 죽음을 맞는다.

1972년 2월 2일, 〈프란츠〉는 파리 극장가에서 개봉되었다. 영화는 아름답고 감동적이었지만, 참으로 안타깝게도 성공을 거두지는 못했다. 작가주의적 향기가 강한 브렐의 이 영화는, 결국 괴상하고 어울리지도 않는 커플, 레옹과 레오니의 감동적이고 열정적인 초상을 후세에 남겨주는 것으로 그 모험을 끝내고 말았다.

1978년 10월 9일, 마르키즈 군도에 칩거하던 브렐은 겨우 마흔아홉 살의 젊은 나이에 마지막 항해를 떠나버렸다. 바르바라는 그가 떠나는 마지막 장면을 고통 속에 지켜보았고 이로부터 십이 년 동안 그녀는 죽음의 바다 위를 방랑하는 그를 바라만 보고 있었다. 1990년 모가도르 극장에서 그녀는, 바다를 건너 둔덕을 넘어 다른 세상의 하늘 아래에서 햇살을 즐기고 있을 브렐에게, 〈고갱〉이란 제목의 긴 편지를 보낸다.

> 히바호아 섬에 비가 오네
> 바람은, 기다란 녹색 나무 위에
> 황토색 젖은 모래를 던지네.
> 산호 하늘 위에 비가 오네
> 북쪽에서 건너온 비처럼
> 적황색 바위를 적시고
> 고갱의 청보라를 풀어놓네.
> 비가 오네.
> 마르키즈는 잿빛이 되어버렸네.
> 제피루스는 북쪽 바람,
> 그날 아침,
> 아직 잠들어 있던 그 섬 위에.
>
> 고갱, 그는 분명 놀랐을 터,
> 부드러운 눈길의 그의 여자들이
> 북해에서 건너옴직한
> 빗줄기 눈물을
> 쏟았을 때.
> 고갱, 그는 분명 놀랐을 터,
> 그리고 너는, 위대한 허나 지친 춤꾼처럼
> 그 어린 시절 너의 시선과 더불어.

안녕하세요, 고갱 씨.
조금만 들어가시죠.
난 멀리서 온 여행객입니다.
북해 안개에서 오는 길이라
햇볕 쬐며 자러 왔어요.
조금만 들어가시죠.

넌 알지,
내게 중요한 건
네가 떠나버렸다는 것이 아니야.
게다가, 넌 아주 떠나지도 않았어.
내게 중요한 건
네가 이제 더 노래하지 않는다는 것도 아니야.
게다가, 내겐, 너는 여전히 노래하고 있거든,
그러나 생각해봐 어느 날,
네가 사랑하던 바람이
너를 괴롭힐 수 있다는 걸,
생각해봐
이젠 다시
저 하늘도 저 바다도
항해하지 못할 것임을,
이젠 다시 하늘을
운하 위로 보지 못할 것임을.

그러나 누가 말할 수 있을까
너를 잘 아는 내가 아니면,
난 자신하지 오늘
고갱의 여자들의
가슴을 넌 애무하고
그리고 그는 암스테르담을 그린다고.

그대들은 함께 바라보네
라군 위로 해가 떠오르는 것을
그곳에선 흰 말들이 달리고
네 웃음소리가 나에게 다가오네,
폭포가 되어, 격류가 되어
바다를 가로 질러
하늘과 바람을
그리고 네 목소리는 여전히 노래하지.
고갱, 그는 분명히 놀랐을 터,
부드러운 눈길의 그의 여자들이
북해에서 건너옴 직한
빗줄기 눈물을 쏟았을 때.
고갱, 그는 분명히 놀랐을 터.

자주 난 너를 생각하지
모래언덕을 따라 걷다
북쪽을 가로질러
햇볕 쬐며 자러 가는 너를,
저기, 산호 하늘 아래
그건 너의 뜻.
잘 있어.
잘 자.
자주, 난 널 생각해.
레오니라고 서명할 게.
내가 누구인지 잘 아는 너,
잘 자…….

1990년 모가도르 공연 음반 '고갱'이라고 보일 듯 말 듯
조심스럽게 쓰여 있고 조심스럽게 커튼을 열면서 발을
내딛는 모습이다. 극히 내면적인 바르바라의 심리상태
를 잘 보여주고 있다. (출처 : deezer.com)

화가 고갱을 바르바라가 언급하고 있는 것은, 마르키즈 군도의 히바호아 섬에 있는 묘지에 브렐과 고갱, 두 사람이 나란히 묻혀있기 때문이다. 죽음을 통해 이웃이 되어버린 두 사람은 그 역할도 바꾼다. 브렐은 흰 말들이 뛰어놀고 육감적인 여인들의 나신을 그리고 있고, 고갱은 암스테르담을 그리고 있다. 브렐의 불멸의 샹송 〈암스테르담〉을 생각해보라. 영화 〈프란츠〉를 상기시키는 그녀의 이름 레오니가 마지막에 등장한다. 레오니가 레옹에게 보내는 편지로 바르바라는 브렐에 대한 그리움과 사랑

마르키즈 군도의 히바호아에 있는 브렐의 묘
(출처 : Wikipedia)

의 편린을 엿보게 한다. 레옹이 잠든 섬에는 오늘도 비가 내린다. 비는 그녀가 여전히 사랑하는 이를 잃은 슬픔에 잠겨있음을 암시한다. 1990년 모가도르 극장의 공연을 안내하는 프로그램에 바르바라는 이 노래를 두고 이렇게 적고 있다. "끝낼 수가 없었다. 어떤 샹송은 마지막 날 마지막 시간에 이르러서야 겨우 끝낼 수 있다. 알겠어, 너의 이야기를 하기가 이렇게 힘든 걸. 넌 웃겠지. 내 말은 네가 어렵다는 거야. 넌 관심도 없지, 따사로운 햇살 아래서. 사랑해……."

제11장
바르바라 최고의 히트곡

무대로부터 자신을 감추어버린 바르바라는 자신을 살라버리려는 듯 음악 작업에 몰두했다. 미켈 앙주 길에 자리한 그녀의 아파트 복층에는 미니 스튜디오가 만들어졌다. 안경을 쓰고 펜을 입에 문 채 피아노 앞에 앉아 그녀는 세월이 어떻게 지나가는지 의식조차 하지 못했다. 〈드루오 경매장〉, 〈가는 사람들〉을 비롯하여 모두 아홉 곡을 만들었다. 클로드 드자크는 한 곡을 더 원했다. 바르바라의 생각에도 새 앨범의 완성을 위해서는 전체를 아우르는 마지막 한 곡이 더 필요했다. 그녀는 서랍을 뒤져 오래 전부터 그녀가 베토벤의 〈월광 소나타〉처럼 연주하던 타이틀을 하나 끄집어냈다. 그것은 꽤 오래 전부터 그녀의 머릿속에서 맴돌던 멜로디였다. 그러나 그것은 좀처럼 그 모습을 구체적으로 드러내지 않았다. 게다가 노랫말을 붙이는 것은 고통스러웠다. 피아노 옆에 폐지가 쌓이면서 진통은 더욱 심해졌다. 롤랑 로마넬리는 때때로 그녀의 멜로디를 보완하려고 몇 가지 화음도 불어넣어 주었다. 필립스의 스튜디오에서 마지막 한 곡을 기다리고 있던 오케스트라 단원들과 미셸 콜롱비에게 바르바라의 카세트가 전달된 것은 녹음 마지막 순서가 되어서였다. 그녀의 운전사 피에르가 이 카세트를 들고 와서 미셸 콜롱비에에게 이렇게 말했다.

"이걸 가지고 대 히트를 만들어내야 합니다. 우리 사장님은 이게 절대적으로 필요하니까요."

미셸 콜롱비에는 편곡에 착수하였다. 그로서는 이 곡이 어떤 반응을 불러일으킬지 짐작할 수 없었다. 바르바라는 이 노래를 그녀의 조카, 여동생 레진의 네 살 난 딸 로랑스에게 헌정하였다. 앨범 "검은 독수리"와 같은 이름의 샹송 〈검은 독수리〉의 운명은 이렇게 시작되었다. 큰 기대를 하지 않았음에도 불구하고, 1970년 5월이 되면서 음반 판매의 증가세가 두드러지면서 앨범 전체가 전파를 타는 횟수가 급격히 증가하였다. 여름철에 들어서면서 샹송 〈검은 독수리〉는 히트 퍼레이드의 제일 높은 자리를 차지하게 되었다. 프랑스 전역에서 〈검은 독수리〉의 멜로디가 들렸다.

어느 눈부신 낮, 아마도 어느 밤,
한 호숫가에서, 난 잠이 들었어
그때 갑자기, 하늘을 뚫으려는 듯
알 수 없는 곳에서 날아와,
출몰하였지 검은 독수리 하나

천천히, 날개를 펴고,
천천히, 돌고 있는 그를 보았지
내 옆에서, 날개를 퍼덕거리다,
하늘에서 떨어진 것처럼,
그 새는 날아와 앉았네

그는 루비빛 눈을 하고

"검은 독수리"를 발표할 즈음 이 샹송을 통하여 바르바라는 다양한 계층의 애호가들을 확보하게 된다. (출처 : sidi-bel-abbes.forumalpes.com)

깃털은 밤처럼 검었어
이마에는, 수많은 불길이 밝히는 듯,
왕관을 쓴 그 새는
푸른 금강석이 달려있었지

부리를 가지고 내 뺨을 만졌어,
내 손 안으로 그의 목이 미끄러졌고
그제야 난 알아보았어,
과거로부터 출몰하여,
그는 내게 돌아왔어

새야, 나를 데리고 가렴
그 옛날의 나라로 돌아가자꾸나
그때처럼, 어린 시절 내 꿈으로
가서 따자꾸나, 떨리는 손으로,
저 별들을, 별들을

그때처럼, 어린 시절 내 꿈으로
그때처럼, 흰 구름 위에서
그때처럼, 해를 밝히고
비도 만들고
기적도 만들자
독수리는, 날개를 퍼덕거리다,
날아올라 하늘로 다시 돌아갔지

어느 눈부신 낮, 아마도 어느 밤,
한 호숫가에서, 난 잠이 들었어
그때 갑자기, 하늘을 뚫으려는 듯
알 수 없는 곳에서 날아와,
출몰하였지 검은 독수리 하나가

어느 눈부신 낮, 어느 밤,
한 호숫가에서, 잠이 들었어
그때 갑자기
알 수 없는 곳에서 날아와,
그는 출몰하였지, 그 검은 독수리는

어느 눈부신 낮, 어느 밤,
한 호숫가에서, 잠이 들었어
그때 갑자기
알 수 없는 곳에서 날아와,
출몰하였지 어떤 검은 독수리가…….

이 〈검은 독수리〉는 바르바라의 커리어에서 가장 중요한 비중을 차지하는 샹송 가운데 하나로, 상업적 성공을 거둔 그녀의 유일한 타이틀이기도 하다. 이러한 성공은 미셸 콜롱비에가 편곡을 하면서 록 심포니 스타일을 차용한 것에 힘입었다. 여기에 가사의 서정미와 웅혼함이 첨가되어 〈검은 독수리〉는 듣는 사람의 뇌리에 몽환적이고 불가사의한 이미지를 심어준다. 바르바라는 이 곡의 탄생을 자서전에서 이렇게 말한다.

"이 노래의 이야기는 실제로 내가 꿈에서 본 것입니다. 어느 날 꿈을 꾸었어요. 이 노래보다 훨씬 아름다운 꿈이었습니다. 새 한 마리가 계

검은 독수리 바르바라 (출처 : avcesar.com)

곡 주위를 날면서 천천히 내려가더군요. 색채감이 생생하게 살아있는 꿈을 정말 꾸게 된 것이지요. 그 다음 표범 두 마리가 꿈에 등장하더군요. 나에게 막 달려들려고 하였습니다. 이 독수리의 꿈이 있고 나서, 정말로 좋은 일들이 많이 닥쳤습니다."

노래의 탄생 배경과 가사의 깊은 상징성 때문에, 〈검은 독수리〉는 그녀가 먼저 발표한 〈낭트〉 그리고 〈한밤중에〉와 더불어, 바르바라가 감추고 있는 자신의 어린 시절의 비밀을 풀어줄 단초가 들어있는 삼부작으로 여겨졌다. 여기에서 독수리는 새들의 왕자라는 강한 상징성으로 아버지를 환기한다. 이 노래의 넷째 연에 보이는 구절은 〈낭트〉의 넷째 연에 나오는 구절과 어휘의 사용에 있어서나 그 내용에 있어 많은 유사성을 보여주면서, 둘 다 아버지의 형상을 환기하고 있다.

과거로부터 출몰하여,
그는 내게 돌아왔어 (〈검은 독수리〉)

이 방랑자, 이 행방불명자는,
마침내 내게 돌아온 것입니다 (〈낭트〉)

〈한밤중에〉의 다음 구절을 보면 이 유사성은 더욱 명확히 드러난다.

나에게 되돌아오는 자 넌 누구인가?
도대체 어떤 고통이 널 묶어두었는가?
나에게 되돌아오는 자 넌 누구인가?
내가 너에게 가기를 넌 바라는가?
그래야 한다면 난 여전히 가리니

노래에 나타나는 이 아버지는, 어린 시절 바르바라의 밤을 더욱 캄캄하게 만든 장본인이며, 어른이 된 바르바라가 고통 속에 밤을 새하얗게 새도록 만든 인물이다. 아버지가 바르바라에게 육체적으로나 정신적으로 어떤 상해를 입혔는지는 분명치 않으나, 그녀는 기자들의 질문에 늘 이런 식으로 대답하며 상해가 있었음을 암시하였다.

"난 이미 오래 전에 죽은 사람이에요. 그 옛날의 삶은 다 잃어버렸어요."

바르바라의 비서로서 지근거리에서 그녀를 보좌해온 마리 셰는, 위에서 말한 삼부작의 분석을 통해, 바르바라의 아버지가 바르바라에게 성적(性的) 상해를 가했을 것이라고 암시한 바가 있다. 사실 그녀의 자서전에는 이를 암시하는 다음과 같은 구절이 있다.

"나는 아버지가 점점 더 무서웠다. 그는 그것을 느꼈다. 그는 그것을 알았다. 나는 어머니가 정말로 필요했으나, 그녀에게 말하려면 어떻게 해야 할 것인가? 그리고 그녀에게 무엇을 말해야 하는가? 내가 보기에 아버지의 행동이 이상하다고? 나는 입을 다물었다. 어느 날 밤, 타르브에서 나의 세계는 공포의 나락으로 떨어졌다. 내 나이 열 살하고도 반 년이었다. 어린애들은 입을 다문다. 사람들이 그들의 말을 믿으려하지 않기 때문에. 없는 이야기를 꾸민다고 의심하기 때문에. 수치스럽고 자신이 잘못했다고 느끼기 때문에. 두렵기 때문에. 무서운 비밀

마리 셰 그녀의 심리적 내면 분석에 바르바라는 실제로 무척 화를 내었다고 한다. (출처 : babelio.com)

을 가슴에 담고 이 세상에 홀로 있다고 믿기 때문에."

아버지는 범죄자였다! 그러나 그녀는 아버지에 대한 이 기도 속에서, 아버지가 자신에게 가한 상해를 용서하고, 아버지가 져야 할 심정적 빚을 지우고, 그 옛날 황금과 같은 시절로, 상해의 충격이 없던 그 옛날로 돌아가고 싶은 기원을 동시에 노래하고 있다.

> 새야, 나를 데리고 가렴
> 그 옛날의 나라로 돌아가자꾸나
> 그때처럼, 어린 시절의 내 꿈으로. [...]
> 그때처럼, 흰 구름 위에서
> 그때처럼, 해를 밝히고
> 비도 만들고
> 기적도 만들자.

독수리는 날개를 퍼덕거리다 날아올라 하늘로 다시 돌아간다. 그녀를 땅 위에 두고 날아가는 독수리는 고통으로부터 해방이라는 이미지를 상징할 것이다. 마찬가지로 〈낭트〉의 그 방랑자도 그녀의 가슴 속에서 휴식을 찾게 된다.

> 그의 마지막 시간이 되어,
> 수많은 세월을 떠돈 후에,
> 그는 내 가슴 안으로 돌아왔습니다.

〈검은 독수리〉와 〈낭트〉에서 나타나는 바르바라의 기원, 즉 아버지와 화해하는 동시에 그의 죽음을 수용하려는 태도는 〈한밤중에〉에서도 다음과 같이 등장한다.

드디어 네가 잠들 수 있기 위해
드디어 네 가슴이 편히 쉬기 위해
죽기를 멈추어라
이미 닫힌 눈꺼풀 아래에서.

이 시점 이후 더 이상 아버지의 모티프는 그녀의 노래에 등장하지 않는다. 〈검은 독수리〉는 이제 바르바라와 동일시되어 그녀를 가장 특징적으로 보여주는 대표적인 곡이 되었는데, 그것은 마치 우리가 에디트 피아프를 말하면 〈사랑의 찬가〉를, 샤를르 트레네를 말하면 〈바다〉를, 조르주 브라센스를 말하면 〈오베르뉴 사람을 위한 노래〉를, 자크 브렐을 말하면 〈날 떠나지 마오〉를, 기 베아르를 말하면 〈샘물〉을, 그리고 조르주 무스타키를 말하면 〈떠돌이〉를 상기하는 것과 마찬가지다.

1972년 3월에 바르바라의 새 앨범 "사랑의 열매"가 나온다. "사랑의 열매"에 포함된 타이틀 가운데 하나인 〈비엔나〉가 다시 한 번 히트를 기록한다. 그녀의 아코디언 반주자인 롤랑 로마넬리에게 보내는 상상의 편지를 가정하여 만든 이 로맨틱한 노래는 바르바라의 작품집의 보석이라고 부를 만하다. 사실 두 사람은 이 노래가 만들어지기 전까지 한 번도 비엔나에 가 본적이 없었다. 둘 사이에는 겉으로 보이지 않게 밀고 당기는 사랑의 게임이 존재하였다. 어느 우울한 저녁나절, 그녀는 그에게 편지를 보낸다. 그는 이

〈비엔나〉를 취입할 즈음
(출처 : mybabou.com)

편지에 음악으로 답한다. 그녀는 그로부터 멀리 떠나와 자유롭게 비엔나의 거리를 산책하고 있다고 전한다. 그녀는 비엔나에서 홀가분하게 모든 걸 벗어던지고 자신이 행복하다고 느낀다. 그러나 마지막 절에서, 그녀는 갑자기 속마음을 털어놓는다. 외로움과 그리움을 고백하면서 사랑을 호소하는 것이다.

> 내가 편지를 쓰는 건, 오늘 저녁 비엔나로부터,
> 사랑하는 사람아,
> 당신이 와야 하기 때문이야
> 내가 떠났지요, 용서해줘요
> 우리의 하늘이 너무 무거웠어요
> 그러나 당신은, 파리에서 비엔나까지,
> 안 보이는 사슬 끝에서
> 날 감시하고 있었어, 내 생각에
> 아무 관심 없는 듯하지만
> 당신은 날 데리고 있었어, 나도 모르게
>
> 밤 열두시, 오늘 밤 비엔나에서는
> 내 사랑, 당신은 와야 해요
> 아시겠죠, 날 당신께 맡겨요
> 너무나 아름다워요, 가을은
> 당신과 더불어 이 계절을 살고 싶어요
> 정말 아름답네요, 비엔나는
> 당신과 함께
> 비엔나는...

외부와 접촉을 끊어버리고, 바르바라는 창작에 몰두한다. 격렬한 산고 끝에 같은 해 11월에 또 다른 새 앨범 "이루어질 수 없는 사랑"이 필립스에서 발매된다. 이 앨범 안에서 주목해야 할 타이틀로 〈레뮈자〉와 〈페르랭팽팽〉을 들 수 있다. 〈레뮈자〉는 어머니를 여읜 슬픔을 노래하였다. 광신주의자들과 근본주의자들이 저지르는 전쟁의 반인륜적 범죄를 고발하는 〈페르랭팽팽〉은 이때부터 언제나 그녀의 리사이틀에서 불리게 된다. 그녀의 레퍼토리에서 보기 힘든 분노의 노래 혹은 참여의 노래라고 할 수 있다. 음악은 타악기의 질풍노도와 같은 연주로 시작된다. 그녀는 마치 강박관념에 사로잡힌 사람처럼 끝없는 질문을 던진다. 전쟁을 일으키는 자들과 어린이들을 학살하는 자들을 향한 분노가 활활 타오른다. 이스라엘이 자행한 6일 전쟁이 이 노래의 소재로 사용되었다고 한다. 한편 노래 제목으로 쓰이는 말 "페르랭팽팽"은 바르바라가 유년 시절을 보낸 파리의 바티뇰 공원에서 어린아이들 사이에서 솜사탕을 가리킬 때 쓰인다고 한다.

누굴 위해, 어떻게, 언제 그리고 왜?
누굴 상대로, 어떻게, 무얼 상대로?
이젠 진저리나는 당신들의 폭력
당신들은 어디서 왔으며, 어디로 가는가?
당신들은 누구이고, 누굴 기도하는가?
제발 부탁하노니 입을 다물라
[...]
울고 있는 한 어린이는,
어디서 왔건,
우는 어린애라네
죽어 가는 한 어린이는
당신들의 총구에서
죽는 어린애라네
얼마나 추악한가 선택해야 한다면

두 어린애를 두고서
얼마나 추악한가 적으로 삼아야 한다면
어린 생명의 웃음소리를

바르바라가 유년시절을 보낸 바티뇰 공원 그녀의 이름을 딴 오솔길이 세워져 있다. 그녀가 기억하는 유
일한 유년시절이었다. (출처 : francois.faurant.free.fr)

제12장
파리를 떠나다

"나는 시골에 정착하였다. 나는 해가 뜨는 것을 본 적이 없었다. 아니면 잘못 보았거나. 사람들이 땅에다 씨를 하나 심으면 그 자리에서 꽃이 한 송이 자란다고 말하는 것을 들어보았지만, 그것을 나는 본 적이 없었다. 그래요, 조그만 회색 씨앗 하나를 땅에 심었는데, 이것 좀 보세요, 그것은 보랏빛이 되어 붉은빛이 되어 다시 나는군요. 이걸 나는 알지 못했다. 나는 울새가 어떤 것인지 알지 못했다. 그런데 파리에서 이른 아침 새들의 노래 소리가 얼마나 성가신지는 잘 아시잖아요?

여기는 오래된 농가인데, 이 동네 신부님이 사셨다. 바깥에서 보면 모든 게 닫혀있는 것 같지만, 사실은 안에서 보면 모든 게 열려있다. 작지만 매우 아름다운 정원도 있다. 자작나무, 보리수, 새들과 함께……. 이전에 파리에서 살았지만, 나는 모든 사람들이 두려웠다……. 그래서 문을 잠그고 숨어살았다. 그런데 이 시골에서는 나무들을, 씨앗들을, 꽃들을, 땅을 나는 바라본다. 이 모두를 배운 것이다."

1973년 봄, 롤랑 로마넬리는 마른느 강변의 한적한 마을 프레시 쉬르 마른느에 있는 오랜 집 한 채를 방문한다. 파리에서 동쪽으로 약 삼십 킬로

바르바라의 안식처 한국에도 잘 알려진 유명가수 이브 뒤테이가 2013년까지 이 동네의 시장이었다.
(출처 : francois.faurant.free.fr)

미터 정도 떨어져 있고, 중세풍의 소도시 모가 바로 근처에 있다. 실내 장식가인 주인은 이 집을 팔려고 내놓았다. 바르바라가 이 집의 매력에 굴복하고 말거라는 확신에 가득 찬 로마넬리는 그녀를 강권하다시피 하여 다시 프레시를 방문한다. 사실 그녀는 호텔에서 호텔로 전전하면서 여행용 가방을 언제나 열어놓고 사는 것 말고 다른 방식의 삶을 생각해보지 못했다. 프레시를 방문할 즈음만 하더라도 정착한다는 개념 자체도 없었고 그럴 의도도 없었다. 그녀는 언제나 가방을 꾸려 어디로든지 떠날 수 있기를 원했다. 로마넬리가 이 집을 처음 보았을 때, 그는 그녀 생각을 가장 먼저 하였고, 그녀가 이곳에서 진정으로 행복할 거라는 확신을 하게 되었다. 그녀는 파리에서 계속 머무를 작정이었으나, 이 집을 보면서 마음의 동요를 일으키기 시작하였다. 결국 그녀는 매니저 샤를레 마루아니에게 전화를 하였다.

"샤를레, 혹시 그 집을 살 수 있는지 알아봐줘요."

"불가능해요. 안 됐지만 자금이 모자라요."

그녀는 샤를레의 말을 언제나 액면 그대로 믿었다. 전화를 끊자마자 그는 그녀의 자금 상태를 검토해보았다. 그 동안 그녀의 지출을 철저히 관리한 덕분에 프레시의 집을 살만한 자금은 있었다. 그는 집주인의 신분을 확인하고 현장 답사를 하였다. 그는 구매 협상에 들어갔고 적절한 가격에 구입하였다. 한편, 자금이 모자란다는 말을 그대로 믿은 바르바라는 열심히 무대에 올라 집값 마련에 들어갔다. 어느 날 샤를레의 전화가 걸려왔다.

"바르바라, 당신 열쇠 찾으러 나한테 언제나 들를 거야?"

"내 열쇠라니, 아니 무슨 열쇠 말이에요?"

"벌써 잊어버렸어? 당신 집 열쇠."

1973년 여름, 그녀는 프레시에 안착한다. 그녀의 자서전은 이렇게 안착을 반기고 있다.

"프레시,

오! 프레시의 정원!

프레시,

오! 멜랑콜리로 가득 찬 너의 저녁은 사랑스러워라,

멜랑콜리,

정원

하늘이 활짝 열린,

정원.

여기 이 고독 이것은 무엇인가? 그것은 집중이요, 엄격함이요, 또한 광기에서 오는 것. 그러나 그것은 또한 에고이즘으로 가득 찬 괴물과 같은 것, 그것은 바로 나……. 그리고 동시에 그것은 놀라운 힘이다. 사람들은 홀로 사는 것이 자연스러울 때, 다른 사람들의 말을 더 잘 듣게 된다. 우리는 전원 속에, 은둔 속에 살면서, 우리는 더욱 귀를 기울인다. 우리는 모든 것을 들으려하고, 그만큼……. 정말로, 나는 잘 들린다."

언제나 성에 차지 않는 괴물처럼, 필립스는 1973년에도 여전히 바르바라에게 새로운 작품을 만들어 내라고 다그치기 일쑤였다. 그녀의 생애를 뒤돌아보면 그녀의 창작력이 최고의 정점을 찍을 때가 1970년에서 1972년 사이로 보인다. 프레시에 정착하기 전인 1972년 말 즈음, 그녀는 이미 아이디어의 고갈로 새로운 타이틀을 만드는 데 어려움을 겪고 있었고 특히 노랫말을 쓰는데 몹시 고통스러워하였다. 영감의 부족은 그녀를 괴롭히고 있었고 따라서 작사자의 도움이 절실히 필요했다. 그녀의 이러한 문제점이 음반 산업계에 조금씩 알려지게 되었다.

프레시의 바르바라 (출처 : skyrock.net)

프랑수아 베르테메르라는 이름의 한 젊은이가 소문을 타고 바르바라에게 연결되었다. 업계에서는 타고난 시인으로 칭송이 자자하였는데, 카바레 알카자르에 가면 분명히 만날 수 있다는 정보까지 전해졌다. 1972년 가을에 알카자르에서 바르바라와 프랑수아 베르테메르는 처음으로 만났다. 두 사람은 술잔을 기울이며 꽤 오랜 시간을 함께 보냈다. 그가 자동차로 바르바라를 집까지 데려다 주겠다고 하자, 그녀는 집에서 한 잔 더하자며 그를 초대했다. 사실 그는 바르바라의 〈낭트〉와 〈검은 독수리〉를 알고 있었지만 그 외의 곡들은 거의 들어본 적이 없었다. 밤이 새도록 두 사람은 피아노 앞에 같이 앉아 연주하고 대화를 나누었다. 바르바라가 자신의 레퍼토리에서 한 곡을 골라 연주하면, 프랑수아 베르테메르는 자신의 작품을 바르바라에게 소개하는 식이었다. 서로 통하고 끌리는 무엇인가가 있었다. 아침 9시경, 그들은 이른 시간 내에 다시 만날 것을 약속하고 헤어졌다. 바르바라는 그에게 우선 시험 삼아 한 곡을 써달라고 부탁하였다.

바르바라와는 정반대로, 프랑수아 베르테메르는 쉽고 편하게 쓰는 타입이었다. 한 번 영감을 받으면, 단번에 텍스트 하나를 써낼 수 있었다. 거의 대부분 일필휘지로 나오는 처음 글이 가장 좋았다. 덧붙일 것도 없었고 덜어낼 것도 없었다.

아홉 달을 바르바라와 베르테메르는 함께 보낸다. 그가 완성된 텍스트를 하나씩 그녀에게 넘겨주면, 그녀는 피아노에 앉아 여기에 멜로디를 붙여나갔다. 앨범은 조금씩 그 모습을 드러내기 시작하였다. 바르바라는 앨범에 "여왕 늑대"라는 이름을 붙였다. 이 앨범의 편곡은 스물여섯 살 난 젊은 작곡가 윌리암 셸레르가 담당하였다. 서정성과 록을 섞어 그녀의 노래에 모던한 빛깔을 첨가하려고 베르테메르가 특별히 초빙

프랑수아 베르테메르 (출처 : musicali.over-blog.com)

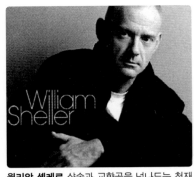
윌리엄 셀레르 상송과 교향곡을 넘나드는 천재
적 작곡가. (출처 : franceinter.com)

한 것이다. 그는 프레시의 집에서 반
년을 기거하면서 편곡 작업을 마쳤
다. 1973년 11월 22일 앨범이 출시
되었다. 베르테메르가 작사하고 바
르바라가 작곡하고 노래한 앨범으
로 10만 장이 넘게 팔리는 기염을 토
했다. 아마도 이 앨범에서 가장 대표
적인 곡을 뽑으라고 한다면 그것은
〈마리엔바드〉일 것이다.

우리 우상의 대저택 그곳 커다란 연못 위에는
크고 검은 백조 한 마리가, 목에 루비를 걸치고
물 위에 현란한 아라베스크를 그리고 있고
이무기돌은 그로테스크한 웃음으로 울고
해와 반암과 흑단으로 만든 아폴로 하나
떡갈나무 아래 앉아 피그말리온을 기다리네

나는 당신을 기억합니다
당신의 비취빛 눈을
저 멀리, 마리엔바드에서
저 멀리, 마리엔바드에서
그런데 당신은 어디 있나요
당신의 비취빛 눈도?
마리엔바드에서 그렇게 멀리
마리엔바드에서 그렇게 멀리

난 걸치고 있었지요, 그 시절, 적갈색 스톨라를
그건 햇빛 아래 노래하고 세월 속에 춤을 추었지요
당신에겐 잉카 달의 신 같은 면모가 있었어요
그 열정에, 그곳에, 그 시절에
순진한 처녀, 나는, 당신의 욕망의 바람결 따라
당신의 미궁 속에서, 오펠리아에 불과했지요

나는 당신을 기억합니다
그 오바드의 시절을
저 멀리, 마리엔바드에서
저 멀리, 마리엔바드에서
그런데 당신은 어디 있나요?
당신은 오바드를 부르고 있네요
마리엔바드에서 그렇게 멀리서
마리엔바드에서 너무나 멀리서

그건 무겁고 우울한 정원이 있던 대저택
그림자에 기생하는 에스프리에게는 안성맞춤
그곳에서 마녀들은 잔치를 벌이며 야단법석
얼마나 희한한 희생인가요, 이 시절에
난 야성적, 당신은 내가 애교스럽길 바랬지요
난 마녀, 당신은 멜뤼진느를 원했지요

난 당신을 기억하지요
당신의 아픈 한숨도
저 멀리, 마리엔바드에서
마리엔바드에서
그런데 당신은 어디 있나요,
당신의 비취빛 눈은 어디 있나요?
마리엔바드에서 그렇게 멀리

마리엔바드에서 너무나 멀리

조만간, 당신이 나를 부른다 해도
우리 운명의 교차로에서 잠시 말을 나누려고
난 변했어요, 알아두세요, 그러나 난 전과 같아요
세월이 나를 변덕스럽게 어지럽히기에
나는 간직하였지요, 옆에다, 그 적갈색 스톨라를
검정색 비단의 그 큰 장갑과 다이아몬드 반지를

난 당신을 벗어나지 못할 겁니다
그 커다란 비취빛 저택에서
당신의 미로 한 가운데서
저 멀리, 마리엔바드에서
우리는 여전히 춤을 추겠지요
남들이 보라고 광적으로
비취빛 당신의 눈을 응시하면서
저 멀리, 마리엔바드에서

비취빛 당신의 눈과 더불어
우리는 여전히 춤을 추겠지요

저 멀리, 마리엔바드에서
저 멀리, 마리엔바드에서

그런데 당신은 내게 돌아오나요?
비취빛 그 저택으로
마리엔바드로……

이 로맨틱한 노래도 이후 바르바라의 레퍼토리에 항상 자리하게 된다.

베르테메르는 신화라는 가장 고전적인 소재로 지극히 현대적인 이미지를 떠오르게 하는 텍스트를 만들었다. 검은 백조와 이무기돌, 물 위의 아라베스크와 그로테스크한 웃음, 그리고 아폴로와 피그말리온의 대립을 통하여, 그는 단번에 노래의 무대가 되는 마리엔바드의 대저택과 그 속의 인물들이 초현실적임을 보여준다. 주인공은 그 남자의 비취빛 눈을 기억하고 있다. 그러나 그는 마리엔바드에서 너무 먼 곳에 있다. 주인공은 그 남자가 만들어 놓은 미궁에 갇혀 있는 오펠리아에 지나지 않는다. 주인공의

영화 〈지난 해 마리엔바드〉 1961년 베니스 영화제에서 황금사자상을 받았다. (출처 : critikat.com)

귀에 오바드(aubade)가 들린다. 우리는 암시적 표현으로 오바드와 대립하는 세레나드(sérénade)를 떠올릴 수 있다. 새벽 노래가 들리는 것은 주인공이 지금은 마리엔바드에 없는 그 남자와 밤을 지새웠음을 뜻하는 것이 아닐까? 마리엔바드의 대저택은 이제 마녀들의 요란한 제례식이 벌어지는 곳이다. 토요일마다 다리가 뱀으로 변하는 중세의 전설적인 요정 멜뤼진느는, 해산한 여인을 수호하는 신이기도 하다. 언제일지 모르나 그들의 운명이 서로 교차하는 곳에서 잠시 만나게 될지라도 이제 주인공은 변했다. 그래도 변한 것을 보여주지는 않으리. 결코 그 남자의 미로를 벗어날 수 없으니.

프랑수아 베르트메르는 1961년에 개봉된 알랭 레네의 영화 〈지난 해 마

리엔바드에서〉와 이 영화 속의 주인공 델핀 세리그로부터 영감을 받았다고 말했다. 델핀 세리그는 이 영화에서, 한 남자가 지난 해 마리엔바드에서 자신과 관계를 가졌음을 주장하면서 납치하려는 한 여인의 역을 연기하고 있다. 영화의 몽환적이고 초현실적인 분위기 안에서, 로맨틱하면서 접근이 불가능한 여인의 분신으로 등장하는 델핀 세리그의 이미지는, 실제로 바르바라의 이미지와 혼동되면서 겹쳐진다.

커다란 성공을 거둔 앨범 "여왕 늑대"의 출시 이후, 바르바라는 마침내 그녀의 가장 아름다운 사랑 이야기, 즉 그녀를 기다리는 팬들과 재회하고 싶다는 소망을 내비친다. 샤를레 마루아니는 1974년 2월 14일부터 3월 3일까지 몽마르트르 대로에 있는 천 석 규모의 공연장 테아트르 데 바리에테를 예약하고, 바르바라는 무대 위로 다시 돌아오게 되었음을 알렸다.

"나는 무대 위에 서고 싶은 마음이 다시 생길 때까지 잠시 거리를 두고 있었을 뿐입니다. 나는 샹송의 모험가이지 공무원이 아닙니다. 모험을 할 때마다, 정열을 아낄 줄 알아야 합니다. 인생은 계속 사는 것이 아닙니다. 매번 새로이 다시 살아야 하는 것입니다."

롤랑 로마넬리의 반주에 맞추어 그녀는 스물일곱 곡을 불렀다. 여기에는 프랑수아 베르테메르가 작사한 노래들이 대부분 포함되어 있었고, 〈낭트〉와 〈삶의 고통〉을 그녀는 마지막 순서로 불렀다. 2월 12일 저녁에는 초대 손님들 앞에서 마지막 총 연습이 있었다. 프랑스 수아르는 2월 14일자에 "바르바라, 당신이 너무나 그리웠습니다, 마담"으로 큰 제목을 뽑았다. "그 어느 때보다도 환상적인 바르바라"는 프랑스 공산당 기관지 뤼마니테의 타이틀이었다. 심지어 누벨 리테레르는 최고의 바르바라라는 뜻으로

"바르바리심"(Barbarissime)이란 신조어까지 만들었다.

　1974년 6월 3일에서 4일로 넘어가는 밤, 테아트르 데 바리에테의 리사이틀이 끝나고 정확히 석 달 후에, 바르바라의 한 친구가 그녀에게 계속 전화를 걸었지만 통화 중 신호만 들렸다. 그녀가 최근 들어 심한 우울증에 빠져 있었고 극심한 피로를 호소한 것을 잘 아는 이 친구는 불안감을 감출 수 없었다. 그는 경찰에 신고한다. 신고를 받은 경찰은 새벽 5시 30분에 프레시의 저택 출입문 앞에 도착한다. 초인종을 눌렀지만 대답이 없었다. 두 경찰은 같은 길에 살고 있는 출입문 열쇠 한 벌을 소지한 가정부를 호출한다. 경찰은 검은 색 실내복 차림에 화장을 하고 두 팔을 십자가처럼 포개고 침대 위에 누워있는 바르바라를 발견한다. 머리맡 탁자 위에는 수면제가 일곱 통이 있었고 모두 비어 있었다. 의사와 함께 구급차가 도착하였다. 모병원의 응급실로 후송된 그녀는 극적으로 목숨을 건졌다. 사고인가 아니면 자살의 시도인가? 누구도 알 수 없었다. 당사자조차도 답을 하지 못하였다. 그녀는 수면제를 먹었는데도 이 사실을 잊고서 계속 수면제를 먹는 바람에 과다복용이 되어버렸다고 말했다. 주변에서는 헛소문이 돌기도 하였다. 심지어 그녀가 자신은 마흔다섯 살에 죽을 것임을 공공연히 말하고 다녔다고도 하였다. 이 모든 소문을 잠재우는 길은 바르바라의 타고난 유머 감각에 호소하는 수밖에 없었다. 1978년 그녀가 올랭피아 무대에 다시 서게 되었을 때, 〈불면증〉이란 샹송을 통해 삶의 사랑을 재확인하였다.

　　죽는 것 혹은 잠드는 것, 결코 같은 일이 아니지요,
　　그렇지만, 눈을 감고 눕는 것은 꼭 같군요,

어느 긴 밤, 나는 이 두 가지를 혼동하였고
하마터면, 아침에, 일어나지 못할 뻔하였지요.
그런데 침대 머리에서 파리 소방대원을 보았네요…….
[…]
만약 잠드는 것이 죽는 것이라면 그냥 불면증이 더 좋지요
천당에서 죽는 것보다 나는 차라리 지옥에서 살렵니다.

그러나 바르바라는 주기적으로 극심한 불면 증세를 보이곤 했다. 잠을 자지 않고 사흘씩 보내는 경우도 많았다. 프레시에서도, 레뮈자에서와 마찬가지로, 그녀는 밤에 활동하였다. 이 방 저 방을 계속 돌아다니고, 물건도 옮겨보았다가 가구의 배치도 바꾸기도 하고, 라디오를 켜기도 하였다. 고통스러운 불면을 이겨보려고 글을 써본다. 그러나 손에서 말이 나오지 않는다. 프레시의 고요한 밤이 오히려 그녀의 글쓰기를 더욱 어렵게 했다. 이와 관련하여 한 가지 흥미로운 사실은, 바르바라는 그녀가 발표한 작품의 4분의 3을 1973년 이전에 썼다. 1973년은 그녀가 프레시로 이사를 온 해이기도 하다. 1973년부터 1980년 사이에 그녀는 일곱 곡만을 녹음했을 뿐이다. 이런 갑작스러운 영감의 고갈을 어떻게 설명할 수 있을까? 그녀가 가장 왕성한 창작력을 보이던 시기에 함께 음악 작업을 한 소피 마크노는 그 이유를 이렇게 설명하였다.

"그녀는 편안한 상태에서 일을 할 수가 없었어요. 언제나 긴장 상태와 다급한 상황에 있어야 하거나 무언가에 쫓겨야만 했어요. 그녀는 같이 작업하는 동료에게 끊임없이 압력을 가해요. 이런 식으로 그녀는 많은 사람의 진을 빼놓는 것이죠. 자신을 재충전시킬 수 있는 그런 사람을 만나기는 거의 불가능했을 거예요. 그녀에겐 글을 쓴다는 것이 말 못할 극심한 고통이

었어요. 그러니 샹송을 낳는다는 건 두렵기 짝이 없는 일이었지요. 그녀는 피아노 주위를 날아다니는 파리와 같았어요. 끝없이 어휘를 바꾸고, 썼다가 지우는 것을 수천 번 반복하는 겁니다. 아마도 쓰다 버린 연습지를 늘어놓으면 몇 킬로미터는 될 거예요. 그녀에게는 누군가가 항상 개입해서 형태를 만들어줄 필요가 있었어요. 그녀의 문제는, 그녀가 일의 최종적 상태를 두려워한다는 점이에요. 무대 위에서도 마찬가지죠. 계속 흥얼거리면서 언제 끝나는지 몰라요. 녹음도 간단하지 않아요. 끊임없이 다시 하려고 하죠. 그녀의 노래에 유독 판본이 많은 것도 이 때문이죠. 이젠 녹음실에서 노래를 해야 하는 순간인데, 다시 생각을 고친 거지요."

롤랑 로마넬리와 더불어 바르바라는 1975년 1월 29일부터 3월 2일까지 보비노에 다시 돌아온다. "여전히 아름답고 정다운 옛 시절의 보비노"는 언제나 그녀를 반겨주었다. 1976년, 그녀는 노래를 부르지 않았다. 단 한 번의 공연도 없었고, 텔레비전 출연도 없었다. 프레시의 하늘 아래, 그녀는 홀로 방황하였다. 안개가 운하 위를 떠다니는 모습을 보면서, 장미꽃이 피고 지는 것을 보면서 그녀는 그냥 한 달, 두 달, 석 달을 보내기도 하였다. 1977년 3월, 어느 날 밤, 그녀는 울부짖음과 함께 방문을 심하게 긁는 소리에 잠을 깬다. 문을 열자 새끼 고양이 한 마리가 있었고 그 뒤로 불길이 따라오는 것이 보였다.

1975년 보비노 공연 바르바라와 롤랑 로마넬리.
(출처 : francois.faurant.free.fr)

집이 불타고 있었다. 연기로 가득 찬 아래층으로 내려갈 수 없음을 직감한 그녀는 고양이를 안고서 본채와 연결된 헛간의 문을 열고 피신한다. 네 개의 건물이 입 구(口)자 모양으로 연결되어 있는 집이었는데, 본채로 쓰이던 건물 하나가 거의 다 타버리고 나서 불은 꺼졌다. 부엌에서 전기합선으로 화재가 발생했던 것이다. 다행스럽게 침실과 피아노는 무사하였다. 집을 복구하는 동안 당분간 떠돌이 생활이 불가피했다. 샤를레 마루아니가 순회공연 일정을 마련했다. 순회공연이 끝나가면서 그녀를 그리워하는 팬들을 위한 선물이 만들어졌다. 1978년 2월 6일부터 2월 26일까지 그녀는 올랭피아의 무대에 오르기로 한 것이다. 스무 날 동안 올랭피아는 연일 매진을 알렸다. 프로모션을 전혀 하지 않았음은 물론이었다.

올랭피아 1978 오랜 침묵으로부터 귀환이었다. (출처 : music.fnac.com)

바르바라 평전

4부

바르바라의 전설

제13장
바르바라 전설을 쓰다

프레시는 안개로 가득 찬 정원이다. 바르바라의 몸과 마음은 땅 속으로 꺼져만 갔다. 자크 브렐이 마르키즈 군도를 떠나 파리로 비밀리에 들어와 보비니의 프랑코 뮈줄망 병원에 입원한다. 1978년 7월의 마지막 날들이 무겁게 지나가고 있었다. 친구로서, 연인으로서 그녀는 브렐의 곁을 지켰다. 병세가 호전될 가망은 거의 없었다. 1978년 10월 9일 브렐은 영원히 눈을 감는다. 그녀는 노래하지 않았다. 아니 노래를 하고픈 마음이 없었다. 아무런 말도 듣고 싶지 않았다. 프레시에는 누구도 오지 못하게 장막을 쳤다. 집 안에서 칩거에 들어간 그녀는 외부와 접촉을 단절하였다. 허공에 시선을 두고 홀로 고립되어 노래도 거의 하지 않으면서 이렇게 두 해가 흘러갔다.

앨범 "홀로" (출처 : cdandlp.com)

이 고통스러운 내적 성찰은 앨범 "홀로"를 낳게 하였다. 칠 년 전인 1974년에 내놓은 앨범 "여왕 늑대" 이후 처음 있는 일이다. 1980년 11월 11일에 그녀는 스튜디오 다부에 들어간다. 드디어 그녀는 평정심을 되찾았다. 자신과 화해한 것이다. 그녀가 보여주는 어두운 샹송에는 죽음, 고독, 분노, 광기 그리고 은둔이 맞물려 돌고 있었다. 그녀는 이제 쉰 살이 되었다. 쉰 살, 그녀는 자신의 길 끝에 와있다고 여겼다. 그녀의 목소리는 이제 수정처럼 영롱하지도 샘솟는 물처럼 투명하지도 않았다. 오히려 투박해졌고, 쓴 맛을 내고, 더욱 까칠해졌다. 할리우드에서 대성공을 거두고 돌아온 미셸 콜롱비에와 언제나 변함없는 롤랑 로마넬리와 더불어, 금을 세공하는 장인처럼 정신을 집중하고 손끝을 정교하게 움직이면서 그녀는 녹음 작업에 들어갔다. 그녀의 텍스트는 현기증을 불러오고 깊이를 알 수 없는 공포를 가져왔다. 그녀는 가볍고 맑은 어휘를 구사하던 그 옛날 카바레 시절의 노래하는 여자가 아니었다. 그녀는 인위적인 기교를 섞기도 하면서 의도적인 효과를 노리기도 하였다. 부서져버린 듯한 그녀의 목소리에 신시사이저가 만들어 내는 새로운 소리들이 더해지면서, 음색은 더욱 금속적인 맛을 내고 호흡은 더욱 깊어졌다. 그녀는 목소리의 허약함을 오히려 새로운 표현을 위하여 사용하는 것 같았다. 놀라운 것은 그녀의 팬들이 그녀의 목소리를 있는 그대로 받아들인다는 것이었다. 팬들은 그녀를 받아들였다. 그녀가 바르바라였기에.

오랜 산고를 거친 후 1981년 2월 10일에 나온 앨범 "홀로"에 대한 반응은 뜨거웠다. 바르바라의 팬들은 모처럼 그들에게 친숙한 그녀만의 세계를 가사에서 다시 찾을 수 있었다. 앨범은 새로이 열두 곡을 싣고 있었다. 고통스러운 세월을 보내서인지 그녀의 새 작품은 황혼의 향취를 풍긴다고 단정 지을 수는 없지만 무척 우울하고 어두웠다. 특히 첫머리에 등장하는 앨범과 같은 이름의 노래 〈홀로〉는 최소한의 단절적 문장을 찌르는 듯 반복하면서 그녀에게 다가오는 불안과 고통을 표현하고 있는 것 같다.

낮처럼,
밤처럼,
밤 다음 낮처럼,
비처럼,
재처럼,
추위처럼,
아무 것도 아닌 것처럼
흩어진 잔해처럼,
나는 부딪히고 부서진다…….
나는 홀로 있다.

그리고 그녀는 폴 베르렌느의 시구 "긴 흐느낌"을 연상케 하는 샹송 〈가을입니다〉의 첫 연에서 삶의 가을을 이렇게 노래하였다.

가을입니다 발소리도 없이
가을입니다 조심스러운 걸음으로
가을입니다 낙엽 밟는 소리에
자주색 금색 칠한 하늘 밑에,
벌거벗은 정원 위에
비칩니다, 투명하게,
가을의 녹슨 안개,
녹이 슬어
그대의 머릿결 숲
후추 향기

깊은 십일 월 우리의 밤 위에
가을입니다 기적같이
가을입니다 기적같이
가을입니다, 가을입니다.

1965년에 발표한 〈고독〉 이후 처음으로 바르바라는 죽음을 인간의 상징
적 형태로 재현하는 샹송 〈죽음〉을 발표한다. 그녀의 노래에서 1인칭 서
술 시점인 '나'가 사라져버린 매우 드문 경우이기도 하다. 죽음을 맞이한 남
자와 죽음의 여신이 만나는 장면은 에로틱하기까지 하다. 그녀의 목소리
가 쇠약해진 상태에서 불리는 이 노래는 서정성과 더불어 극적인 감동을
자아낸다.

커다란 침대 위에, 한 남자가 누워있어
그가 말하네 "그대를 기다리고 있었소,
나의 잔인한 여자여"
아무것도 움직이지 않는 방에서,
그녀는 장막을 친다
붉은 비단 방석 위에,
그녀는 외투를 벗어놓고
아내처럼 예쁜 그녀, 흰색 기다란 레이스 달린
드레스를 입고,
그녀는 그를 품에 안고, 그는 황홀한 듯

신기하게도, 비관과 허무가 다투며 서로 상승작용을 펼치는 이 디스크는
사람들의 거부 반응을 일으키기보다 오히려 열렬한 지지를 얻어내었다.
이 앨범은 백만 장 이상의 판매를 기록하여, 1981년도 프랑스 버라이어티
음반 판매 부문에서 최고의 히트를 기록하였다. 팬들의 이러한 환대에 고

무되어, 바르바라는 빠른 시일 안으로 무대에 오를 계획을 세운다. 앨범이 나온 지 한 달 남짓 지난 3월 10일, 〈뤼마니테〉와 가진 인터뷰에서 그녀는 이렇게 말하고 있다.

1981년 팡탱 리사이틀 실황 음반 서커스단의 천막을 개조하는 공사 현장에 상주하는 바르바라의 모습. (출처 : livres.rencontres.bardot.barbara.star.over-blog. com)

"대략 천팔백 석 규모의 공연장을 찾고 있어요. 그런데 못 찾았어요. 이미 제가 무대에 오른 바가 있는 보비노나 올랭피아를 제외하니까 더욱 선택의 여지가 없네요. 엘도라도도 생각해 보았지만, 너무 작고, 르 카지노 드 파리, 뮈튀알리테 등도 마음에 들지 않아요. 계속 찾아봐야죠."

그녀는 혁신적인 발상을 하였다. 공연장을 내가 필요한 대로 개조할 수 있으면 어떨까? 이미 만들어진 공간에서 언제나 내가 적응해야 할 이유는 없지 않은가? 파리의 순환도로를 타고서 프레시로 가는 길에 그녀는 우연히 팡탱 나들목 부근에서 서커스단의 커다란 천막을 보게 된다. 팡탱의 파리 경마장 한 쪽에는 겨울에만 서커스단에서 사용하는 대략 이천오백 석 규모의 천막이 서 있었다. 여기에서 공연을 한다! 모두 그녀의 아이디어를 정신 나간 짓으로 치부하였다. 그녀는 아랑곳하지 않았다.

그래, 그것은 '그녀의' 천막이 될 것이며, '그녀의' 팬들을 위해 '그녀의' 취향에 맞추어 꾸며지게 될 것이다! 그녀의 요구를 수용하려면 엄청난 작업이 필요하였다. 공연장 내부는 편안한 지정 좌석을 준비하고, 옷 보관소와 1930년대식 분위기의 멋진 스탠드바도 있어야 하고, 바닥은 아늑한 분위기의 편안한 공간을 만들려면 카펫과 검정색 비로드를 깔아야 한다. 무대는 앞뒤 폭을 넓혀 깊숙한 느낌을 주고, 전체적으로 객석 방향으로 약간 기울게 만든다. 무대의 색채는 전체적으로 검은색으로 통일하고 삼백 개의 등으로 조명한다. 그녀는 지금껏 그랬던 것처럼 단순히 노래만을 부르는 것이 아니라 전적으로 새로운 쇼를 보여주려고 하였다.

샤를레 마루아니는 바르바라가 생각을 바꾸도록 설득에 나섰다. 올랭피아보다 그리 크지도 않으면서 형편없는 상태에 있는 이 공간을 리모델링하는데 이 막대한 비용을 지출하다니 그로서는 이해할 수 없는 일이었다. 게다가 이 천막을 찾아오는 것도 보통 어려운 일이 아니었다. 이곳 순환도로 옆으로 올 수 있는 대중교통은 전무했다. 게다가 경마장의 진흙투성이 길을 얼마나 걸어야 할지 모른다. 거의 전례가 없는 모험이고 그 위험은 계산할 수 없었다. 그러나 마지막 결정은 그녀의 몫이었다. 바르바라는, 팡탱에서, 이 천막 아래에서, 1981년 10월 28일부터 공연에 들어간다. 수백만 프랑을 투자하여 서커스단 천막은 공연장으로 변신했다.

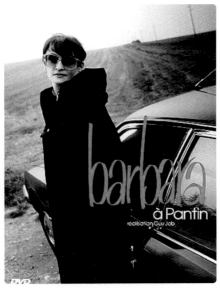

팡탱 공연을 녹화한 DVD 바르바라 뒤로 공사장 주변의 황량한 벌판이 보인다. (출처 : mybabou.cowblog.fr)

공연장 공사가 진행되는 동안, 결전의 장으로 들어가는 길고 긴 연습이 프레시에서 시작되었다. 바르바라와 롤랑 로마넬리는 무대에서 부를 샹송들을 구성해보았다. 일단 스물다섯 곡을 본 프

바르바라 평전

로그램에 올리고, 앙코르 송을 감안하여 모두 삼십 여곡이 되도록 짜보았다. 〈피에르〉, 〈괴팅겐〉, 〈삶의 고통〉, 〈나의 가장 아름다운 사랑 이야기〉, 그리고 〈검은 독수리〉와 같은 클래식에 〈홀로〉, 〈죽음〉, 〈프라크손〉과 같이 가장 최근 앨범에서 선택한 타이틀을 추가하였다. 천막의 변신이 거의 끝나갈 무렵, 바르바라는 팡탱으로 옮겨왔다. 그녀는 소리와 조명을 수없이 테스트하고, 무대를 하루에 수십 번씩 오르락내리락 하였다. 그녀는 천막 옆에다 여행용 카라반 두 대를 가져다 놓았다. 공연에 필요한 모든 소도구, 의상이 카라반 한 대에 있었고, 나머지 한 대는 그녀의 거주 공간이 되었다. 이제 공연장과 프레시를 왕복할 시간적 체력적 여유가 없었다.

연습이 막바지에 이르면서 바르바라의 신경은 무서울 정도로 날카로워졌다. 과연 '그들'이 올 것인가? 진정으로 '그들'이 나를 사랑하는 것일까? 10월 28일 저녁, 기적은 일어났다. '그들'이 있었다. 그녀를 보고 싶어 하는 열화 같은 관중이 몰려온 것이다. 공연장으로 변신한 거대한 천막 안에 '그들'은 입추의 여지도 없이 모여들어 손뼉을 치고 노래하며 그녀가 등장하기를 기다리고 있었다. 찾아오기 힘들 정도로 먼 길을 마다하지 않고, 안개비 흩뿌리는 늦가을 파리의 날씨에도 모두 즐겁고 행복한 얼굴이었다. 바르바라의 목소리에는 피로에 젖어 생기를 잃었고 쇠약해진 기색이 역력했다. 그래도 '그들'은 열기를 내뿜고 사랑을 서로 나누고 있었다.

롤랑 로마넬리가 말하기를, 어느 날 밤에는 바르바라의 목소리가 완전히 가라앉아 도저히 노래를 할 수 없는 지경이었다. 무대의 커튼 뒤에서, 숄을 목에 두른 채, 그녀는 팬들의 함성을 들으며 흔들의자에 앉아 있었다. 그녀는 깊은 고민에 빠졌다. '그들'의 외침은 이제 무대 안까지 도달하였다.

어떻게 할 것인가? 공연을 취소하나? 그러면 폭동이 일어날 것이다! 커튼이 열리고 그녀가 무대에 나타났다. 그녀는 목소리에 문제가 있음을 설명하고 공연 취소가 불가피함을 말하려고 하였다. 그런데 이게 무슨 일인가? 객석 전체가 그녀 대신 노래하기 시작하였다. 그녀가 노래 첫 마디를 시작하면 '그들'이 모두 노래하였다. 공연장을 가득 채운 '그들'은 깊은 감동에 모두 눈물을 흘렸다. 공연이 끝날 때까지 두 시간 내내 모두 울었다. 우리에게 그렇게도 눈물이 많았는지 모두 몰랐다.

　팡탱의 이 천막 공연은 11월 22일 마지막 회까지 연일 매진을 기록하였다. '그들'과 함께 나누어온 사랑, 열정, 감동이 이제 그 최고봉에 달해 재도 남기지 않고 불살라지려는 마지막 공연. 막이 열리면서 들어오는 바르바라. 오늘 밤 그녀의 손에는 종이 한 장이 쥐어져 있었다. 안경을 고쳐 쓴 그녀는 '그들'에게 사랑의 샹송 〈팡탱〉을 바친다.

　　팡탱은 푸름, 팡탱은 아름다움,
　　팡탱은 11월 겨울의 문턱…….
　　팡탱은 광기 팡탱은 배
　　별빛 그대 가슴의 끝자락에
　　그대는 태양을 심었네
　　팡탱은 희망 팡탱은 행복
　　오, 그대는 내게 무엇을 만들었나
　　팡탱은 웃는구나 팡탱은 우는구나
　　팡탱이여 우리 다시 시작하리라…….

마지막 공연이 그 마지막에 이르렀다. 밤은 깊었다. 그녀는 이제 커튼을 닫으려고 하였다. 그러나 '그들'이 자리를 뜰 줄 모르고 박수를 치고 함성

열광하는 팬들 팡탱 81은 대성공이었다. **팡탱 81의 무대** 흔들의자에 앉아있는 바르바라. 팡탱 81의
(출처 : mybabou.cowblog.fr) 새로운 모습이었다. (출처 : mybabou.cowblog.fr)

을 지르고 있는데 어떻게 천막을 떠날 수 있는가? 앙코르에 응한 지 벌써
45분이 넘었다. 드문 일이었다. 젖은 솜처럼 지친 그녀는 겨우 카라반으로
돌아왔다. 한 20여 분 지났을까, 샤를레 마루아니가 그녀를 찾아왔다. 그
는 걱정스러운 듯이 말했다.

"아무래도 잠깐 나와 봐야겠어요, 바르바라."

카라반 문을 나서자 '그들'이 아직도 천막 안에서 노래하는 소리가 그녀
에게 들렸다. 그녀는 다시 무대로 올라갔다. 그러고는 함께 〈검은 독수리〉
를 불렀다. 그녀는 두 팔을 벌려 환호하는 '그들'을 가슴 깊이 안아준다는
제스처를 보냈다. 이 순간 조명의 귀재 자크 루베롤리는 검은 커튼 위로 레
이저 빔을 쏘았다. 다음과 같은 글귀가 빨갛게 빛났다.

"나의 가장 아름다운 사랑 이야기, 그것은 당신."

1981년 팡탱은 프랑스 쇼비즈의 전설로 남게 되었다. 이 전설적인 공연

실황이 기적적으로 전해진다. 공연 실황을 영상으로 제작하는데 탁월한 능력을 발휘해온 기 좁은 천신만고 끝에 바르바라 측과 촬영 계약을 맺는다. 바르바라가 내세운 조건은 다음과 같았다. 사흘 동안 여덟 대의 카메라를 동원한다. 촬영진은 모두 예외 없이 검은 복장을 하고 객석에서 촬영 중인 사실을 알지 못하도록 한다. 그 어떤 추가적인 조명을 사용하지 않는다. 촬영한 테이프를 편집하는 과정에 바르바라가 참여한다. 모든 최종 판단은 바르바라가 한다. 따라서 그녀가 원하지 않는 부분은 모두 폐기한다.

"내 마음에 안 들면 모두 버린다." 바르바라의 철두철미한 완벽주의로 몽타주에만 여섯 달이 걸렸다. 편집 진영은 밤낮을 가리지 않고 작업에 몰두하였다. 바르바라는 이 편집 과정에서 훌륭한 조력자를 만나게 된다. 베아트리스 드 누아이양은 당시 편집진의 스크립트로 일하고 있었다. 그녀는 바르바라가 사망할 때까지 십오 년을 총명하고 신중한 비서로서 바르바라를 가장 가까이에서 보좌하게 된다.

실황 영화 〈팡탱에서 바르바라〉가 완성되었다. 1982년 11월 5일 저녁 8시 35분, 프랑스 공영 1방송 TF1의 전파를 타고 이 작품은 프랑스 전역에 방영되었다. 애초 TF1측은 1, 2부로 나누어서 이틀간에 걸쳐 방영할 생각이었다. 바르바라는 격렬하게 화를 내었다.

"이것은 미국 연속극 댈러스가 아니에요. 1, 2부로 나누는 것은 내 몸에서 팔을 하나 떼어내는 것과 마찬가지입니다. 그대로 방영하든지 아니면 하지 말든지 선택하세요."

결국 저녁 8시 메인 뉴스가 끝나면서 황금시간대에 이 작품은 90분간 방영되었다.

1981년 그 해, 팡탱의 역사적인 축제가 있기 여섯 달 전에, 프랑스 역사의 물줄기를 바꾸는 중대한 사건이 있었다. 5월 10일 프랑수아 미테랑이 공화국 대통령으로 선출된 것이다. 팡탱의 무대에서 바르바라는 〈바라보라〉라는 샹송을 부른다. 프랑스 언론은 즉시 이 사실을 전하면서, 이 샹송을 프랑수아 미테랑에 대한 지지선언이요 나아가 프랑스 사회당 전체에 대한 지지선언으로 간주하였다. 바르바라가 정치적 인물로 부상하는 것은 시간문제일 수도 있었다. 이 샹송에 얽힌 이야기는 다음과 같다. 5월 10일 바르바라는 파리에 머물고 있다가 프레시로 돌아가려는 참이었다. 그녀의 차가 바스티유 광장 근처를 지나가고 있었다. 그때 마침 방송국 출구조사 결과가 발표되었고 프랑수아 미테랑이 새 대통령으로 선출된 순간이었다. 광장은 순식간에 젊은이들로 넘쳤다. 레퓌블릭 광장에서 밀려온 인파까지 합세하였다. 자동차의 경적 소리가 혼을 앗아갈 지경이었다. 사람들은 노래하고 춤을 추었다. 밤이 다가오면서 인파는 더욱 불어났다. 대형 삼색기를 흔들면서 모두 승리를 만끽했다. 제5 공화국 최초로 좌파 대통령이 탄생하였다. 바르바라는 바스티유 광장의 감동적인 장면에 큰 충격을 받는다. 그녀는 〈바라보라〉를 쓰면서 사회당과 그 후보가 제시하는 정책보다는 프랑수아 미테랑이란 한 남자에게 더 큰 기대감을 표시하였다.

한 남자,
손에 장미 한 송이를 들고,
길을 열었다
또 다른 내일을 향해

팡탱 공연의 첫 날, 미테랑 대통령이 천막을 찾았다. 〈바라보라〉를 부른 다음 바르바라는 대통령에게 장미 꽃 한 송이를 바쳤다. 장미꽃은 프랑스 사회당의 상징이기도 하지만 바르바라 자신을 상징하기도 하였다.

1986년 프랑수아 미테랑 대통령을 만나는 바르바라
(출처 : francois.fautrant.free.fr)

제14장
무섭다 그러나 나아간다

1981년 11월 22일, 바르바라는 팡탱의 무대를 떠난다. 팡탱은 이제 모두에게 전설이 되었다. 이후 그녀는 사 년이 넘도록 긴 침묵과 은둔에 들어간다. 그녀를 둘러싼 이너 서클의 극소수를 제외하고는, 그녀가 무엇을 하며 지내는지 알 수 있는 사람은 아무도 없었다. 그녀가 병고에 시달린다는 소문도 돌았다. 심지어 입원했다는 보도까지 나돌면서 병원 이름이 구체적으로 거명되는 경우도 있었다.

그런 그녀가 사년 여의 칩거를 끝내고 1986년 1월 21일 드디어 돌아왔다. 팡탱을 떠나며 "팡탱, 다시 시작하리라."라고 외친 그 약속을 지킨 것이다. 이번에는 팡탱의 천막이 아니라 바로 그 천막 가까이에 새로 건설된 초현대식 공연장 르 제니트로 새 작품을 가지고 돌아온 것이다. 1월 21일부터 한 달 동안 쉬는 날 없이 이어지게 될 공연은, 일상적으로 보아왔던 단독 리사이틀의 형식 아니라 전혀 새로운 스타일의 뮤지컬 드라마였다. 이 뮤지컬에는 두 인물이 등장한다. 바르바라의 분신이라 할 수 있는 릴리 파시옹, 그녀는 가수다. 그리고 등장하는 또 한 사람은 그녀의 파트너 다비드, 금발의 이 남자는 킬러다. 바르바라가 릴리 파시옹을, 프랑스 최고의

"릴리 파시옹"의 실황 녹음 음반 (출처 : nosenchanteurs.eu)

배우 제라르 드파르디외가 다비드를 연기한다.

바르바라와 제라르 드파르디외가 처음 만난 것은 팡탱의 공연이 끝나는 날이었다. 뒤풀이를 겸해서 가진 조촐한 파티에서 우연히 같은 테이블에 앉게 되었다. 당시 이미 세계적인 톱스타로 부상한 제라르 드파르디외이지만 바르바라는 실제 그가 출연한 영화를 한 편도 본 적이 없었다. 이 사실이 미안했던지 그녀는 자신이 오래 전부터 마음 속에 담아두었던 프로젝트의 일면을 그에게 살짝 보여주었다.

"아직 구체적으로 만들어진 것은 없지만, 전체적으로 뮤지컬 드라마라고 할 수 있고 줄거리를 간단히 말하자면 살인자 다비드를 만나는 가수 릴리 파시옹의 이야기 정도라고 할까, 더 자세한 건 아직 없어요."

그의 반응은 즉각적이고 적극적이었다.

"그건 우리를 위한 것이군!"

그의 말에 고무된 것일까? 그녀는 머뭇거리지 않고 작업에 들어갔다. 한 주, 두 주, 한 달, 두 달 세월은 흘러갔다. 단독 리사이틀을 구성하는데 비해, 두 사람의 목소리가 들어가는 뮤지컬 드라마의 무대를 만든다는 것은 엄밀한 스토리텔링을 요구하는 것이어서 작업은 고통스럽고 더디기 짝이 없었다. 채우지 못한 텅 빈 페이지를 쳐다보며 밤을 새우는 일이 잦아졌다. 그녀의 구상이 구체적인 결과물로 기대하는 만큼 제대로 드러나지 못하자, 그녀는 점점 불안해졌다. 그냥 들뜬 기분에 신중하지 못하게 설익은 계획을 불쑥 던지고 말았다는 부끄러움에 자신감마저 상실하였다. 제라르 드파르디외가 이 계획을 완전히 잊어버린 것은 아닐까하는 조바심에 사로잡혔다. 그러나 그는 대단히 치밀한 성격의 소유자였고, 너그러운 동시에 초지일관한 사람이었다. 그녀가 좌절에 빠져 허우적댈 때는 언제나 그는 격려를 아끼지 않았다.

바르바라는 고통스러운 작업 도중에 노래하는 가수에게 치명적인 비극을 겪을 뻔하였다. 목소리를 잃어버린 것이었다. 사실 그녀의 목소리가 손상을 입은 것은 팡탱의 공연에서였다. 손상의 정도가 너무 심하여 그녀는 다시 노래를 부를 수 없을 것으로 생각하였다. 소리 자체가 나오지 않는 것이었다. 그녀는 전문의의 도움을 받으면서 재활 훈련에 들어갔다. 다행스럽게도 그녀는 다시 노래하는 기능을 회복하였지만 이 과정에서 그녀의 목소리의 색깔은 완전히 변해버렸다. 그녀의 목소리는 팡탱 이전과 팡탱 이후로 대별되었다. 그 옛날 수정같이 투명한 목소리는 이제 알아볼 수 없을 정도로 거칠고 탁해졌다. 이것은 그녀의 트레이드마크

제라르 드파르디외 당시 프랑스를 대표하는 세계적인 스타였다. 그의 존재는 "릴리 파시옹"의 보이지 않는 버팀목이 되었다. (출처 : iytimg.com)

라고 할 수 있는 아름답고 정확한 발성에도 영향을 미쳐 이제는 제대로 분절된 발음을 듣기 어려워졌다.

다시 노래할 수 있을지 아니면 영영 노래하지 못할지 알 수 없는 불안 속에서, 그녀는 조금씩 종이 위에 이야기와 음악을 그려나가기 시작하였다. 용기백배하여 작업에 매진하였지만 스토리는 계속 확정되지 못하고 어지럽게 맴돌았다. 그녀는 결국 육십여 가지의 구상을 모두 담은 시나리오와 여기에 맞추어 진행한 음악 작업을 녹음한 수백 개의 카세트를 만들었다. 시나리오 작업도 작곡과 편곡 작업도 제대로 마무리가 되지 않는 혼돈스러운 상황을 마주하게 되었다. 이러한 상황을 타개하려고 롤랑 로마넬리, 윌리암 셸레르 그리고 뤽 플라몽동이 재빨리 합류하였다. 앞의 두 사람은 작곡과 편곡을 위해 그리고 유명한 뮤지컬 〈스타르마니아〉의 저자 뤽 플라몽동은 시나리오의 완성을 위해 힘을 보탰고, 그 결과 〈릴리 파시옹〉 1판이 탄생하였다. 그러나 무슨 이유에서인지 바르바라는 〈릴리 파시옹〉 1

판을 포기해버리고 만다. 그러고는 작곡과 편곡에 참여한 두 사람을 배제시켰다. 자신의 생각이 충분히 반영되지 않았다고 여긴 것일까? 사실은 당시 〈릴리 파시옹〉의 제작에 관련한 대부분의 관계자들은 이 1판이 걸작 가운데 걸작이라고 이구동성으로 말하였다. 그러나 어떻게 된 영문인지 이 1판을 수록한 테이프는 그후 감쪽같이 사라져버렸다.

롤랑 로마넬리는 그로서 도저히 이해할 수 없는 이러한 결정에 반대하였고, 그것으로 두

뤽 플라몽동 캐나다 퀘벡 출신으로 뮤지컬 "스타르마니아"와 "노트르담 드 파리"의 제작자로 특히 유명하다. (출처 : Wikipedia.org)

사람이 유지해오던 이십 년간의 오랜 우정은 깨어지고 만다. 긴 침묵을 깨고, 그는 1997년 12월, 바르바라가 이 세상을 떠난 후 음악잡지 《레쟁로큅티블》과 가진 인터뷰에서 당시의 상황을 이렇게 전하고 있다.

"그녀가 원래 구상했던 작품은 정말 대단했어요. 그런데 음악을 준비하는 과정에서 아 이건 아니다하는 생각이 많이 들었지요. 내 생각에는, 우리가 하고 있던 것이 썩 만족스럽지 못했어요. 그 이야기를 해야 하는 게 내 의무이기도 했지요. 물론 내가 직접 그녀에게 이야기를 하지 않고 제라르 드파르디외에게 먼저 말을 꺼낸 것이 잘못이긴 하지만요. 바르바라는 친구들의 비판을 잘 받아들이지 못해요. 나한테 그러더군요. '그럼, 이렇게 내가 걸레같은 일을 하고 있는 거야? 그렇다면 넌 여기서 아무 관계도 없잖아.' 난 그 자리에서 떠났지요. 그런 다음 우리는 다시 본 적이 없습니다."

이십 년의 인연이 단 3분 만에 끝났다. 그녀는 결단이 필요하면 즉각적이고 단호하였다. 그녀는 너그럽기 한량없었지만 때로는 무서울 정도로 냉정한 사람이기도 하였다.

윌리암 셸레르 역시 바르바라와 끝까지 함께 작업하지 못하였다. 그는 바르바라로부터 우편으로 결별의 선언을 받았다. 그도 1판의 분실을 못내 아쉬워했다.

"만약 이 공연을 다른 방식으로 무대 위에 올렸다면, 정말 걸작이었을 것입니다. 오케스트라와 더불어 정말 놀라운 판본이었어요. 그런데 그 테이프가 사라져버린 건 도저히 이해할 수가 없습니다. 지금과 완전히 다른 오케스트라 작업이었는데. 정말 아름다운 작품이었어요. 실제로 무대 위에 오른 것과 비교 자체를 할 수 없는 판본이었어요."

〈릴리 파시옹〉이 점차 그 모습을 드러낼 때, 제라르 드파르디외는 "사간 요새(要塞)"의 촬영을 위해 북부 아프리카의 모리타니에 있었다. 바르바라로부터 공연의 모든 진척 상황을 알리는 오디오 테이프가 거의 매일 모리타니 사막에 있는 그에게 배달되었다. 더위에 지친 그에게 어느 날은 프레시의 빗소리를 녹음한 테이프가 배달되기도 하였다.

드디어 파리의 길마다, 바르바라와 제라르 드파르디외의 사진은 버스에 실려 돌기 시작하였다. 모든 것이 베일에 싸여 있었다. 밝혀진 것은 이 슬로건뿐이었다. "그녀는 노래하고, 그는 죽인다." 무대의 막이 오르기 전까지는 그 누구도 이 이상 알 권리가 없다는 듯 모든 것이 베일에 가려져 있었다. 그리고 초연이 있기 바로 며칠 전, 바르바라는 처음으로 기자들 앞에서 〈릴리 파시옹〉의 내용을 다음과 같이 간단하게 밝혔다.

"〈릴리 파시옹〉은 두 인물을 대척점에 놓고 있습니다. 이야기는, 우리

제라르 드파르디외와 바르바라 (출처 : mybabou.cowblog.fr)

바르바라 평전

의 운명이 우리의 것이 아니라는 믿음에서 시작합니다. 우리는, 우리를 움직이거나, 우리의 행위를 강요하거나 혹은 이끄는 어떤 힘의 포로입니다. 주인공인 노래하는 여자가 말합니다. '이것은 내 목소리가 아닙니다. 내가 무대에 등장할 때 이것은 나의 몸이 아닙니다, 이것은 타인입니다. 그렇지만 이것은 나입니다.' 또 다른 주인공인 죽이는 남자가 말합니다. '이것은 내가 한 일이 아닙니다, 치켜든 내 손이 한 짓입니다. 이것은 내가 아닙니다.' 그들은 결국 같은 말을 합니다. 그들은 서로 만나게 됩니다. 그 남자는 밤에 죽입니다. 그는 자신이 죽인 사람에게 미모사 꽃을 던져 놓습니다. 그녀가 노래하는 도시를 따라가며 그는 죽이기 시작합니다. 그가 그 여자 가수의 목소리에 넋이 나갔기 때문입니다. 그가 살인을 저지를 때면, 그에게는 그녀의 목소리가 들립니다. 그러나 그는 무대 위에서 노래하는 그녀를 본 적이 없습니다. 그는 언제나 도망 다니고 있습니다. 어떤 힘이 그를 보호하고 있습니다. 그는 절대로 잡히지 않습니다. 이 여자는 이 모두를 자신을 부르는 어떤 신호로 받아들이게 됩니다. 그녀는 살인자의 행위가 실제로 존재한다고 믿지 않고, 오히려 피해자의 행위가 존재한다고 여깁니다. 그녀는 이제 생각하기를, 그녀의 삶인 이 극장을 떠나 이 사람에게로 가야겠구나 하고. 운명적으로 불가능한 사랑의 이야기가 이렇게 태어나는 것입니다."

〈릴리 파시옹〉은 사랑 이야기이다. 하지만 그것은 바르바라 식의 사랑 이야기이다. 그것은 한 아티스트가 자신의 팬들에게 온전히 바친 사랑 이야기이다. 여기에서는 그녀가 원하든 원하지 않든 간에, 우리가 흔히 보는 일상적인 두 남녀 간의 관계는 그녀에게 허락되지 않는다. 이러한 문제의식은 바르바라의 작품에 자주 나타나는 것으로, 뮤지컬 드라마 〈릴리 파시옹〉을 끌고 가는 장치라고 볼 수 있다.

드라마 안에서 부르게 될 노래는 모두 열일곱 곡이며, 이 가운데 마지막에 부르는 〈나의 가장 아름다운 사랑 이야기〉를 제외하면, 르 제니트의 무대를 위해 열다섯 곡을 새로 쓰고 곡을 붙인 셈이 된다. 순서대로 보면 다음과 같다. 〈베를린〉, 〈그는 죽인다〉, 〈이 살인자〉, 〈오 나의 극장〉, 〈릴리 파시옹〉, 〈이상하여라〉, 〈쏘지 마〉, 〈이렇게 왔어〉, 〈인디고 탱고〉, 〈다비드 송〉, 〈날 데려가주오〉, 〈미모사 피는 섬〉, 〈캄파딜〉, 〈추억이여, 추억이여〉, 〈누가 누구인가〉, 〈누가 알아〉.

1986년 1월 21일, 초연일, 팡탱을 찾았던 유명 인사들이 대거 르 제니트로 몰려왔다. 정치인들이 눈에 띄었다. 시몬 베이유 여성부장관, 로랑 파비위스 수상, 로베르 바댕테르 법무부장관, 피에르 죽스 내무부장관, 자크 랑 문화부장관. 영화계의 거물도 그 옆에 보였다. 카트린 드뇌브, 파니 아르당, 로제 에냉, 니콜 가르시아, 장 로쉬포르, 장 카르메, 로베르 오센, 마르

이제 **르 제니트**는 새로운 개념의 공연장을 가리키는 고유명사로 쓰인다. 팡탱 리사이틀이 열렸던 팡탱 경마장을 헐고 새로 지었다. 6500명의 관람객을 수용할 수 있다. (출처 : blooddynroll.wordpress.com)

셀 카르네, 프랑수아 페리에 그리고 쥘리에트 비노슈. 대통령 부인 다니엘 미테랑도 왕림했다. 가수도 많이 보였다. 쥘리에트 그레코, 콜레트 르나르, 미셸 조나스, 이브 몽탕, 자크 이저랭 그리고 베로니크 상송. 철학자 베르나르 앙리 레비도 소설가 마르그리트 뒤라스와 함께 앉아 있었다.

막이 오르면서 천둥 번개가 친다. 어둠을 뚫고 릴리의 목소리가 올라온다. (〈베를린〉)

> 우리는 서로에게 종속되어 있지 않아요.
> 우리는 살면서 그 어느 것도 결정하지 못해.
> 우리는 모두 어떤 힘의 포로들
> 그들은 우리를 조종하고,
> 그들은 우리를 끌고 다니고,
> 그들은 우리에게 명령하지
>
> 우리는 복종해야 해.
> 그 힘은 여기, 저기 곳곳에 있어
> 우리를 감시하고
> 우리를 따라다니지

갑자기 밝아진다. 긴 무대가 보인다. 양쪽 끝에는 각각 피아노가 하나씩 놓여있고, 가운데에는 뤼시엥으로 불리는 회색 공이 하나, 흔들이 의자 그리고 바퀴가 달린 파티션이 있다. 릴리 파시옹이 무대로 들어온다. 그녀는 고독한 가수다. 그녀의 존재 이유는 도시에서 도시로, 극장에서 극장으로 옮겨 다니면서, 그녀의 사랑 이야기, 즉 팬들 앞에서 노래하는 것이다. 중년의 나이에 들어선 이 시점에서 그녀는 지금까지의 삶을 결산한다. "나는 내가 사랑하는 사람들이 사는 걸 바라보며 보낸 시간보다 무대 뒤에서, 두려움에 떨며 보낸 시간이 더 많다. 이제 떠나야겠다."

그녀는 이제 아듀를 고하고, 한 남자 옆에 가방을 내려놓을 작정이다. 운명론자인 그녀는 누군가가 나타나기를 기다린다. 한편 릴리가 매일 밤 〈인디고 탱고〉를 부를 때마다 다비드는 사람을 죽인다. 다음 날 아침이면 신문에서는 두 사건을 같이 다룬다. 릴리는 성공을 거두고 금발의 킬러는 또 죽였다. 릴리는 이렇게 결론짓는다. (〈그는 죽인다〉)

> 그는 모든 경찰을 따돌리고
> 남기는 증거라고는
> 미모사 가지뿐
> 미모사

"그녀는 노래하고 그는 죽인다. 이것은 우연일 수만은 없어." 이때부터 그녀는 이 범죄에 죄의식을 느낀다. 릴리는 그녀의 존재 이유라고 할 수 있는, 무대에 작별을 고하고 살인자를 만나러 떠난다. 자정이 되면서, 그녀는 길에서 혼자 그의 관심을 끌려고 노래한다. (〈이렇게 왔어〉)

> 나는 모든 걸 버렸어
> 나는 무섭지 않아
> 이렇게 왔어
> 빈손으로
> 네게 왔어

가죽옷을 입은 거대한 실루엣이 나타난다. 릴리와 다비드는 서로 알게 된다. 다비드가 그리 추천할만한 인물은 아니지만 릴리는 그를 사랑하게 된다. 다비드는 창녀촌에서 자랐는데 프뤼당스라는 이름의 여자가 낳아서 버린 아이였다. 릴리는 다비드에게 미모사가 피어있는 그의 섬으로 따라가고 싶다고 한다. 그녀는 이렇게 노래한다. (〈날 데려가주오〉)

당신의 섬으로 날 데려가주오
이 도시의 소문에서 먼 곳으로
난 사랑한다고 말해본 적이 없어
나 말고 그 누구에게도

다비드의 마음에 불이 붙는다. 그는 죽이지 않겠다고 약속한다. 그리고 그녀가 알지 못하는 것, 오직 한 남자만을 사랑하는 것을 가르쳐주겠다고 한다. 그러나 회색 공으로 상징되는 그녀의 매니저 뤼시엥이 그녀를 찾으러온다. 팬들이 그녀의 이름을 환호하기 때문이다. (〈릴리 파시옹〉)

군중이 내 이름을 외쳐대는 것이 들려
릴리 파시옹, 릴리 파시옹
나는 사자 굴로 들어가는 거야
그건 나의 삶, 그건 나의 부조리

회색 공과 흔들의자 (출처 : mybabou.cowblog.fr)

무서워
그러나 나아갈 거야
난 나아가
사랑하기에

그녀는 아침 일찍 다비드가 일어나기 전에 아무런 말도 없이 그를 떠난다. 버림받은 다비드는 그녀의 노래가 들릴 때마다 다시 죽이기 시작한다.

릴리는 다시 스타의 생활로 돌아간다. 그녀는 가는 곳마다 그녀를 환호하는 사람들에게 둘러싸여 지낸다. 그러나 버림받은 다비드는 복수를 하겠다는 결심을 퍼뜨리고 다닌다. 그녀는 공포에 떤다. 공포가 너무 심한 나머지 그녀의 사지는 마비되고 만다. 그렇지만 다비드는 여전히 릴리를 사랑하고, 릴리는 그녀를 원하는 팬과 다비드 사이에서 갈등한다. 그는 그녀에게 다시 순회공연을 떠나라고 권유한다. 그리고 다시 만날 것을 약속한다. (〈누가 알아〉)

당신의 진정한 삶의 열정은,
그것은 내가 아니고, 저 사람들이야
당신은 저 사람들을 떠나서는 안 돼, 내 사랑,
당신은 저 사람들을 내버려두어서도 안 돼
당신도 배반한 적이 있잖아, 나처럼
나도 배반했어
당신이 고통스러운 건 싫어
당신이 우는 것도 싫어, 알아
그러니 노래해요,
그래, 저 사람들을 위해 노래해요, 내 사랑

릴리는 무대에 다시 올라간다. 그러고는 그녀의 새 노래 〈나의 가장 아름다운 사랑 이야기〉를 선보인다.

연기자로서 압도적인 풍모를 자랑하는 제라르 드파르디외는 〈릴리 파시옹〉이 만들어지는 과정에서 핵심적인 역할을 수행하였다. 그의 참여와 출연 덕분에 뮤지컬은 연극성을 확보할 수 있었다. 〈릴리 파시옹〉에서 그는 흥얼거리는 몇 대목을 제외하고 노래하지는 않는다. 그는 가수 바르바라가 배우 바르바라가 되도록 도와주고 이끌어주었다. 그녀가 무대 위의 고립에서 벗어나 다른 사람과 함께 연기할 수 있도록 적절히 유도하였다. 그녀는 이 명배우를 통해 진정한 연기를 알게 된 것이다.

〈릴리 파시옹〉은 르 제니트에서 서른다섯 번 무대에 올려졌다. 성공이었다. 바르바라와 제라르 드파르디외는 손을 잡고 객석의 환호에 답례를

1987년 프레시에서 연습중인 바르바라 (출처 : fabiche.tumblr.com)

하였다. 1986년 2월 25일부터 그들은 프랑스 순회공연으로 들어갔다. 제라르 드파르디외는 낮에 촬영 일정을 소화하고 저녁에는 언제나 바르바라의 무대를 지켜주었다. 스위스 순회공연도 마찬가지로 이루어졌다. 언제나 다비드는 그곳에 있었다. 4월 말 이탈리아 로마에서 순회공연이 끝났다. 물론 이탈리아에서도 릴리와 함께 있는 다비드를 만날 수 있었다.

바르바라는 제라르 드파르디외와 〈릴리 파시옹〉을 무대에 다시 올릴 수 있기를 오래도록 염원하였다. 그러나 그것은 염원으로 끝나버렸다. 두 사람을 이어주는 변함없는 우정을 언제나 확인하는 것으로 만족해야 했다. 제라르 다비드에게 〈릴리 파시옹〉은 잊을 수 없는 모험이었다. 1998년에 간행된 그의 책 "도둑맞은 편지"에서 그는 릴리 바르바라에게 이렇게 쓰고 있다.

"사랑하는 바르바라. 이제 막 수화기를 내려놓았소. 그대의 목소리는 귀를 맴돌며 떠나질 않는다오. 내 귀에는 하루 종일 황금 새 한 마리가 앉아 있소. 그대의 목소리는 언제나 하늘로 날아오르는 듯하오. 그대의 영혼은 소리요, 멜로디라오. 그대의 말은 기적적으로 만질 수 있게 되었소. 그대는 그대의 목소리와 함께 살고 있다오. 부부처럼 말이오. 목소리 가는 곳엔 언제나 그대가 있으니. 어느 누구도 그대들 사이를 헤집지 못할 것이오. 그대와, 〈릴리 파시옹〉 덕에, 나는 고속도로에서 한적한 골목길로 벗어날 수 있었소. 그대의 인내를, 관용과 재능의 이 고요한 형태를 알아보는 법을 배웠소. 그리고 보니 나는 조금은 죄의식을 느낀다오, 혹시나 그대에게 누가 되지는 않을까 하고. 그렇지만, 그대는, 어떤 상황에 놓이건, 그대는 자신감에 넘쳤소. 그리고 막이 오를 때면 나는 안심하여 미모사 피는 섬에서 그대 곁을 찾아갔소."

제15장
분노하고 참여하다

바르바라의 공연 재개가 1987년 9월 16일 파리 샤틀레 음악극장에서 이루어지는 것으로 정해졌다. 9월이 다가오면서 그녀는 초조해지기 시작했다. 매일 오전 11시가 되면 프레시의 초인종이 울리면서 뮤지션들이 연습을 위해 모였다. 그녀는 언제나 시간을 엄수할 것을 주문했다. 〈릴리 파시옹〉의 공연을 거치면서 뮤지션들의 면모도 조금씩 바뀌었다. 롤랑 로마넬리를 대신하여 제라르 다게르가 음악 감독을 맡게 되었고, 마르셀 아졸라가 아코디언을 어깨에 두르고 있었다. 미셸 고드리가 콘트라베이스 뒤에서 신호를 기다리고 장 루이 엔캥이 신시사이저 앞에 앉아있었다. 공연을 어떻게 구성할 것인가는 아직 퍼즐의 시초에 지나지 않았다.

한 조각 한 조각 맞추어 가면서, 주도면밀한 작업 과정을 통해 바르바라는 리사이틀의 전체적인 구성과 형태

마르셀 아졸라 오랫동안 브렐의 아코디언 반주를 맡았다. 브렐이 자신의 노래 "브줄"에서 아졸라에게 던지는 왈츠 리듬의 추임새는 유명하다. (출처 : notrecinema.com)

를 조금씩 그려나가기 시작했다. 매일 아침 프레시에 도착하면 음악 감독 제라르 다게르는 그녀의 얼굴을 쳐다보면서 웃었다. 그는 알고 있는 것이다. 어제 헤어질 때까지 만들어 놓은 결과물을 바르바라가 밤새 다시 뜯어 고쳐놓은 것을. 엄밀함의 정도를 넘어서서 그녀의 결벽증 내지 완벽주의는 이제 놀라운 일도 아니었다.

무대의 형태가 잡혀가면서 광고의 문제가 대두했다. 바르바라는 그 어떤 형태의 광고도 거부했다. 샤틀레 마루아니가 화를 냈다. 그러나 디바의 뜻은 확고했다. 그녀의 결정을 따를 수밖에. 그녀는 믿어 의심치 않았다. 그들은 분명히 온다. 매일 저녁 3주 동안 샤틀레의 1800개 좌석은 연일 만원일 것임을. 어떻게 사랑하는 사람을 만나러 가는데 광고를 하느냐고 다음과 같이 반문하곤 하였다.

"그래요, 정해졌어요. 그 어떤 광고도 없습니다. 나는 그것을 사랑의 랑데부로 만들고 싶어요. 위험한 도박일 수도 치기어린 광기일 수도 있어요. 그렇지만 사랑의 랑데부를 위해 벽마다 광고를 붙이는 짓을 할까요? 도대체 무얼 보여주려고요? 여전히 내 머리인가요? '저에요, 여기 있어요, 보러 오세요.' 이렇게 말인가요?"

샤틀레, 1987년 9월 16일 초연일, 공연 프로그램에 바르바라는 이렇게 쓰고 있었다.

"그렇지만 노래를 하려는 나의 욕망은 새롭고, 변함이 없다. 피로는 더해가고. 몸은 더욱 고통스럽고. 내 두 손도 더욱 고통스럽다. 나는 복종할 뿐. 그래요. 그러나 노래를 하기 위해."

객석을 가득 메운 팬들은 그 어디에서도 그녀가 피로한 기색을 찾아볼 수 없었다. 오히려 그녀가 무대에서 보여주는 열정적 분노를 다시 보았다.

또한 그녀가 전하는 텍스트는 이전과 다른 새로움을 보여주었다. 주로 내면적인 독백의 형식을 취한 초기의 레퍼토리에서 이제는 시선을 점점 외부로 옮겨가고 있었다. 젊은 시절 그녀는 이 세상의 불행에 소극적 불개입의 원칙을 고수했다. "혁명은 혁명가에게"가 그녀의 모토라고 할 수 있었다. 〈괴팅겐〉과 〈페르랭팽팽〉에서 평화주의를 호소하고, 세상의 부조리 혹은 아동 학대를 고발하는 노래를 했지만 그 방식은 여전히 소극적이었다. 그러나 그녀는 이제 자신이 어떤 영향을 미쳐야 하겠다는 의지를 강하게 드러내고 있었다. 그 중심에 자리하고 있는 노래가 〈검은 태양〉이었다.

이젠 다시, 결코, 당신께 비를 말하지 않으려고
결코 무거운 하늘을, 다시는 잿빛 아침을,
나는 안개에서 빠져나와 나는 도망쳐버렸네
훨씬 가벼운 하늘, 천국의 땅 아래로
오, 당신께 무엇을 가져가려했을까, 오늘 저녁,
분노에 찬 바다를, 상스러운 음악을,
행복한 찬가를, 웃음을, 이들은 괴상하게 울리면서
바치겠지요 당신께 행복한 소란을,
흰 조개껍질과 소금 절은 조약돌을
파도 아래서 구르다가, 수천 번 쓸려온 이들을,
폭발하는 태양, 터져버린 태양을,
이들의 불길은 영원한 여름을 태우겠지

나는 다 해보았어
믿는 척도 하였지
멀리서 돌아왔어
그런데 태양은 검은 색
나는 다 해보았어

당신은 날 믿어도 좋아요
지쳐 돌아왔어
그리고 그건 절망이야

가볍게, 아주 가볍게, 짧은 옷차림으로 가고 있었지
처음 닥치는 것을 내 할 일로 정했어
그런데 그것은 휴식, 나른함의 시간
잔뜩 쉬고 난 다음, 나는 춤판으로 들어갔지
기타 곡조에 맞추어 벤조를 배웠어
등에 전율이 느껴졌고, 모차르트를 잊어 버렸어
결국, 나는 결국 당신께 돌아올 수 있었지
맥 빠진 눈, 추억의 파도와 더불어
나는 폭풍이었고 삶의 분노였지
나는 격류였고 삶의 힘이었지
난 사랑했고, 불태웠고, 늦은 걸 따라 잡았어
인생은 아름다웠고 나의 이야기는 미쳤지

그러나 땅이 갈라졌어,
저기, 어떤 곳에서
그러나 땅이 갈라졌어
그런데 태양은 검은 색
사람들은 갇혀있네
저기, 어떤 곳에서
사람들은 갇혀있네
그리고 그건 절망이야

나는 운명을 쫓아내고, 망각을 찾아 다녔지,
나는 죽음을 거부하고, 권태를 내던졌지
그리고 주먹을 불끈 쥐고 믿으라고 내게 명했지
인생은 아름다웠고, 우연은 황홀한 것이어서

그것은 나를 여기로, 혹은 다른 곳으로 끌고 왔어
그곳 꽃은 붉은 색, 그곳 모래는 금빛,
그곳 바다의 소리는 노래였지
정말, 그곳 바다의 소리는 노래였어

그렇지만 한 아이가 죽었어,
저기, 어떤 곳에서
그렇지만 한 아이가 죽었어
태양은 검은 색
울리는 조종이 들리네
그리고 그건 절망이야

나는 빈손이야, 나는 사지가 찢겼어
당신께 돌아왔어, 오늘 저녁, 가슴은 온통 생채기
그건, 그들을 바라보았고, 살아가는 그들을 들었지만
그들과 함께 나는 아팠고, 그들과 함께 나는 취하였기 때문
나는 빈손, 나는 홀로 돌아왔어
이 여정의 끝 경계선 저 너머에
땅 한 조각 있어 그 무엇도 찢기지 않는 곳 있을까?
도대체 뭘 해야 할까, 내게 일러줄 수 있나요?
당신의 눈물을 지우려고 더 멀리 가야 한다면
만약, 혼자서, 그 무기들을 입 닥치게 할 수 있다면,
난 맹세하지, 내일, 나는 다시 모험을 떠나겠다고
그리하여, 영원히, 찢김의 고통에서 해방되도록,

난 정말 해보고 싶어
난 정말 믿고 싶어
그러나 지쳤어
그리고 태양은 검은 색
이 말하는 날 용서해줘

그렇지만 난 돌아와, 오늘 저녁,
생채기 난 가슴으로
그리고 그건 절망이야
생채기 난 가슴으로
그리고 그건 절망이야
절망이야…….

이리하여, 1987년 9월, 샤틀레는 감동의 무대이기도 하였지만 선언과 성토의 극장이기도 하였다. 그녀는 무대 위에서 외쳤다.

"오늘 밤, 집 근처에서 노숙자를 보게 되면 입지 않는 스웨터라도 하나 건네줍시다. 우리는 정말 비참하고 무서운 세상에서 살고 있습니다. 그렇지 않아요?"

공연 프로그램에는 다음과 같은 말도 실어놓았는데, 외부를 향한 그녀의 시선이 더욱 구체적이고 투쟁적으로 변모했음을 보여준다.

"체르노빌. 인질. 사하로프의 석방. 그는 말한다. '나는 인권을 위해 계속 싸울 것이다.' 아동의 성매매. 마약. 보트피플, 바다에 던져져 죽음에 내몰리고. 짧지만 감동적인 이 노래를 11월의 아이들은 부른다. '절대로 안 돼.' 인종 차별. 동성연애자에 대한 박해. 검열 그리고 자유의 말살. 콜뤼슈, 정말 네가 그립다."

바르바라의 샤틀레 87 공연은 특히 당시까지만 하더라도 언급하는 것이 타부로 여겨지던 주제가 무대 위에서 샹송으로 불렸다는 점에서 중요한 사건으로 기록된다. 그것은 바로 에이즈였다. 당시 언론매체에서 에이즈와 그에 대한 연구를 겨우 언급하기 시작하였지만, 일반인들은 에이즈의 예방, 전염경로 혹은 치료에 대해 거의 아는 바가 없었다. 바르바라는 에이즈 문제에 정면으로 도전하는 새 노래를 이렇게 소개하면서 불렀다.

"이것은 내가 쓰지 않기를 가장 바라고 바랐던 노래입니다."

그녀는 이 노래에서 사람들이 모르거나, 더 나아가 감추고 있는 사실들을 환기하고 있다. 그녀는 노래 제목을 이렇게 정했다.

"Si d'amour à mort" (죽음에 이르는 그 많은 사랑).

이 제목은 간단히 설명할 필요가 있다. 영어로 AIDS로 표기하는 이 질병을 프랑스어로는 SIDA로 적는다. 바르바라는 이 SIDA를 "그렇게 많은"이란 뜻의 "si de"로 풀고, 이 "si de"에 "사랑"을 뜻하는 "amour"를 결합하여 "그 많은 사랑" ("si d'amour")이란 의미를 환기하도록 만들었다. 천재적인 발상이었다. 르몽드 신문은 1987년 9월 22일 판에 이 노래의 텍스트 전문을 실었다. 그리고 11월 28일자 라 리베라시옹은 한 기사의 제목을 "바르바라, 에이즈를 위하여 한 해"로 뽑았다. 그리고 바르바라는 1988년 한 해를 온전히 현장으로 내려가 에이즈와 싸운다.

1988년, 바르바라의 요구에 따라, 당시 프랑수아 미테랑 대통령의 보좌관이었던 자크 아탈리는 저녁 식사 모임을 주관하였다. 이 모임에는, 바르바라를 중심으로, 클로드 에뱅 보건부장관, 에이즈 전문의 빌리 로젠봄 박

콜뤼슈 빈민구호급식운동을 하는 레스토 뒤 쾨르의 주창자. (출처 : contrepoints.org)

1987년 샤틀레 공연 실황 녹음 음반
(출처 : universalmusic.fr)

사 그리고 대통령과 가까운 광고인 자크 세겔라가 참여하였다. 그녀는 또한 파스퇴르 연구소의 과학자들을 비롯하여 프랑스 전역의 유수한 병원에서 활동하는 전문의들을 찾아서 자문을 구하고 도움을 청했다.

그녀가 관심을 쏟는 주 대상은 에이즈로 고통을 받으며 병원에서 쓸쓸히 죽어가는 말기 환자들과 구금시설에 갇혀서 에이즈에 무방비로 노출되어있는

수감자들이었다. 이들에게는 자신들의 목소리에 귀기울여주는 사람들의 존재가 절대적으로 필요했다. 그녀는 가장 먼저 프레시의 집에 언제나 자신과 통화할 수 있는 전화를 설치했다. 누구든지 이 번호로 그녀를 찾을 수 있고 도움을 청할 수 있었다. 수화기 건너편에는 가족으로부터 버림받고 의지할 곳 없는 외로운 수감자와 환자들이 있었다. 그들은 그들의 말을 들어주기만을 바랄 뿐이었다. 때로 그녀는 그들이 잠들 때까지 함께 밤을 지새우기도 했다.

조금씩 조금씩, 바르바라는 정보가 차단되고 위험의 수위가 가장 높은 수감 시설로 향했다. 프랑스의 대부분 형무소에는 공연이 가능한 공간을 마련해두고 있다. 공연을 볼 것인지 아닌지는 수감자 자신이 결정한다. 좌석은 미리 지정되어있고 엄중한 경계 속에서 공연은 진행된다. 바르바라는 여성 수감자들에게 깊은 관심을 보였다. 그들과 접촉할 수 있는 유일한 기회가 공연을 통해서였다. 수감자를 위한 공연이라고 해서 특별한 것은

없었다. 철저한 준비는 마찬가지였다. 보통 오후 2시에 이루어지는 공연이면, 그녀는 이미 오전 9시에 도착하여 공연 장소에서 대기하고 있었다. 그녀는 실제로 구금 시설 내부를 온몸으로 느끼면서 연습에 몰두하는 것이다. 그녀를 초청하거나 혹은 그녀가 가보려고 하는 형무소에 그녀가 요구하는 것은 피아노 한 대를 준비하는 것과 거울이 하나 달린 대기실을 마련하는 것뿐이었다. 거의 대부분의 구금자들은 바르바라를 잘 몰랐다. 어떤 여성 수감자는 바르바라에게 "검은 까마귀"를 불러달라고 요구했다. 〈검은 독수리〉와 같은 대형 히트곡도 몰랐다.

무대에 오르면, 바르바라는 수감자와 우선 접촉을 시도한다.

"이렇게 오게 되어 기쁩니다. 내려와 주신 여러분께 감사드립니다. 혹시 나중에라도 여러분이 생활하시는 곳으로 올라가는 게 허락된다면 가보고 싶습니다. 불을 좀 켤 수 있나요? 여러분을 잘 보고 싶습니다. 당연하죠."

이어서 그녀는 피아노를 치며 노래한다. 〈드루오 경매장〉, 〈고갱〉, 〈작은 칸타타 한 곡〉, 〈죽음에 이르는 그 많은 사랑〉, 〈나의 가장 아름다운 사랑 이야기〉, 〈미모사 피는 섬〉, 〈괴팅겐〉.

수감자들은, 그녀가 여기에 온 것은 단지 자신들을 즐겁게 해주려는 것만이 아니고 어떤 위험을 예방하도록 정보를 제공하러 왔다는 것을, 재빨리 알아차린다. 바르바라는 이렇게 이야기한다.

"여기에는 젊은 팬들이 많군요. 지난 삼십 년 동안 저는 〈나의 가장 아름다운 사랑 이야기〉를 불렀습니다. 그런데 이 망할 놈의 에이즈가 등장한 다음에는, 자신을 보호하라고 타이르지 않을 수가 없습니다. 오늘 저는 이곳에 혼자 오지 않았습니다. 파스퇴르 연구소의 저명한 전문의께 같이 가자고 부탁했습니다. 여러분은 에이즈에 관한 모든 질문을 할 수 있습니다."

리사이틀이 끝나면 바르바라가 사인한 카세트를 구급자들에게 선물로 나누어주고, 그 동안 같이 온 전문의는 상담을 하게 된다. 그녀가 이렇게 구급 시설과 병원을 순회하는 것은, 에이즈와의 싸움에서 가장 중요한 것은 "명확해야 한다"는 신념 때문이다. 명확한 정보를 주지 않으면 명확한 예방 조치를 취할 수 없고 그러면 처음부터 지고 들어가는 싸움이다. 감추지 말고 밝히되 명확히 하라는 것이 그녀가 투쟁하는 목표이다.

바르바라는 이 모든 투쟁을 은밀하게 진행했다. 동시에 그녀는 많은 시민 단체에 기부금을 헌납했다. 앰네스티 인터내셔널을 비롯하여, 액트 업 (Act Up), 솔 엔 시 (Sol en Si) 그리고 코미디언 콜뤼슈가 만든 무료 급식 단체 레스토 뒤 쾨르(Restos du Coeur)를 적극적으로 지원했다. 후일 바르바라가 이 세상을 떠나자, 액트 업 관계자는 이런 성명을 내놓았다.

"에이즈에 대항하는 투쟁에 헌신한 드문 아티스트 가운데서, 바르바라는 착오 없이, 거리낌 없이 그리고 끊임없이 우리를 도와 준 유일한 사람이었다. 우리와 함께, 그녀는 수감자들을 위해, 이방인들을 위해, 동성연애자들을 위해, 창녀들을 위해, 마약 중독자들을 위해 투쟁하였다. 그녀의 후원 덕분에, 우리는 그녀가 진정으로 원하는 싸움을 펼칠 수 있었다. 오늘, 액트 업 파리의 전사들은 슬프다. 바르바라의 죽음과 함께 우리는 동성연애 문화의 상징적 보호자를 그리고 에이즈를 물리치려는 투쟁에 참여한 둘도 없는 모델을 잃어버리고 말았다."

1990년 2월 6일, 샤틀레의 무대에서 내려온 지 삼 년 후에, 바르바라는 테아트르 모가도르에서 그녀가 돌아왔음을 알리는 리사이틀을 연다. 모니크 세르프가 열여덟 꽃다운 나이에 합창 단원이자 마네킹으로 처음 무대에 섰던 그 곳, 〈제비꽃 부케〉에 단역으로 출연했던 그곳으로 돌아온 것이다. "모가도르 90"의 무대에서도 여전히 에이즈의 예방과 퇴치가 그녀의 중요한 테마를 이루었다. 그녀는 프랑스의 수감 시설을 방문하면서 만난 모든 여성에게 바치는 노래로서 〈면회실의 꿈꾸는 여자〉를 이 무대에서 선보였다.

면회실의 꿈꾸는 여자
감방에서 복도로
용기에서 희망으로
분노에서 절망으로
면회실의 꿈꾸는 여자
옷장 같은 삶 속에서
하늘도 없고,
꽃도 없고,
요람도 없이
그대는 새들을 빗겨주나
창살 뒤에서
꿈꾸는 여자,
면회실의 어린 꿈꾸는 여자

"모가도르 90"에서 발표한 새 노래 가운데는 〈11월의 아이들〉이 있었다. 1986년 11월 드바케 교육부 장관이 발표한 대학 개혁 방안에 반대하여 대학생들은 거리로 쏟아져 나왔다. 경찰의 무자비한 강경진압에 말리크 우세킨이란 학생 한 명이 목숨을 잃는다. 바르바라는 말리크와 그의 동료들을 위한 추모곡을 발표하였다. 이 곡은 그녀가 1996년에 남긴 마지막 앨범에 수록된다.

> 수천 마리 새들처럼
> 다가오는 저들을 보라
> 빛의 아이들을
> 앞으로 나아가는 저들
> 분노를 춤추면서
> 저들은 한 사람을 위해 왔다
> 폭력에 사라진 한 사람
> 저들은 모든 걸 말하러 왔다
> 그러나 침묵으로
> 모두가 한 사람을 위해
> 모두가 모두를 위해

그리고 바르바라는 십이 년 전 이 세상을 떠나 마르키즈 군도의 히바호아에 잠들어 있는 자크 브렐에게 긴 편지를 감동적인 샹송 〈고갱〉에 담아 보낸다.

그녀를 따르는 열성적인 팬들의 열화 같은 성원은 매일 기적을 만들었다. 공연은 무려 이 주일 더 연장되었고 그 때마다 만원을 이루었다. 모가도르 극장이 있는 모가도르 길 25호 근처에는 밤이 깊도록 사람들로 붐볐다. 바르바라의 "새"들은 차도 변 여기저기에 몰려 앉아 노래를 불렀다. 4월 14일 이제 헤어져야 하는 날은 모두가 극장을 떠나려 하질 않았다. 바르바라는 이 날 밤을 이렇게 말했다.

"마지막이란 없어요. 다만, 멈추었다 다시 가는 것이지요. 잠깐 잠든다고나 할까요. 공간 한 귀퉁이를 차지한 다음, 큰 숨을 한 번 쉬고 그러고는 길을 떠나는 것이에요. 여러분도 아시겠지만, 저는 길 위의 여자예요. 길을 떠나야 하고, 가로수를 보아야 합니다. 그러니 이렇게 떠나는 것에 슬픔이란 없어요. 이건 떠나는 게 아니에요."

그녀는 그들 모두에게 감사를 표했다. 그들이 모가도르를 그 어디에서도 볼 수 없는 눈부신 축제로 만들어 준 것이다. 그들은 극장 주

"11월의 아이들은" 불의와 압제에 항거하는 학생들을 상징한다.
(출처 : Wikimedia.org)

변을 맴도는 환상적인 새들과 같았다. 그녀는 그들을 이제 "새"로 부르기 시작하였다. 추운 날씨에도 극장 후문 아티스트의 출입문 앞에서 장사진을 치고 있는 광적인 추종자들은, 극장을 나서는 그녀에게 장미를, 미모사를, 편지를, 불타는 눈길을, 악수하려는 손길을, 옷깃이라도 스쳐보려는 손길을 내밀었다.

마지막 앨범
혹은 유언

제16장
영원한 이별의 전주

우리는 1993년 12월 11일, 12일, 13일, 이 사흘 동안 기적적으로 우리를 찾아 온 사건을 기억해야할 것 같다. 바르바라는 파리 샤틀레 음악극장에서 11월 6일에 시작한 리사이틀을 12월 3일에 중단해야만 했다. 모든 것이 운명적으로 얽혀있었던 것일까? 11월 6일은 또한 그녀의 어머니 에스테르가 세상을 떠난 날이기도 하였다. 언제나 그랬듯이 철두철미하게 연습하면서 준비해온 무대를 그녀가 중단할 수밖에 없었던 것은 체력이 고갈된데다가 극심한 감기까지 걸렸기 때문이었다. 그런 그녀가 다시 샤틀레로 돌아온 것이다.

그녀의 나이는 예순셋이었고, 그녀의 목소리에는 힘이 없었다. 그렇지만 샤틀레로 다시 돌아온 그녀는 기쁨이 넘쳤고 활기찼다. 정말 아팠던 것일까? 모든 팬들이 의심할 지경이었다. 그녀에게 샤틀레는 깊은 의미가 있었다. 우선 극장 자체가 그녀를 편안하게 해주었다. 회색과 낡은 금색으로 내부가 치장된 이 극장은 그녀의 검정색 벨벳 의상과 잘 어울렸다. 게다가 샤틀레는 센 강을 가운데 두고 카바레 에클뤼즈를 마주보고 있다. 에클뤼즈의 데뷔 시절, 그녀는 얼마나 이 샤틀레를 동경했던가? 걸어서 불과 10

여 분이면 올 수 있는 곳을 그녀는 삼십 년이 넘게 걸려서 왔다.

추운 날씨와 감기, 탈진으로 공연을 중단할 수밖에 없었던 그녀가 다시 돌아왔다. 실제로 이 사흘 동안 그녀는 샤틀레의 무대 위로 돌아왔다. 객석의 관중은 모두가 그녀의 귀환을 반기면서도 어떻게 이 귀환이 가능했는지 반신반의하였다. 그녀가 완전히 건강을 회복하였다고는 할 수 없었으나, 어쨌든 그녀는 무대 위에 있었고, 여전히 날카롭고, 투명하고, 열광적인 모습을 보여주었다. 극장의 객석은 함성과 열기로 터져나갈 것 같았다.

기적적으로 이 사흘 동안 녹음기가 돌아갔고 그녀의 공연실황은 충실하게 녹음되어 그때의 열기를 온전히 전해주고 있다. 1993년 샤틀레 라이브 CD는 이렇게 탄생하였다. 우리가 이 상황을 기적적이라고 표현하는 이유는, 12월 14일 폐렴으로 그녀가 입원하게 되고 더는 공연이 재개되지 못했기 때문이다. 극장 측은 12월 말까지 예정되었던 공연을 모두 취소하고 환불 조치를 취하게 된다. 그리고 모든 보험회사가 공연과 관계되는 바르바라의 모든 활동에 대하여 보장하지 않기로 결정한다. 결국 은퇴하라는 무언의 전언이었다.

1993년 12월 13일, 무대 위에서 노래하던 바르바라는 그녀가 파리에서 이제 마지막으로 노래하고 있다는 것을 알지 못했다. 열광하는 팬들도 알 수 없었고 또 알기를 원하지 않았으리라. 그날 13일 밤, 닫힌 커튼을 뒤로 하고 돌아오면서 그녀는 무대 바닥에 그대로 쓰러졌고, 의식을 잃어버리고 말았다. 바르바라는 뇌이이에 있는 오피탈 아메리캥(파리 소재 미국병원)으로 긴급히 후송되었다. 샤틀레로 그녀는 다시 돌아가지 못한다.

몸을 가눌 수 있을 정도로 원기를 회복하자 그녀는 이미 약속한 공연 일

샤틀레의 1993년 공연 바르바라는 탈진하고 만다. (출처 : pbs.twimg.com)

정을 소화하겠다는 결심을 비친다. 샤를레 마루아니는 팀 구성원 전체를 소집하였다. 그는 바르바라가 순회공연을 떠나고 싶어 하지만 그녀의 건강상태가 이를 허락하지 않는다고 말했다. 보험회사에서 만약의 사태를 대비한 보장을 거부한다면 정말로 위험스러운 모험을 강행하는 셈이 된다는 것이 그의 생각이었다. 순회공연을 기획하는 공연주관사의 입장에서는 바르바라의 의도를 수용하기가 쉽지 않았다. 보험사들이 밝히는 바에 따르면, 바르바라의 심장 상태가 너무나 허약해 순회공연은 치명적일 수도 있다고 하였다. 그러나 구성원 전체는 만장일치로 그녀를 따르기로 하였다. 비록 위험을 안고 있는 것은 사실이지만, 그녀가 노래를 못하도록 하는 것이 더 위험할 수 있다고 모두 생각하였다. 노래를 못한다는 사실을 바르바라는 결코 이겨내지 못할 것이며, 어쩌면 그 때문에 죽을지도 모를 일이었다.

이리하여, 1994년 1월 29일 토요일 바르바라는 프랑스 각 지역을 순회하는 공연에 들어간다. 극장에서 극장으로 옮겨 다니며 출연하는 무대는 루앙, 디종, 리용, 몽펠리에, 툴롱, 포, 툴루즈를 거쳐 2월 14일 보르도에 도착한다. 무대 안팎의 단원들은 그 어떤 코멘트도 하지 않았지만 매일 밤이 마지막일 수도 있다는 불안감에 살얼음을 밟는 것 같았다. 그들은 어느 순간 바르바라가 쓰러질지 모른다는 생각에 공연 내내 비상대기 상태에 들어갔다. 목소리가 갑자기 잠기거나 하면 단원들 모두의 시선이 그녀를 향했다. 체력이 급속도로 약해진 그녀는 공연 후반부로 갈수록 리듬을 따라갈 수가 없었다. 그럴 때는 반주하는 뮤지션들이 그녀의 리듬에 따라갈 수밖에 없었다. 그녀의 피로는 점점 커져만 갔다. 공연은 체면치레라고나 할까 겨우 공연이라 부를 수준만큼밖에 할 수 없었다. 지친 그녀에게 순회일정은 팍팍하기 이를 데 없었다. 2월 17일 발랑스를 시작으로 마르세이유, 스위스의 몽트뢰, 생 테티엔을 거쳐 브뤼셀에 도착한 것이 2월 28일 월요일이었다. 한 지역에서 공연이 끝나면, 대개는 그날 밤 다음 목적지를 향해 차에 오른다. 그녀는 거의 매일 밤에 무대에 올랐다. 낭시, 스트라스부르, 트루아, 소쇼, 브줄, 메종 알포르, 뤼엘 말메종, 릴을 거쳐 캉에 도착한 것이 3월 중순이었다. 단원들과 함께 움직이는 트럭에는 언제나 흔들이 안락의자가 실려 있었다. 공연 예정지에 도착하면 그녀는 이 의자에 앉아 아침부터 단원들을 지휘하였다. 결국, 순회공연은 아미엥, 루배, 렌 그리고 낭트를 거쳐 1994년 3월 26일 토요일 투르의 테아트르 뱅시에서 종결된다.

투르의 열성 팬 이천 명이 극장을 가득 채웠다. 막이 열리면서 바르바라가 천천히 무대 위로 들어왔다. 환영의 박수를 받으며 그녀는 손바닥을 하

늘로 향하면서 두 팔을 활짝 벌리고 객석으로 나아갔다. 리사이틀이 시작
되면서 그녀는 변신하였다. 힘없이 조금은 구부정한 모습으로 등장했던
그녀는 어느 새인가 마력을 뿜어대는 제사장이 되어있었다. 그녀의 일거
수일투족은 관중을 엑스터시로 몰아넣었다. 강요에 이런 현상이 벌어질
수는 없었다. 그녀는 노래를 하는 것 같지 않았다. 그녀가 노래의 첫 마디
를 시작하는가 싶으면 그 순간 객석 전체가 노래를 하는 것이었다. 그녀는
그녀의 가장 아름다운 사랑 이야기와 문자 그대로 혼연일체가 되었다. 영
적 교감이 이루어지는 환상적인 공간이 연출되고 있었다. 그리고 어느덧
막이 내릴 시간이 되었다. 막이 마지막으로 내려지기 직전, 바르바라는 객
석의 양해를 구하면서 그녀를 지켜온 단원 모두에게 인사를 하였다. 언제
부터인가 그녀는 남성 단원들을 "내 남자"로 여성 단원들을 "내 여자"로 부

프랑스 중부 루아르 지방의 유서 깊은 도시 투르의 컨벤션 센터 바르바라의 마지막 무대는 이 센터 안
에 자리 잡고 있는 테아트르 뱅시에서 올려졌다. (출처 : fr.wikimedia.org)

5부 마지막 앨범 혹은 유언　　**257**

르기 시작했다.

"우리 팀의 남자들 그리고 여자들, 비바람 폭풍 속에, 열사의 더위 속에, 중노동도 감수하며, 마술 같은 공간을, 서커스를, 극장을 서로 나누면서, 우리가 함께 길을 나서는 한, 떠돌이 방랑객이 되어, 밤의 나그네가 되어, 저 멀리 옛날부터 다시 시작하는 매 순간의 환희를 추구하는 사람으로 우리가 남는 한, 내가 여러분을 보살피고 여러분이 나를 보살피는 한, 내가 노래하는 한, 나는 여러분 곁에서 행복한 유목인으로 남을 것입니다. 내 남자들 그리고 내 여자들, 우리는 한 순간에 불과하다는 것을 그리고 우리는 이 순간을 마술로 만들어야 한다는 것을 잊지 마세요. 우리가 모두 함께, 자유와 빛과 사랑으로 가득 찬, 놀라운 천직을 수행하고 있음을 알아두세요. 우리 팀의 남자들 그리고 여자들, 나는 여러분이 자랑스럽습니다."

그리고 그녀는 천천히 희망의 약속을 불렀다. 지난 해 11월 샤틀레에서 선보인 〈해는 다시 떠오른다〉이었다.

더 이상 네가 믿지 않을 때
모든 것을 잃었다고
속고
실망하고
죽어갈지라도
땅바닥에 주저앉아
그 무엇도 할 수 없고
혼자
네 사막 안에서
그때
괴로워

너무 괴로워

무릎 꿇고

걸어가도

귀가 먹어

사람들이

듣지 않을 때

사람들의 외침을

넌 알게 되리

그래도 새벽이 깬다는 걸

넌 알게 되리

해는 다시 떠오른다는 걸

비록

네가 새벽을 믿지 않는다 해도

넌 알게 되리

해는 다시 떠오른다는 걸.

투르의 팬들은 이 순간을 영원히 기억할 것이다. 바르바라는 무대를 내려와 객석 가운데로 걸어갔다. 그러고는 두 팔을 벌려 자신을 찾아온 관객들을 포옹하는 제스처를 취했다. 많은 사람들은 이제 다시 그녀가 무대에 오르지 못할 것임을 깨달았다. 그녀는 작별의 인사도 없이 그렇다고 다시 만나자는 인사도 못하고 투르를 떠나야만 했다. 그녀는 이 순간을 이렇게 회고했다.

"내가 다시 차에 올랐을 때, 솔직히 말해서, 난 탈진하여, 고통스럽고, 몸이 완전히 비어버린, 다 조각 조각나버려, 해체 직전의 여자에 지나지 않았다."

프레시에서, 바르바라는 이제 여행 가방을 다 풀고 의상을 옷장에 걸어

놓았다. 그녀는 이제 결코 무대에 두 번 다시 오르지 못할 것이다. 그녀의 삶 그 자체라고 할 수 있는 무대와 이제 작별을 고한 셈이다. 바르바라는 1996년 9월 언론인이자 소설가이면서 자신과 친분이 깊은 제롬 가르생에게 이렇게 털어 놓았다.

"오래도록, 가슴에 천식을 달고 노래를 했어요. 천식을 동반자로 삼고 노래해야 한다는 걸 깨달은 것이죠. 나를 보험가입 대상자에서 아예 제외시킨 걸 알아요? 내 삶, 그 자체가 대단한 위험이란 말입니다. 그렇지만, 슬픔을 안고 난 길을 떠난 겁니다. 투르에서, 끝났을 때, 난 정말 나의 한계에 다다랐어요. 경련이 일어났고, 오른쪽 눈은 보이지 않고, 무대 위에서 난 비틀거렸죠. 기억도 나지 않고, 내 몸을 가눌 수가 없었어요. 한 가지가 괜찮으면 다른 게 더 나빠져요. 이제 그만해야겠다는 결심을 그때 하였어요."

더 이상 노래하지 않는 것처럼 그녀에게 말도 안 되는 상황이 있을까? 노래를 하려고 한 평생을 살아온 사람이 노래를 더 이상 하지 않는 존재라니? 망가져버린 디바는 사라져야만 하는 것인가. 더 이상 무대에 오르지 못하고, 열광에 빠진 추종자들을 좌지우지하던 제식 집행자의 권능에 더 이상 도취하지 못하는 것은, 이젠 더 노래하지 못하는 "노래하는 여자"에게는 몸의 한 부분이 잘려나가는 느낌이었다. 죽음과도 같은 깊은 슬픔이었다. 아니 죽음보다 더한 고통이었다. 그녀는 집에 갇혀서 지냈다. 외부와의 유일한 통로는 그녀가 개설해 놓은 에이즈 환자들과 수감자들을 위한 전화선이었다. 아무 것도 하지 않는 것은 죽음이다. 그녀는 아직 죽고 싶지 않았다. 주위에서는 회고록을 써보라는 권유도 있었다. 아직 때가 아니다. 그녀에게 회고록은 아카데미 프랑세즈의 늙은이나 군에서 물러난 장군들에게나 어울리는 것이다. 벌써 무덤에 한 발 걸치는 기분이었다. 아직 살아야 할 세월이 많이 남아있는데 무슨 소리인가!

그렇다면 디스크를 한 장 만들 수 있는 세월은 충분히 남아있지 않겠는가? 뮤직홀의 무대에서 공식적으로 노래하는 것은 안 되겠지만, 스튜디오에 들어가서 노래를 녹음하는 것은 얼마든지 가능한 일이었다. 그녀가 스튜디오에서 마지막 녹음한 것이 1981년이었다. 걸림돌이 되는 단 한 가지는 그녀의 목소리다. 그녀의 목소리는 기진맥진한 상태에 있었으나 노래하려는 의지가 충만한 가수의 강렬한 열망과 신념을 따라줄 것으로 믿었다.

1995년 말, 그녀는 스튜디오에서 앨범을 녹음하고 싶다는 의지를 피력한다. 장 이브 비이에를 비롯한 제작진은 환호성을 질렀다. 바르바라는 프레시의 작업실에 갇혔다. 피아노 앞에 앉아있으면서 멜로디가 머릿속에 떠오르면 녹음기에 녹음한 다음 나중에 몇 번이고 반복해서 들어본다. 이런 방식으로, 음악이 녹음테이프에 실리는 리듬에 따라 텍스트도 조금씩 그 모습을 드러내고 있었다. 장 이브 비이에는 1996년 8월과 9월 두 달 동안 스튜디오를 예약했다.

봄이 가고 여름이 시작되었지만 바르바라는 아직도 앨범 하나를 채울 수 있는 만큼의 타이틀을 만들어내지 못했다. 우선 이미 발표한 곡 가운데 아직 어느 앨범에도 포함되지 않았던 곡부터 녹음하기로 결정하였다. 〈11월의 아이들〉, 〈해는 다시 떠오른다〉, 〈여자-피아노〉 그리고 〈움직이는 모래〉 이렇게 네 곡이었다. 나머지 타이틀은 좀 더 기다려야 하였다. 그녀는 장 이브 비이에에게 반주를 담당할 최고의 뮤지션들을 한 팀으로 만들어 달라고 부탁했다. 이미 같이 일해 온 제라르 다게르가 음악 감독을 맡는 것은 당연하였다. 리샤르 갈리아노가 아코디언을, 에디 루이스가 오르간을, 디디에 로크우드가 바이올린을, 도미니크 마위와 로익 퐁티외가 퍼커션을, 로랑 베르느레가 베이스를, 장 자크 밀토가 하모니카를, 장 루이 엔캥이 신시사이저를, 베르나르 카무엥과 자크 베소가 트럼펫을 맡았다. 당시 생각할 수 있는 최고의 진영이었다. 이들은 모두 바르바라를 따라 쉬렌느에 있는 스튜디오 메가로 들어가게 된다. 녹음은 8월과 9월, 두 달간 이루어지게 된다.

그녀가 탈진했다는 소문이 돌았다. 심한 경우로는, 사망이 임박한 것 같다는 소리까지 들렸다. 그녀는 몇 주 밤을 새우기도 하였다. 그 전날 작업한 결과를 밤을 새워 들으면서 모자라는 타이틀을 완성하는 데 전력을 바쳤다.

먼저 〈존 파커 리〉와 〈뤼시〉 그리고 〈팩스를 보내요〉가 추가되었다. 이어서 제라르 드파르디외의 아들인 기욤 드파르디외가, 그것도 팩스로, 〈어쩔 수없이〉라는 제목의 텍스트를 보내왔다. "그룹 텔레폰"의 리드 보컬로 활동했던 장 루이 오베르는 눈부신 노래 〈살아 있는 시〉를 가져왔다. 그는 이런 말을 하였다.

"내가 바르바라를 처음 만난 것은 1995년 봄이었습니다. 그때 솔엔시와

장-루이 오베르 그가 공연 무대에서 보여주는 바르바라의 곡 해석은 탁월하면서 동시에 진한 감동을 자아낸다. 그가 부르는 바르바라의 〈언제 돌아올 건가요?〉를 보시라. (출처 : tempsreel.nouvelobs.com)

함께 프로젝트를 하나 구상하려던 참이었어요. 그때는 이미 〈살아 있는 시〉의 가사 가운데 두 절을 만들어 놓은 상태였습니다. 이걸 가지고 그녀의 집 문을 두드렸죠. 사람들 말로 그녀는 좀 특별한 사람이고 숨어산다고 그랬어요. 내가 보기에는 대단히 유쾌한 사람이었어요. 우리는 서로 한 번도 만난 적이 없었지만, 십오 분 정도가 지나자 같이 피아노 앞에 앉아 네 손으로 연주하기에 이르렀습니다. 그녀는 내가 그녀의 앨범에 일렉트릭 사운드의 광기를 불어넣어 주기를 바랐던 것 같습니다."

그녀는 텍스트를 쓰고, 삶을 살아가고, 생존을 하느라고 지친 자신의 모습을 주제로 듣기에 다소 두려운 노래 〈피로〉도 만들었다. 이어서 슬프지만 아름다운 〈복도〉가 더해진다. 이 노래는 말기 에이즈 환자들과 더불어 목숨을 건 투쟁을 벌이는 간호사들의 헌신적인 봉사정신으로부터 영감을 받아 만든 곡이다. 그리고 〈떠오르는 그 사람〉이 잊힌 과거로부터 환생하였다. 나치 민병대에 체포되어 총살당하는 젊은 레지스탕스를 기억하는 어두운 곡이다.

드디어 열두 곡이 완성되었다. 극심한 고통과 번민을 통해 만들어진 작품들이 그 모습을 온전히 드러낸 것이다. 이제 이 타이틀들은 녹음실로 들어가, 프레시에서 바르바라가 구상한 대로 소리와 색깔의 옷을 걸치게 될 것이다. 물론 경우에 따라서는 전혀 새로운 곡으로 변모할 수도 있었다.

1996년 10월, 길고 힘든 작업이 스튜디오에서 완료된다. 예정보다 많이 늦었다. 바르바라의 건강 상태와 기분에 따라 작업은 진행과 중단을 반복하였다. 두 번에 걸쳐 그녀는 뇌이이의 미국병원에 입원해야 했다. 한 곡의 녹음 작업이 끝날 때마다 그녀는 모든 힘을 소진하여, 다음 곡의 녹음에 들어가기 전까지 많은 시간을 휴식에 할애해야 했다. 천신만고 끝에 완성된 앨범을 처음부터 끝까지 듣고서 바르바라는 놀라움과 기쁨을 감추지 못했다. 그녀는 이제 종착역에 다다랐음을 알았다. 그러나 그것은 슬픔이 아니었다. 오히려 아름다운 일로 여겼다. 시간이 가면 갈수록 그녀는 점점 더 자유로움을 느끼게 되었다. 녹음이 끝나는 날 스튜디오에서 라 리베라시옹과 가진 인터뷰에서 그녀는 다음과 같이 소감을 전했다.

바르바라의 마지막 녹음 앨범 (출처 : mybabou.cowblog.fr)

"이건 마지막 앨범입니다. 놀라운 일이에요. 예순여섯의 나이란 건 아무 것도 아닙니다. 나이에는 관심 없어요. 끝을 내었다는 게 중요하죠. 이건 마지막 외침입니다. 마지막 침묵이죠." "바르바라"라고 간단히 이름을 붙인 이 디스크는 1996년 11월 6일에 출시되어 대성공을 거두었다. 마지막 앨범 "바르바라"는 언제부터인가 팬들 사이에서 유언장 디스크로 불리기 시작하였다. 기자들의 질문에 그녀는 이 유언장을 이렇게 말했다.

"나를 좀 빨리 땅에 묻는군요. 결코 유언이란 말을 해본 적이 없어요. 다만 샹송을 쓰고 나면, 이게 마지막이구나 하는 생각이 드는 것이지요."

제17장
못다 한 이야기

이제 일 년이 남았다. 바르바라는 알고 있었을까? 그녀는 프레시를 거의 떠나지 않았다. 산책하던 그녀의 모습도 점점 드물어졌다. 그래도 담장 바깥의 소식에는 언제나 귀를 열어놓고 있었다. 그녀는 장 이브 비이에와 베아트리스 드 누아이양과 함께 그녀의 전 작품을 정리하여 앨범-앤솔로지를 만드는 데 힘을 쏟고 있었다. 그녀가, 디스크의 형태로든 라이브 공연의 형태로든, 발표한 모든 샹송 가운데 대표적인 마흔 곡을 골라 더블 CD 앨범을 만들었다. "여자-피아노"로 이름을 붙인 이 앨범은 같은 이름의 타이틀 〈여자-피아노〉에서 시작하여 〈해는 다시 떠오른다〉로 끝을 맺는다. 이

앨범은 그녀가 30년 전부터 기록해온 일종의 자서전이라고 할 수 있다. 그녀의 대표작 거의 전부가 수록된 이앨범을 소개하는 포스터는 1997년 11월 초에 파리를 시작으로 프랑스 전역의 광고판을 덮는다.

자크 아탈리 미테랑 대통령의 경제 고문을 역임하였다. 바르바라의 에이즈 퇴치 운동을 적극적으로 도왔다. 그녀가 자서전을 집필하도록 강권하였다. (출처 : wikimedia.org)

바르바라가 남긴 미완성의 자서전
(출처 : romanesque.be)

1996년 12월부터 바르바라는 노래하는 여자의 삶을 쓰기 시작하였다. 자크 아탈리의 권유를 받아들인 것이다. 애초에 그녀는 자서전을 통해 자신의 모습을 드러내는 것을 꺼렸다. 내 삶의 이야기가 누구의 관심을 끌까? 나는 다른 사람의 인생을 읽는 것이 훨씬 재미있다. 내가 걸어온 길을 이야기하는 것은, 다른 사람들 눈에는 이 길에 종점을 찍는 것이다. 그러나 자크 아탈리의 생각은 달랐다. 그것은 오히려 반대로 여정을 계속하는 것이고 그녀의 팬들과 끊임없이 대화를 유지하는 또 다른 수단이었다.

그러나 돌이켜 보면, 바르바라는 백 쪽 정도를 쓰면서 1960년대 중반 정도에 이르는 그녀의 삶을 보여줄 수 있는 시간을 확보했을 뿐이었다. 그녀가 밤을 새워 쓴 이야기는 한 장씩 팩스로 변하여 파야르 출판사로 보내졌다. 1998년 9월, 그녀의 회고록은 "검은 피아노가 있었지 - 못다 한 이야기"라는 제목으로 출판된다. 부정확한 곳과 잊어버린 부분도 다소 섞여있지만 그것은 감동적이고 정열적인 작품이었다. 바르바라는 그 속에서 자신이 입었던 상처를 진솔하게 밝히고 논란을 불러일으킨 그녀의 샹송을 해석하는 열쇠를 제공하였다. 아마도 좀 더 시간이 있었다면 그녀의 이야기는 더 계속되었을 것이다.

1997년 11월 23일, 가을은 마지막 옷자락을 끌면서 프레시의 뒤안길로 사라지고 있었다. 이 시기에는 밤이 무척 일찍 찾아왔다. 저녁 식사를 마친 바르바라는 거북함을 느꼈다. 시간이 흐르면서 고통이 점점 심해졌다. 베아트리스 드 누아이양이 소방서 구급대에 구조를 요청하였다. 긴급 입원이 필요하다는 구조대 의사의 지시에 따라 뇌이이의 미국 병원으로 후송되었으나 이미 그녀는 의식을 잃었다. 밤새도록 의료진은 최선을 다했으나 그녀의 의식은 돌아오지 않았다. 소생을 위한 최고의 테크닉을 동원하였지만, 모니크 세르프, 예명 바르바라는 1997년 11월 24일 월요일 오후 4시 영면에 들어갔다. 급성식중독으로 인한 쇼크로 사망했다는 발표가 나왔다. 그것은 기요틴의 칼날 같은 선고였다. 그녀는 〈죽음〉에서처럼 조심하지 못하였다.

> 그것은 죽음, 길을 걸어가는 죽음
> 조심하라
> 창문을 잘 닫아라,
> 결코, 그녀가 네 집을 침입하지 못하도록
> 이 여자, 그것은 죽음,
> 죽음, 죽음, 죽음······.

가족들이 달려왔다. 가장 먼저 오빠 장 세르프가 병원으로 달려왔고 이어서 여동생 레진이 들어왔다. 레진은 이스라엘에 살고 있었다. 막내 동생 클로드는 민감한 성격을 고려하여 조심스럽게 연락을 취하였다. 제라르 드파르디외가 왔다. 그는 릴리 파시옹의 가족을 위해 무엇이든 도와줄 준비를 하고 있었다. 가족 간의 합의로 바르바라의 사망 소식은 묘지에 안장

할 때까지 비밀에 부치기로 하였다. 그리고 고인의 소망에 따라 잠드는 순간의 바르바라의 모습을 공개하지 않기로 하였다. 〈죽기 위해 죽어야 한다면〉에서 그녀는 이렇게 노래한 적이 있지 않았던가?

> 난 오히려 사라지고 말지
> 내가 아름다운 시절에
> 그 누구도 날 볼 수 없게
> 레이스 아래 시든 나를,
> 레이스 아래 시든 나를.

11월 25일 새벽, 라디오에서는 바르바라가 사망한 것 같다는 추측성 보도가 나오기 시작했다. 프랑스 전역이 우울한 아침을 맞이하고 있었다. 정오가 되면서 추측성 기사는 이제 확실한 기사가 되었다. AFP의 보도는 이 불길한 예상을 사실로 만들었다. 뇌이이의 미국 병원 주변을 경찰은 에워싸고 사람들의 출입을 통제하였다. 신문 가판대에는 이미 바르바라를 표지에 새긴 일간지와 주간지들이 등장하였다. 라 리베라시옹은 "나의 가장 아름다운 사랑 이야기, 그것은 당신"을, 르 누벨 옵세르바퇴르는 "언제 돌아올 건가요?"를 각각 제호로 걸었다. 텔레비전과 라디오 방송은 정규 편성을 중단하고 모

주간지 르 누벨 옵세르바퇴르 바르바라의 유명한 상송 "언제 돌아올 건가요?"를 제호로 걸었다. (출처 : google. fr)

두 추모 특집 방송으로 전환하였다. 장례식은 11월 27일 오전 11시에 거행하도록 정해졌다.

이날 파리 남쪽 바뉴 묘지의 입구에는 바르바라를 애도하는 팬들이 운집하였다. 미국 병원에서 출발한 운구가 도착 예정 시간보다 두 시간을 넘겼는데도 아직 도착하지 못하였다. 모두 미동도 하지 않고 비를 맞으며 기다리고 있었다. 묘지 입구에서 좀 더 들어간 곳에 있는 바르바라의 가족묘 앞에는 프랑스 샹송과 영화의 낯익은 얼굴들이 모여 있었다. 카트린 라라, 뤽 플라몽동, 파니 아르당, 기욤 드파르디외, 마리 폴 벨, 이브 뒤테이, 장 자크 드부, 뮈리엘 로뱅, 장 미셸 보리스, 기 좁, 다니엘 에브누, 자크 이저랭, 레오 카락스, 제라르 다게르 그리고 롤랑 로마넬리가 침묵 속에 비를 맞으며 서 있었다. 이윽고 운구가 도착하였다. 기다리던 추모객들은 모두 검정색 묘석이 있는 곳으로 향했다. 어머니 에스테르, 외할머니 그라니와 외할아버지 모세가 잠들어 있는 곳이다. 금발에 조그만 몸집을 한 레진이 언니 바르바라를 추모하였다.

"너는 가을을 사랑했지, 그렇지만 우리에겐 얼음처럼 차가워. 평화롭게 잠들어라. 사랑해."

제라르 드파르디외가 이어서 말했다.

"성 카트린느를 기념하여 처녀들 머릿결을 손질하는 날 너는 떠났다. 너는 11월을 경계했지. 계속해서 노래하렴, 내 사랑! 너는 지금 네 섬에서, 미모사가 피어있는 네 섬에서 살고 있어. 그곳에선 이미 네가 여왕이지. 노래해, 나의 천사여, 노래해. 사랑한다."

제라르 드파르디외, 샤를레 마루아니, 자크 아탈리, 장 클로드 브리알리

와 공연제작자 질베르 쿠이에가 바르바라를 대지 위에 편안히 눕혔다. 그
녀가 바랐던 것처럼.

> 그들은 내 침대를 놓았네,
> 나의 남자들은,
> 조용한 들판 위에,
> 나의 남자들은,
> 나는 그림자에서 잠들 수 있지,
> 그들은 그곳에 내 무덤을 팔 거야.

그녀는 자신이 이 세상을 떠나는 날 아무도 노래하지 말 것을 부탁하였
다. 그러나 늦가을 찬비를 맞으며, 아직 닫지 않은 묘소 앞에서 서로 몸을
붙이고 서 있는 그들이, 그녀의 가장 아름다운 사랑 이야기가 어떻게 노래
하는 여자가 남긴 노래들을 부르지 않을 수 있을까? 어떤 이들은 마음속으
로, 어떤 이들은 흐느끼면서, 또 어떤 이들은 분노의 몸짓으로, 프랑스 샹
송의 디바가 남긴 노래를 부르고 있었다. 〈언제 돌아올 건가요?〉를, 〈작은
칸타타 한 곡〉을, 〈삶의 고통〉을, 〈괴팅겐〉을 그리고 〈나의 가장 아름다
운 사랑 이야기〉를. 가을 바이올린 긴 흐느낌으로 가득 찬 바르바라의 눈
부신 샹송은 추모객들의 가슴을 회색 슬픔으로 가득 채웠다. 이렇게 많은
사람들이 찾아와서 아파할 줄을 이미 알았을까? 삼십 년 전 보비노 무대에
서 바르바라는 〈사람들이 많을 거예요〉를 불렀다.

> 그리고 내가 묻힐 때면
> 포근한 땅 저 안에,
> 오! 내가 그렇게도 사랑한 당신들 모두

내 삶이 다하도록,
라 라 소리가 들려도,
나의 마지막 작은 샹송이,
그냥 편하게 흘러들으세요,
그건 이 뜻이에요, "아듀, 사랑해요."

하루 종일, 밤이 새도록, 비는 내렸다. 아직 닫지 못한 묘지 앞에 수북이
쌓인 사랑의 시와 편지들 위로. 프레시 주민 410명이 바친 장미꽃 410 송
이 위로. 그리고 "괴팅겐의 금발 아이들을 추억하며" 한 독일인이 바친 꽃
위로.

브로드스키 가족묘에 안치된 바르바라 (출처 : landrucimetieres.fr)

바르바라 평전

| 참고 자료 |

■ 도서

BARBARA, *Il était un piano noir... - Mémoires interrompus*, Fayard, 1998.

BARBARA, *Ma plus belle histoire d'amour - L'oeuvre intégrale*, Edition revue et augmentée, L'Archipel, 2012.

BELFOND, Jean-Daniel, *Barbara l'ensorceleuse*, Christian Pirot, 2000.

BRIERRE, Jean-Dominique, *Barbara, une femme qui chante*, Hors Collection, 2007.

CALVET, Louis-Jean, *Cent ans de chanson française*, L'Archipel, 2008.

CHAIX, Marie, *Barbara*, Libella - Maren Sell, 2007.

CROCQ, Philippe et MARESKA, Jean, *Barbara, Le noir lui allait si bien*, Editions de la Lagune, 2007.

CUESTA, Stan et VERLANT, Gilles, *La discothèque parfaite de la chanson française*, Fetjaine, 2011.

DE STABENRATH, Bruno, *Qu'est-ce que tu me chantes?*, Robert Laffont, 2006.

DELASSEIN, Sophie, *Rappelle-toi Barbara*, 10/18, 2002.

GARCIN, Jérôme, *Barbara, claire de nuit*, Gallimard, 2002.

GRIMBERT, Philippe, *Chantons sous la psy*, Hachette, 2002.

JULY, Joël, *Les mots de Barbara*, Publications de l'Université de Provence, 2004.

KAVIN'KA et LE COSSEC Catherine, *Dans l'ombre de Barbara*, éditions du Rocher, 2007.

LAPIERRE, Jean, *La chanson de Paris*, Aumage éditions, 2005.

LEHOUX, Valérie, *Barbara, Portrait en clair-obscur,* Fayard/Chorus, 2007.

LELAIT-HELO, David, *Barbara*, Payot, 2007.

MAROUANI, Charley, *Une vie en coulisses*, Fayard, 2011.

MILLOT, Didier, *Barbara, J'ai traversé la scène*, Editions Mille et Une nuits, 2004.

MILLOT, Didier, *et je signe… Barbara*, Artena, 2007.

MILLOT, Didier, *Je me souviens… Barbara*, Artena, 2012.

MOUSTAKI, Georges, *Petit abécédaire d'un amoureux de la chanson*, L'Archipel, 2012.

ROMANELLI, Roland, *Vingt ans avec Barbara*, L'Archipel, 2010.

SCHLESSER, Gilles, *Le cabaret "rive gauche"*, L'Archipel, 2006.

VARROD, Didier, *Barbara, A demain, je chante*, Textuel, 2007.

VIGNOL, Baptiste, *Le top 100 des chansons que l'on devrait tous connaître par coeur*, Didier Carpentier, 2007.

VINCENDET, Serge, *Barbara, Ombre et lumière*, Alphée, 2007.

WODRASCKA, Alain, *Barbara, N'avoir que sa vérité*, Didier Carpentier, 2001.

WODRASCKA, Alain, *Barbara, Parfums de femme en noir*, Didier Carpentier, 2007.

WODRASCKA, Alain, *Barbara, une vie romanesque*, cherche midi, 2013.

■ DVD

barbara à Pantin, Mercury, 1981.

barbara au Châtelet 87, Mercury, 1988.

Barbara, une longue dame brune, Mercury, 2004.

Chanteurs de toujours, ina, 2008.

Discorama, ina, 2007.

Franz, éditions Jacques Brel, 2008.

Serge Lama / Bercy 2003, Warner music France, 2004.

■ 디스코그래피

1959

- Barbara à L'Écluse (En public. Pathé-Marconi. 25 cm. FDLP 1079)

La Femme d'Hector. Souvenance. Il nous faut regarder. Un monsieur me suit dans la rue. Les Amis de Monsieur. Tais-toi Marseille. La Belle Amour. La Joconde. Les Sirènes.

1960

- Barbara chante Brassens (Odéon. 25 cm. 1260 M)

La Marche nuptiale. Le Père Noël et la petite fille. Pauvre Martin. La Légende de la nonne. Pénélope. Oncle Archibald. La Femme d'Hector. Il n'y a pas d'amour heureux.

1961

- Barbara chante Brel (Odéon. 25 cm. 1266 M)

Les Flamandes. Je ne sais pas. Voici. Seul. Sur la place. Ne me quitte pas. Il nous faut regarder. Le Fou du roi. Litanies pour un retour.

1963

- Dis, quand reviendras-tu? (CBS. 30 cm. 62660)

Dis, quand reviendras-tu ? J'entends sonner les clairons. Tu ne te souviendras pas. Le Verger en Lorraine. Ce matin-là. Chapeau bas. Le Temps du lilas. Liberté. Attendez que ma joie revienne. Nantes. Vous entendrez parler de lui. De Shanghai à Bangkok.

1964

- Barbara chante Barbara (Philips. 30 cm. 77806)

À mourir pour mourir. Pierre. Le Bel Âge. Au bois de Saint-Amand. Je ne sais pas dire. Gare de Lyon. Nantes. Chapeau bas. Paris 15 août. Bref. Sans bagages. Ni belle ni bonne.

1965

- Le Mal de vivre (Philips. 30 cm sans titre. 77859)

Le Mal de vivre. Si la photo est bonne. Septembre (quel joli temps). J'ai troqué. Tous les passants. Göttingen. Toi l'homme. Une petite cantate. La Solitude. Les Mignons.

1967

- Bobíno 1967 (En public. Philips. 30 cm. 77870)

Madame. Parce que (je t'aime). À mourir pour mourir. Au cœur de la nuit. Y aura du monde. Une petite cantate. À chaque fois. Ma plus belle histoire d'amour.

- Barbara síngt Barbara (En allemand. Philips. 30 cm.842151)

Göttingen. Paris in August. Eine winzige Kantate. Sag Wann bist du bei mir. Nantes. Pierre. Wenn schon sterben dann schonn sterben. Die Einsamkeit. Mein Kompliment. Ich liebe dich kann ich nicht sagen.

- Ma plus belle hístoire d'amour (Philips. 30 cm. 70441)

Parce que (je t'aime). Y aura du monde. La dame brune. Au cœur de la nuit. Ma plus belle histoire d'amour. Marie Chevenance. À chaque fois. Madame. Les rapaces.

1968

- Le Soleil noir (Philips. 30 cm. 8447 83)

Le Soleil noir. Plus rien. Gueule de nuit. Le Sommeil. Tu sais. Le Testament. Mes hommes. Mon enfance. Du bout des lèvres. L'Amoureuse. Joyeux Noël.

1969

- Une soirée avec. ... (En public à l'Olympia. Philips. Double 30 cm. 844956-57) Chapeau bas. Mon enfance. Joyeux Noël. Les Amis de Monsieur. Elle vendait des petits gâteaux. La Complainte des filles de joie. Gare de Lyon. Bref. Le Grand Frisé. La Dame brune. Gueule de nuit. Toi. Du bout des lèvres. Plus rien. Au bois de Saint-Amand. L'Amoureuse. La Solitude. Göttingen. Le Soleil noir. Pierre. Mes hommes. Nantes.

1970

- Madame (Philips. 30 cm. 6311004)

De jolies putes vraiment. Le 4 novembre. Regardez le regard des hommes. Ils étaient cinq. Je serai douce. Le Passant. L'Amoureuse. La Nuit tu dors. Les Amis de Monsieur. La Vie d'artiste. Elle vendait des p'tits gâteaux. Chanson de Margaret.

- L'Aigle noir (Philips 30 cm. 63 11084)

À peine. Quand ceux qui vont. Hop là. Je serai douce. L'Amoureuse. L'Aigle noir (dédié à Laurence). Drouot. La Colère. Au revoir. Le Zinzin.

1972

- La Fleur d'amour (Philips. 30 cm. 6325004)

La Fleur, la source et l'amour. L'Indien. La Saisonneraie. Les Rapaces. La Solitude. Vienne. L'Absinthe. C'est trop tard. Églantine.

- Amours incestueuses (Philips. 3 0 cm. 6332 1 19)

Amours incestueuses. Le Bourreau. Printemps. Rémusat. La colère. Perlimpinpin. Accident. La Ligne droite. Clair de nuit.

1973

- La Louve (Philips. 30 cm. 6325073)

Marienbad. Les Hautes mers. Là-bas. La Louve. Le Minotaure. Je t'aime. L'Enfant laboureur. Monsieur Capone. Ma maison. Chanson pour une absente (le 6 novembre).

1974

- Théâtre des Variétés (En public. Philips. Double 30 cm. 6311163)

Chapeau bas. Rémusat. Quand ceux qui vont. Drouot. L'Indien. Marienbad. Y aura du monde. Perlimpinpin. Toi. Parce que (je t'aime). À mourir pour mourir. Amours incestueuses. La Louve. Le Minotaure. L'Enfant laboureur. À peine. Ma plus belle

histoire d'amour. Hop là. L'Homme en habit rouge. Mes hommes. Nantes. Le Mal de
vivre. L'Aigle noir.

1978
- Olympia (En public. Philips. Double 30 cm. 6332342)
Chapeau bas. Fragson. Quand ceux qui vont. Au bois de Saint-Amand. La Musique.
Drouot. La Mort. Marienbad. Les Insomnies. Il automne. Perlimpinpin. Toi. Ma mai-
son. Mon enfance. L'Enfant laboureur. À peine. À mourir pour mourir. Une petite
cantate. La Solitude. Le Soleil noir. L'Amour magicien. Ma plus belle histoire d'amour.
Le Mal de vivre.

1981
- Seule (Philips. 30 cm. 6313134)
Seule. La Musique. Précy jardin. La Mort. La Déraison. Fragson. Mille chevaux d'éc-
ume. Il automne. Monsieur Victor. Cet enfant-là. L'Amour magicien. Les Insomnies.
- Récital Pantin 81 (En public. Philips. Double 30 cm. 6315295)
Pierre (intro). Regarde. La musique. Quand ceux qui vont. Au bois de Saint-Amand.
Monsieur Victor. Drouot. Mille chevaux d'écume. Ma maison. Les Insomnies. Marien-
bad. Perlimpinpin. La Mort. L'Enfant laboureur. Seule. Le Soleil noir. Pierre. L'Homme
en habit rouge. Le Mal de vivre. L'Aigle noir. Ma plus belle histoire d'amour. Mes
hommes. Présentation des musiciens. Göttingen. Pantin.

1986
- Barbara-Depardieu : Lily Passion (En public Philips. 2 CD. 826825)
Berlin. Il tue. Cet assassin. Ô mes théâtres. Lily Passion. Bizarre. Tire pas. Je viens.
Tango indigo. David Song. Emmène-moi. L'Île aux mimosas. Campadile. Mémoire,
mémoire. Qui est qui. Qui sait. Ma plus belle histoire d'amour. L'Île aux mimosas.
Lily Passion.

1987
- Châtelet 87 (En public. Philips. 2CD. 834041)

Perlimpinpin. Au bois de Saint-Amand. Du sommeil à mon sommeil. Raison d'État. Une petite cantate. Il automne. Qui est qui. Sid'amour à mort. Drouot. Tire pas. Fragson. À mourir pour mourir. Mémoire, mémoire. Marienbad. L'Homme en habit rouge. Ô mes théâtres. Rémusat. Mon enfance. La Mort. Seule. L'île aux mimosas. Le Soleil noir. Le Piano noir. Ma plus belle histoire d'amour. Pierre. Le Mal de vivre. L' Aigle noir. Nantes. Göttingen. Lily Passion. Dis, quand reviendras-tu?

1990

- Gauguin (En public à Mogador. Philips. 2 CD. 846263)

Perlimpinpin. Gauguin (Lettre à Jacques Brel). Les enfants de novembre. Précy Jardin. Monsieur Victor. Au bois de Saint-Amand. Drouot. Sid'amour à mort. Marienbad. Rêveuses de parloir. L'Homme en habit rouge. Ô mes théâtres. Vol de nuit. Coline. L'Enfant laboureur. À mourir pour mourir. Le Soleil noir. Ma plus belle histoire d' amour. Pierre. Le Mal de vivre. Valse Franz. L'Aigle noir. Nantes. Mes hommes. Göttingen. La plus bath des javas.

1993

- Châtelet 93. (En public. Philips. 2 CD. 518795)

Le Jour se lève encore. Attendez que ma joie revienne. Pleure pas. Gauguin. Mille chevaux d'écume. Lily Passion Monsieur Victor. Marienbad. Vol de nuit. Au bois de Saint-Amand. Madame. Perlimpinpin. Sid'amour à mort. Le Soleil noir. Ma plus belle histoire d'amour. Sables mouvants. Le Mal de vivre. Valse Franz. L'Aigle noir. Göttingen. Ô mes théâtres. L'Aigle noir (instrumental). Veuve de guerre. L'Île aux mimosas. Femme-piano-lunettes. Nantes. Dis, quand reviendras-tu? Le Jour se lève encore.

1996

- Barbara (Philips. CD. 534 269)

Il me revient. À force de. Le Couloir. Le jour se lève encore. Vivant poème. Faxe-moi. Fatigue. Femme-piano. John Parker Lee. Sables mouvants. Lucy. Les Enfants de novembre.

〈난 맞바꾸었죠〉	J'ai troqué
〈난 사랑을 죽였어요〉	J'ai tué l'amour
〈날 데려가주오〉	Emmène-moi
〈날 떠나지 마오〉	Ne me quitte pas
〈낭트〉	Nantes
〈내가 찾는 남자〉	Toi, l'homme
〈너〉	Toi
〈누가 누구인가〉	Qui est qui
〈누가 알아〉	Qui sait
〈다비드 송〉	David Song
〈닥쳐 마르세이유〉	Tais-toi Marseille
〈더 이상 없어〉	Plus rien
〈두 아저씨〉	Les Deux oncles
〈드루오 경매장〉	Drouot
〈떠오르는 그 사람〉	Il me revient
〈라일락 필 때〉	Le Temps du lilas
〈레뮈자〉	Rémusat
〈뤼시〉	Lucy
〈릴리 파시옹〉	Lily Passion
〈마담〉	Madame
〈마리엔바드〉	Marienbad
〈말 못 하겠어요〉	Je ne sais pas dire
〈메리 크리스마스〉	Joyeux Noël
〈면회실의 꿈꾸는 여자〉	Rêveuse de parloir
〈모나리자〉	La Joconde
〈미모사 피는 섬〉	L'Ile aux mimosas
〈바다〉	La Mer
〈바라보라〉	Regarde
〈밤의 여자〉	Gueule de nuit
〈베를린〉	Berlin
〈복도〉	Le Couloir

〈불면증〉	Les Insomnies
〈불쌍한 마르탱〉	Pauvre Martin
〈비엔나〉	Vienne
〈빅토르 씨〉	Monsieur victor
〈사라〉	Sarah
〈사람들이 많을 거예요〉	Y aura du monde
〈사랑에 빠진 여인〉	L'Amoureuse
〈사랑의 찬가〉	L'Hymne à l'amour
〈살아있는 시〉	Vivant poème
〈삶의 고통〉	Le Mal de vivre
〈상하이에서 방콕으로〉	De Shanghai à Bangkok
〈샘물〉	L'Eau vive
〈생 타망 숲에서〉	Au bois de Saint-Amand
〈세이렌〉	Les Sirènes
〈쏘지 마〉	Tire pas
〈아귀 같은 인간들〉	Les Rapaces
〈아름다운 사랑〉	La Belle Amour
〈아름다운 청춘〉	Le Bel Age
〈암스테르담〉	Amsterdam
〈어쩔 수없이〉	A force de
〈언제 돌아올 건가요?〉	Dis, quand reviendras-tu?
〈엑토르 부인〉	La Femme d'Hector
〈여자-피아노〉	Femme piano
〈예쁘지도, 착하지도 않은〉	Ni belle, ni bonne
〈예술가의 인생〉	La Vie d'artiste
〈오 나의 극장〉	O mes théâtres
〈오베르뉴 사람을 위한 노래〉	Chanson pour l'Auvergnat
〈우린 바라봐야 해〉	Il nous faut regarder
〈움직이는 모래〉	Sables mouvant
〈윌리엄 씨〉	Monsieur William
〈이 살인자〉	Cet assassin

〈홀로〉	Seule
〈흰 카네이션〉	L'OEillet blanc

■ 고유명사 한불 대조표

가스통 폴레	Gaston Paulet
개테 길	rue de la Gaîté
게르하르트 쉬뢰더	Gerhard Schröder
괴팅겐	Göttingen
국립고등음악원	Conservatoire supérieur national de musique
귄터 클라인	Gunther Klein
그라니	Granny
그랑 조귀스탱 부두길	quai Grands-Augustins
그랑주 오 루 길	rue de la Grange-aux-Loups
그랑플라스	la Grand-Place
그르넬 길	rue de Grenelle
그르노블	Grenoble
기 베아르	Guy Béart
기 브도스	Guy Bedos
기욤 드파르디외	Guillaume Depardieu
기 좁	Guy Job
나나 무스쿠리	Nana Mouskouri
낭시	Nancy
노트르 담 드 로레트	Notre-Dame-de-Lorette
놀레 길	rue Nollet
누벨 옵쇠르바퇴르	Nouvel Observateur
니콜 가르시아	Nicole Garcia
니콜레타	Nicoletta
다니엘 미테랑	Danièle Mitterrand
다니엘 에브누	Danièle Evenou

다비드	David
델핀 세리그	Dephine Seyrig
도미니크 마위	Dominique Mahut
드니즈 글라제	Denise Glaser
디디에 로크우드	Didier Lockwood
디스코라마	Discorama
디종	Dijon
라 르뷔 뒤 디스크	la Revue du Disque
라 아르프 길	rue de la Harpe
레몽 드보스	Raymond Devos
레뮈자 길	rue de Rémusat
레오 노엘	Léo Noël
레오 카락스	Léo Carax
레오 페레	Léo Ferré
레오니	Léonie
레옹	Léon
레쟁로큅티블	Les Inrockuptibles
레진 (세르프)	Régine (Serf)
레퓌블릭 광장	place de la République
렉스프레스	L'Express
렌	Rennes
로랑 베르느레	Laurent Verneray
로랑 파비위스	Laurent Fabius
로베르 바댕테르	Robert Badinter
로베르 오센	Robert Hossein
로베르 이르슈	Robert Hirsch
로안느	Roanne
로익 퐁티외	Loïc Pontieux
로제 에냉	Roger Henin
로즈 느와르	la Rose Noire
로즈 루주	la Rose Rouge

롤랑 로마넬리	Roland Romanelli
루배	Roubaix
루아르	Loir
루앙	Rouen
루이 베드	Louis Beydts
루이 아라공	Louis Aragon
루이 아장	Louis Hazan
루이즈 세르프	Louise Serf
뤼마니테	L'Humanité
뤼시엥 모리스	Lucien Morisse
뤼엘 말매종	Ruel-Malmaison
뤽 시몽	Luc Simon
뤽 플라몽동	Luc Plamondon
르 마탱	Le Matin
르 베지네	Le Vésinet
르 카나르 앙셰네	Le Canard enchaîné
르뤼주	Le Refuge
르 피가로	Le Figaro
리베라시옹	la Libération
리브 고슈	la Rive Gauche
리브 드루아트	la Rive Droite
리샤르 갈리아노	Richard Galliano
리샤르와 라누	Richard et Lanoux
리용	Lyon
릴	Lille
릴리 파시옹	Lily Passion
릴리안 베넬리	Liliane Benelli
마들렌 토마 뒤세케	Madeleine Thomas-Dussequé
마래	Marais
마르그리트 뒤라스	Marguerite Duras
마르그리트 모노	Marguerite Monnot

마르세이유	Marseille
마르셀 물루지	Marcel Mouloudji
마르셀 아스티르	Marcel Hastir
마르셀 카르네	Marcel Carné
마르카데 길	rue Marcadet
마르크 슈발리에	Marc Chevalier
마르키즈 군도	les Marquises
마리 셰	Marie Chaix
마리엔바드	Marienbad
마리 조제 뇌빌	Marie-José Neuville
마리 폴 벨	Marie-Paule Belle
마크오를랑	MacOrlan
막심 세르프	Maxime Serf
말리크 우세킨	Malik Oussekine
망사르드	la Mansarde
메종 알포르	Maisons-Alfort
모	Meaux
모가도르 극장	Théâtre Mogador
모니크 (세르프)	Monique (Serf)
모리스 베자르	Maurice Béjart
모리스 비달랭	Maurice Vidalin
모리타니	Mauritanie
모이즈 브로드스키	Moïse Brodsky
몰다비아	Moldavie
몰라르 길	rue du Mollard
몽토방	Montauban
몽트뢰	Montreux
몽펠리에	Montpellier
뮈리엘 로뱅	Muriel Robin
뮈튀알리테	Mutualités
미레이	Mireille

미셸 고드리	Michel Gaudry
미셸 모르강	Michèle Morgan
미셸 조나스	Michel Jonasz
미셸 콜롱비에	Michel Colombier
미셸 포르탈	Michel Portal
미셸 퓌갱	Michel Fugain
미셸 피콜리	Michel Piccoli
미제리코르드 공동묘지	le cimetière de Miséricorde
미켈 앙주 길	rue Michel-Ange
바뉴	Bagneux
바뉴 묘지	le cimetière de Bagneux
바르바라 브로디	Barbara Brodi
바르바라	Barbara
바스티유 광장	place de la Bastille
바티뇰 공원	square des Batignolles
발랑스	Valence
방 베르	le Vent Vert
뱅상 스코토	Vincent Scotto
베로니크 상송	Véronique Sanson
베르나르 카무엥	Bernard Camoin
베르나르 앙리 레비	Bernard-Henri Lévy
베르시	Bercy
베르코르	Vercors
베아트리스 드 누아이양	Béatrice de Nouaillan
벨 에포크	la Belle Epoque
보르도	Bordeaux
보리스 비앙	Boris Vian
보마르셰 대로	le boulevard Beaumarchais
보비니	Bobigny
불 도르	La Boule d'Or
브로샹 길	rue Brochant

브뤼노 코카트릭스	Bruno Coquatrix
브뤼앙	Bruand
브리지트 바르도	Brigitte Bardot
브리지트 사부로	Brigitte Sabouraud
브리지트 퐁텐	Brigitte Fontaine
브줄	Vesoul
블루아	Blois
비유 티이욀	le Vieux Tilleul
비트뤼브 길	rue Vitruve
빌레트	la Villette
빌리 로젠봄	Willy Rosenbaum
살롱 쉬르 손	Salon-sur-Saône
생 마르슬랭	Saint-Marcellin
생 미셸	Saint-Michel
생 자크 병원	l'hôpital de Saint-Jacques
생 테티엔	Saint-Etienne
샤를레 마루아니	Charley Marouani
샤를르 아즈나부르	Charles Aznavour
샤를르 트레네	Charles Trenet
샤를르루아	Charleroi
샤토루	Châteauroux
샤틀레	Châtelet
샹송의 창	la Vitrine aux Chansons
세르주 겐즈부르	Serge Gainsbourg
세르주 라마	Serge Lama
세르주 레지아니	Serge Reggiani
센	Seine
셰 므와노	Chez Moineau
셰 아드리엔	Chez Adrienne
셰일라	Sheila
소쇼	Sochaux

소피 마크노	Sophie Makhno
슈발 도르	le Cheval d'Or
슈발 블랑	le Cheval Blanc
스머프	les Schtroumpfs
스트라스부르	Strasbourg
스피루	Spirou
시몬 베이유	Simone Veil
시몬 시뇨레	Simone Signoret
실비 바르탕	Sylvie Vartan
아니에스 카프리	Agnès Capri
아다모	Adamo
아르슈 드 노에	l'Arche de Noé
아미엥	Amiens
아비장	Abidjan
아카데미 샤를르 크로	Académie Charles Cros
아틀리에	l'Atelier
안 실베스트르	Anne Sylvestre
안스파쉬 대로	boulevard Anspach
안젤 귈레르	Angèle Guller
알랭 레네	Alain Rénais
알카자르	Alcazar
앙드레 쉴레세	André Schlesser
앙시엔 벨직크	Ancienne Belgique
에디 루이스	Eddy Louisse
에디트 피아프	Edith Piaf
에셀 드 자콥	l'Echelle de Jacob
에스테르 (세르프)	Esther (Serf)
에클뤼즈	l'Ecluse
에테리 루샤드제	Ethery Rouchadzé
에투알 뒤 쉬드	l'Etoile du Sud
엑스 앙 프로방스	Aix-en-Provence

엔리코 마시아스	Enrico Macias
엘자 트리올레	Elsa Triolet
오데옹	Odéon
오피탈 아메리캥	l'Hôpital Américain
올랭피아	l'Olympia
위베르 발래	Hubert Ballay
윌리암 셰레르	William Sheller
이방 델포르트	Yvan Delporte
이브 뒤테이	Yves Duteil
이브 몽탕	Yves Montand
이브 생 로랑	Yves Saint Laurent
이브 졸리	Yves Joly
익셀	Ixelles
자크 다탱	Jacques Datin
자크 뒤필로	Jacques Dufilho
자크 랑	Jacques Lang
자크 루베롤리	Jacques Rouveyrollis
자크 베리에르	Jacques Verrières
자크 베소	Jacques Bessot
자크 베스	Jacques Besse
자크 브렐	Jacques Brel
자크 세겔라	Jacques Séguéla
자크 세르프	Jacques Serf
자크 아탈리	Jacques Attali
자크 이저랭	Jacques Higelin
자크 칼론	Jacques Calonne
자크 프레베르	Jacques Prévert
잔 스피르	Jeanne Spire
잔로프	Xanrof
장 로쉬포르	Jean Rochefort
장 비에네르	Jean Wiener

장 카르메	Jean Carmé
장 타르디외	Jean Tardieu
장 프와소니에	Jean Poissonier
장 (세르프)	Jean (Serf)
장 루이 엔캥	Jean-Louis Hennequin
장 루이 오베르	Jean-Louis Aubert
장 미셸 보리스	Jean-Michel Boris
장브 드 브와	la Jambe de Bois
장 이브 비이에	Jean-Yves Billet
장 자크 드부	Jean-Jacques Debout
장 자크 밀토	Jean-Jacques Milteau
장 클로드 마시아스	Jean-Claude Macias
장 클로드 브리알리	Jean-Claude Brialy
장 폴 르 샤느와	Jean-Paul Le Chanois
제니트	Zénith
제라르 다게르	Gérard Daguerre
제라르 드파르디외	Gérard Depardieu
제롬 가르생	Jérôme Garcin
제비꽃 부케	Violettes Impériales
제프	Jeff
조 덱민	Jo Dekmine
조 아티야	Joe Attia
조르주 무스타키	Georges Moustaki
조르주 브라센스	Georges Brassens
조스 바젤리	Joss Baselli
쥘리에트 그레코	Juliette Gréco
쥘리에트 비노슈	Juliette Binoche
지지 장매르	Zizi Jeanmaire
질 비뇨	Gilles Vigneault
질베르 루셀	Gilbert Roussel
질베르 베코	Gilbert Bécaud

질베르 소미에	Gilbert Sommier
질베르 쿠이에	Gilbert Couiller
카지노 드 파리	Le Casino de Paris
카트린 드뇌브	Catherine Deneuve
카트린 라라	Catherine Lara
카퓌신 대로	Boulevard des Capucines
캉	Caen
코라 보케르	Cora Vaucaire
코린트	Corinthe
코트 다쥐르	Côte d'Azur
콜레트 르나르	Colette Renard
콜롱브	la Colombe
콜뤼슈	Coluche
콩바	Le Combat
콩세르 파크라	Les Concerts Pacra
클로드 누가로	Claude Nougaro
클로드 드자크	Claude Dejacques
클로드 벨레르	Claude Weiler
클로드 슬뤼스	Claude Sluys
클로드 에뱅	Claude Evin
클로드 (세르프)	Claude (Serf)
타르브	Tarbes
테레지엔 길	rue Thérésienne
테아트르 140	Théâtre 140
테아트르 데 바리에테	Théâtre des Variétés
테아트르 데 카퓌신	Théâtre des Capucines
테아트르 드 라 위셰트	Théâtre de la Huchette
테아트르 드 레스트 파리지엥	Théâtre de l'Est Parisien
테아트르 드 르네상스	Théâtre de Renaissance
테아트르 뱅시	Théâtre Vinci
투르	Tours

툴롱	Toulon
툴루즈	Toulouse
트루아 보데	les Trois Baudets
트루아	Troyes
티라스폴	Tiraspol
파니 아르당	Fanny Ardant
파리-샤틀레 음악극장	Théâtre musical de Paris-Châtelet
파브리	Fabbri
파야르	Fayard
파타슈	Patachou
파테 마르코니	Pathé-Marconi
팔래 데 보자르	Palais des Beaux-Arts
팡탱	Pantin
페기	Peggy
펠릭스 르클레르크	Félix Leclerc
펠릭스 마르텐	Félix Marten
펠릭스 마욜	Félix Mayol
펠릭스 비트리	Félix Vitry
포	Pau
포르 뒤 살뤼	le Port du Salut
폴 베르렌느	Paul Verlaine
폴 브라포르	Paul Braffort
폴 카리에르	Paul Carrière
퐁텐느 데 카트르-새종	la Fontaine de Quatre-Saisons
푸아티에	Poitiers
프랑수아 라바트	François Rabbath
프랑수아 로베르	François Rauber
프랑수아 미테랑	François Mitterrand
프랑수아 페리에	François Perrier
프랑수와 베르테메르	François Wertheimer
프랑스 갈	France Gall

프랑스 앵테르	France Inter
프랑스 퀼튀르	France Culture
프랑코 뮈줄망 병원	L'Hôpital franco-musulman
프레시 쉬르 마른느	Précy-sur-Marne
프뤼당스	Prudence
피아 콜롱보	Pia Colombo
피에르 니콜라	Pierre Nocolas
피에르 이에젤	Pierre Hiégel
피에르 족스	Pierre Joxe
피에르 가르뎅	Pierre Cardin
피에르 페레	Pierre Perret
피에르 프레베르	Pierre Prévert
하바 브로드스키	Hava Brodsky
히바 호아	Hiva-Hoa

Barbara

샹송의 디바, 바르바라 평전

1판 1쇄 발행 2016년 8월 30일

지 은 이 **장 승 일**
발 행 인 **김 진 수**
발 행 처 **한국문화사**
등   록 1991년 11월 9일 제2-1276호
주   소 서울특별시 성동구 광나루로 130 서울숲 IT캐슬 1310호
전   화 02-464-7708
전   송 02-499-0846
이 메 일 hkm7708@hanmail.net
홈페이지 www.hankookmunhwasa.co.kr

이 도서의 국립중앙도서관 출판예정도서목록(CIP)은 서지정보유통지원시스템 홈페이지(http://seoji.
nl.go.kr)와 국가자료공동목록시스템(http://www.nl.go.kr/kolisnet)에서 이용하실 수 있습니다.
(CIP제어번호 : CIP2016020089)

ISBN 978-89-6817-394-3 03680